本著作系以下基金项目的研究成果：
（1）2024年河南省社会科学规划决策咨询项目“河南省构建‘科技—产业—金融’循环生态研究”（项目编号：2024JC044）
（2）河南省软科学研究计划一般项目“河南省科创金融生态环境赋能区域科技创新的机理与对策研究”（项目编号：242400410555）
（3）河南牧业经济学院博士科研启动资金项目“新形势下河南省金融机构资产管理业务竞争力评价与提升研究”（项目编号：2020HNUAHEDF035）
（4）河南牧业经济学院科研创新团队项目“河南省金融生态综合评价及优化研究”（项目编号：2018KYTD09）

区域金融生态综合评价及优化研究

邓瑜 著

西南财经大学出版社
中国·成都

图书在版编目(CIP)数据

区域金融生态综合评价及优化研究/邓瑜著.
成都:西南财经大学出版社,2025.7.--ISBN 978-7-5504-6908-2

Ⅰ.F832.7

中国国家版本馆 CIP 数据核字第 2025NE6196 号

区域金融生态综合评价及优化研究

QUYU JINRONG SHENGTAI ZONGHE PINGJIA JI YOUHUA YANJIU

邓 瑜 著

策划编辑:王 琳
责任编辑:王 利
责任校对:廖术涵
封面设计:张姗姗
责任印制:朱曼丽

出版发行	西南财经大学出版社(四川省成都市光华村街 55 号)
网 址	http://cbs.swufe.edu.cn
电子邮件	bookcj@ swufe.edu.cn
邮政编码	610074
电 话	028-87353785
照 排	四川胜翔数码印务设计有限公司
印 刷	成都市金雅迪彩色印刷有限公司
成品尺寸	170 mm×240 mm
印 张	17.75
字 数	310 千字
版 次	2025 年 7 月第 1 版
印 次	2025 年 7 月第 1 次印刷
书 号	ISBN 978-7-5504-6908-2
定 价	88.00 元

前　言

在全球科技竞争日趋激烈、新一轮科技革命与产业变革加速推进的背景下，科技创新已成为驱动经济高质量发展的核心引擎。党的二十大报告强调，“坚持创新在我国现代化建设全局中的核心地位，加快实现高水平科技自立自强”。然而，科技创新具有高投入、高风险、长周期等特点，传统金融体系难以充分满足科创企业全创业周期的多元化融资需求，导致科技成果转化率偏低、关键领域“卡脖子”技术突破受阻等问题。为此，构建适配科技创新规律的金融生态体系，成为破解融资瓶颈、激发创新活力的关键举措。在政策层面，《中华人民共和国国民经济和社会发展第十四个五年规划和2035年远景目标纲要》明确要求“完善金融支持创新体系”、2023年中央金融工作会议提出“构建同科技创新相适应的科技金融体制”，将科创金融上升为国家战略；国务院及多个部门相继出台政策，鼓励发展科创金融专属产品、试点科创金融改革试验区、完善多层次资本市场支持机制。在现实需求层面，国家统计局发布《中华人民共和国2024年国民经济和社会发展统计公报》，2024年我国研发经费投入强度已突破GDP的2.68%，但科创企业尤其是中小型科创企业仍面临融资渠道狭窄、信贷匹配度低、风险补偿机制不足等痛点。相关数据显示，我国科创企业融资缺口超过万亿元，资本市场对硬科创企业的支持力度仍需提升。国际经验表明，成熟的科创金融生态可整合“政产学研金”多方资源，通过风险共担、信息共享、工具创新等机制实现资金链与创新链的深度融合。例如，硅谷依托风险投资、科技银行、股权市场的联动模式，显著提升了技术商业化效率。当前，我国亟须借鉴国际经验，结合本土实际，在金融产品创新、知识产权质押、多层次资本市场衔接、区域性科创金融试点等领域突破制度障碍，构建覆盖“基础研究—技术开发—产业转化”全链条的金融支持网络，为高水平科技自立自强提供系统性保障。此外，优化科创金融生态也是推动区域协调发展、实现“双碳”目标的重要抓手。通过定向引导金融资源向绿色技术、数字经济、高端制造等领域倾斜，可加速新旧动能转换，培育战略性新兴产业集群，助力构建现代化产业体系。

基于此背景，在区域金融生态评价和优化的研究框架下，本书聚焦于科创金融生态的专题性探索，主要基于以下三方面考量：其一，科技创新已成为驱动区域经济高质量发展的核心引擎，而科创金融生态是支撑创新要素流动、科技成果转化和科创企业成长的关键基础设施。在“十四五”国家创新驱动发展战略背景下，科创金融体系的质量直接决定了区域创新能级的提升空间。其二，传统区域金融评价体系偏重存贷款规模、金融机构网点密度等总量指标，难以精准刻画科技创新活动所需的“风险投资—知识产权质押—多层次资本市场对接”等特色金融要素配置效率。其三，我国区域发展格局正经历从“要素集聚”向“创新极化”的深刻转变，构建适配科技创新规律的金融生态，既是破解中小型科创企业融资困境的现实需求，更是培育区域核心竞争力、实现产业能级跃迁的战略选择。通过聚焦科创金融这一细分领域，本书的评价维度和优化路径更具实践指向性，可为区域经济高质量发展提供更具操作性的理论框架和政策工具。

本书着眼于探讨我国区域科创金融生态系统评价及优化问题，共分为8章。第1章导论，指出了为何要研究区域科创金融生态系统问题；第2章评述了近年来该领域的研究成果；第3章界定了科创金融生态系统的内涵并对其进行了水平测度；第4章构建了动态演化分析框架，从全国宏观格局、区域中观差异及省域微观特征三个空间尺度，对中国科创金融生态系统进行多维度时空分析；第5章构建了动态演化博弈模型，分析了科创金融生态系统影响科技创新的微观机理，并对其影响效应进行了实证研究；第6章梳理了国外科创金融生态系统建设的主要经验；第7章基于国际比较的视角阐述了我国科创金融生态系统建设的多元化实践；第8章是相关政策建议。在写作过程中，笔者深刻感受到科创金融生态系统研究的复杂性与动态性。尽管通过多学科交叉、多数据验证提升了研究的科学性，但受限于笔者知识边界与实践局限，书中难免存在不足之处，恳请读者不吝指正。

本书的出版，得益于以下基金项目的大力支持：① 2024年河南省社会科学规划决策咨询项目“河南省构建‘科技—产业—金融’循环生态研究”（项目编号：2024JC044）；②河南省软科学研究计划一般项目“河南省科创金融生态环境赋能区域科技创新的机理与对策研究”（项目编号：242400410555）；③河南牧业经济学院博士科研启动资金项目“新形势下河南省金融机构资产管理业务竞争力评价与提升研究”（项目编号：2020HNUAHEDF035）；④河南牧业经济学院科研创新团队项目“河南省金融生态综合评价及优化研究”（项目编号：2018KYTD09）。在写作过程中，同事范聪颖、李艳玲在资料搜集与整理方面做了许多工作，西南财经大学出版社编辑王琳给予了悉心指导，在此一并表示衷心感谢。

邓瑜

2025 年 6 月

目 录

1 导论

当今世界正经历百年未有之大变局，科技创新已成为全球竞争的战略制高点，更是中国经济从高速增长迈向高质量发展的核心动能。在这一背景下，金融作为现代经济的血脉，其生态系统的适配性与效能直接决定了创新资源的配置效率与产业升级的可持续性。然而，传统金融体系与科技创新活动之间的结构性矛盾日益凸显——轻资产、高风险、长周期的科创企业难以从以抵押担保为核心的信贷模式中获得支撑，区域间创新要素的流动因金融生态差异而呈现“马太效应”，科创成果转化链条上跨越“死亡之谷”仍面临系统性金融缺位。这些问题的破解，亟须一套以科创活动规律为基准、以区域禀赋为依托的金融生态评价与优化框架。与此同时，党的二十大将“科技自立自强”上升为国家战略，中央金融工作会议明确了“科技金融”为五大核心任务之首，政策体系持续加码科创金融生态构建。在此背景下，优化科创金融生态既是突破技术封锁、抢占战略制高点的必然选择，也是实现“科技—产业—金融”高水平循环的关键枢纽。

1.1 全球科技竞争加剧倒逼科技创新能力升级

当前，全球正经历以人工智能、量子计算和生物技术为核心的第四次工业革命浪潮，这场变革正在重塑全球产业格局与国家竞争逻辑。人工智能驱动的智能化转型已渗透至制造、医疗、交通等领域，量子计算突破经典算力极限，生物技术则在基因编辑、合成生物学等方向开辟全新赛道。据国际机构预测，到 2030 年，这三项技术将贡献全球经济增长的 30%以上，科技实力成为大国博弈的核心支柱。世界知识产权组织数据显示，2024 年全球 PCT（专利合作条约）国际专利申请总量达 27.39 万件，中、美两国以接近半数的占比形成“双极竞争”态势。尽管我国在 5G 通信、新能源等应用技术领域表现突出，但2024年基础研究投入仅占研发总经费的6.9%，远低于主要发达国家15%~20%的水平，导致关键领域原始创新能力不足。例如，高端芯片制造、精密仪器等核心技术仍依赖进口，暴露出从“跟跑”向“领跑”转型中的结构性矛盾。

国际竞争环境的剧变进一步凸显战略紧迫性。发达国家通过政策工具构建系统性技术壁垒，例如美国以立法形式强化半导体产业链控制，通过补贴与出口管制形成“技术—资本—产业”闭环压制；欧盟推出千亿级研发计划，整合跨国资源构建协同创新网络。此类举措不仅加剧了技术封锁风险，更通过资本与产业链重构形成虹吸效应，迫使后发国家陷入“低端锁定”困境。在此背景下，我国若不能破解“基础研究薄弱—成果转化低效—资本支持脱节”的恶性循环，将难以突破全球价值链分工的固有格局。

面对这一挑战，构建适配科技创新规律的金融生态系统成为必然选择。传统金融模式过度依赖抵押担保、短期收益评估等机制，难以支撑高风险、长周期的技术研发。国际经验表明，成熟的科创金融体系需实现“耐心资本供给、政策风险缓释、生态协同赋能”的深度融合。例如，部分国家通过政府引导基金与市场化资本的风险共担机制，显著提升了早期技术项目的融资成功率。对于我国而言，唯有通过金融生态的深度改革，打通从实验室到产业化全链条的资金堵点，才能在全球创新版图重构中占据战略主动，真正实现科技自立自强与产业升级的协同突破。

1.2 传统金融体系与科创需求错配制约技术转化效率

我国科创企业的融资困境源于传统金融体系与科技创新规律之间的深层矛盾。科创活动具有显著的“长周期、高风险、轻资产”特征，其融资需求表现为“三高”特征：高技术门槛需要资金方具备专业研判能力以识别技术价值，高不确定性来自技术路线迭代、市场验证失败等多重风险，高成长潜力则依赖长期资本支持以跨越研发到产业化的“死亡谷”。然而，传统金融体系的供给模式呈现“三低”特征：低风险容忍度受限于金融机构的刚性风险控制指标，低抵押适配性表现为过度依赖固定资产担保而忽视专利、数据等无形资产价值，低长期资金匹配度则使得资金期限普遍短于技术研发周期。这种供需错配导致大量科创企业面临“融资难、融资贵”的困境。资本市场的支持同样受限，尽管科创板实施注册制改革，但上市企业数量不到全国中小型科创企业总数的 0.1%，严苛的盈利要求与营业收入增速门槛将大量早期创新项目排除在外。更深层的问题在于，传统金融工具缺乏对技术价值的有效评估体系，例如关键技术领域的研发企业持有的核心专利在现有估值模型中仅被认定为“无形资产”，难以转化为融资能力。这一矛盾在需要长期投入的核心技术领域表现得尤为突出。某些关键技术的突破往往需要十年以上持续的资金支持，其间需应对技术路线颠覆、国际标准壁垒等风险。然而，现有金融体系缺乏适配长周期研发的融资机制：国有资本因考核周期限制而难以长期投入，市场化资本则在短期回报压力下偏向成熟项目。这种资金供给的断裂直接导致技术转化效率低下，虽然我国的科技成果转化率已经从 2010 年的 25%提升到了 2024 年的 35%（马蔚华，2025），但与发达国家 60%~70%的转化率仍存在显著差距（李毅中，2022），[①] 大量实验室成果因缺乏中试资金而无法进入产业化阶段。

制度性障碍进一步加剧了矛盾。商业银行的“信贷终身追责制”与科创项目的高失败率形成根本性冲突，风险分担机制的缺失使金融机构对早期项目望而却步。同时，政府性担保体系分散且覆盖能力有限，保险机构尚未开发出有效的技术风险对冲产品，导致金融资源在创新链上的分布呈现“两头弱、中间强”的失衡状态——产业化阶段资金过剩，而基础研究与中试环节却严重失血。这种结构性矛盾直接制约了关键领域的技术转化效率，拖慢了国家整体创新生态的演进速度，也进一步凸显了传统金融工具与科创规律适配性不足的深层问题。

1.3 国家战略与政策体系构建科创金融制度支撑

为破解科技创新与金融供给的结构性矛盾，我国将科创金融生态系统建设纳入国家战略顶层设计，逐步构建起“政策体系—区域试点—机制创新”三位一体的支撑框架。

---

① 数据分别来源于国家科技成果转化引导基金理事长马蔚华在 2025 清华五道口全球金融论坛上的发言以及中国工业经济联合会会长、工业和信息化部前部长李毅中在 2020 凤凰网财经峰会上的演讲。

在政策体系层面，中央金融工作会议首次提出将“科技金融”列为金融“五篇大文章”之首，明确确立“健全科技—产业—金融良性循环”的战略目标，标志着科技金融成为国家金融战略的核心支柱。国务院发布的《国务院办公厅关于做好金融“五篇大文章”的指导意见》进一步细化了实施路径，要求构建覆盖“基础研究、技术攻关、成果转化、产业扩张”全链条的接力式金融服务体系。这一政策框架强调财政、金融、产业政策的协同发力，通过研发费用加计扣除、专项再贷款等工具降低科创企业融资成本，并建立科技信贷风险补偿机制以提升金融机构积极性。金融监管总局、科技部、国家发展改革委联合发布的《银行业保险业科技金融高质量发展实施方案》更是系统性文件，提出了 20 条具体措施，涵盖机构改革、产品创新、风险分担等关键领域。

在区域实践层面，国家以重点区域为“试验田”探索差异化改革路径，通过跨区域协同机制，推动政策创新与产业资源联动。例如，在创新要素密集区试点“政策先行区—产业集聚区—生态示范区”三级发展模式。先行区聚焦制度突破，探索知识产权跨境互认、联合授信等新型机制；集聚区依托产业链优势搭建产融对接平台，促进技术需求与金融供给精准匹配；示范区则着力构建数据共享、风险共担的生态系统，为科创金融创新提供规模化应用场景。此类区域协同试验为国家层面政策推广积累了实践经验。

机制创新是突破传统金融约束的核心抓手。金融监管部门推动金融机构设立科技专营部门，实施差异化考核机制——放宽科技贷款不良率容忍度、提高风险准备金计提比例，并允许开展“投贷联动”等创新业务。资本市场改革同步深化，部分地区试点知识产权证券化产品，通过资产证券化手段激活无形资产融资功能；技术价值评估体系逐步完善，基于研发投入强度、专利质量等非财务指标构建企业信用评价模型，推动技术资本化进程。政府引导基金运作模式持续优化，通过母子基金架构引导社会资本投向早期项目，并创新收益让渡机制以平衡风险与回报。

这些战略部署与制度创新，为优化科创金融生态提供了系统性行动框架。在国家战略牵引下，破解科创融资难题已从局部试点转向全局突破，亟须通过学术研究厘清政策工具协同机制与生态构建路径。

1.4 多维价值驱动科创金融成为战略转型核心抓手

科创金融生态系统建设的战略价值已突破单一经济维度，成为驱动技术突破、产业升级、区域协同与绿色转型的系统性引擎，深刻重塑国家创新体系与发展范式。在技术突破层面，科创金融通过定向资本注入破解“卡脖子”技术瓶颈。针对半导体、高端装备等战略领域，专项产业基金与风险资本形成合力——前者提供长期稳定资金支持基础研发，后者通过市场化机制筛选技术路线。这种“政府引导+市场筛选”的双轮驱动模式，不仅加速了技术迭代速度，更通过资本纽带推动了产学研深度融合。例如，国家集成电路产业投资基金以股权投资撬动产业链协同创新，带动了设备、材料、设计等环节技术突破，缩短了与国际领先水平的技术代差。2024年，半导体设备整体国产化率已达35%，预计在2025年提升至50%，并初步摆脱对美、日、荷半导体设备的依赖。在产业升级层面，科创金融引导要素资源向战略性新兴产业集聚，重构全球价值链分工格局。通过“母基金+子基金”的杠杆架构，社会资本被精准导入新能源、生物医药等前沿领域，不仅孵化了龙头企业，更培育了配套产业集群。这种资本驱动的产业跃迁，推动了传统制造向智能制造升级——智能工厂建设贷款支持生产线数字化改造，供应链金融平台优化产业链资金周转效率，使中国企业500强中的制造业平均研发强度从2022年的1.8%提升至2024年的2.4%，催生了新质生产力。在区域协同层面，科创金融成为平衡区域创新能力的调节器。中西部通过专项债券、飞地孵化器等工具吸引东部技术溢出，例如成渝地区联合发行科创REITs（不动产投资信托基金）盘活存量资产，建设跨区域技术交易市场；东部发达地区则通过设立科创走廊联动基金，推动创新要素跨行政边界流动。这种“梯度输血+协同造血”机制，使内陆省份高新技术企业数量年均增速超过20%，逐步扭转了创新资源“东强西弱”的失衡格局。在绿色转型层面，科创金融搭建起低碳技术商业化的桥梁。绿色信贷、碳中和债券等工具将环境外部性内部化，引导资本流向清洁能源、碳捕捉等关键技术研发。动态定价机制更将碳排放权、绿电收益等纳入技术估值模型，使光伏电池转换效率提升、氢能储运成本下降等突破获得超额资本溢价。这种“技术—资本—政策”的三角互动，推动了绿色技术研发周期缩短30%，加速了“双碳”目标落地。在复合价值层面，科创金融生态通过四重维度协同发力，产生“乘数效应”——技术突破提升产业竞争力，产业升级创造新就业空间，区域协同优化资源空间配置，绿色转型保障可持续发展。这种多维驱动的创新引擎，正推动着中国经济从规模扩张向质量跃升的历史性跨越，为全球工业革命4.0贡献中国范式。

综上所述，本书选择以“科创金融生态”作为区域金融研究的切入视角，既是回应“把科技自立自强作为国家发展的战略支撑”的时代召唤，也是探索中国式金融发展道路的理论自觉。在全球产业链深度重构、碳达峰倒逼技术革命、数字技术重塑金融本质的历史关口，构建适配创新规律的金融生态系统，已不仅是区域竞争的工具选项，更是国家发展战略的必需。

2 理论基础与文献述评

2.1 金融生态理论

2.1.1 理论渊源：金融发展理论

金融生态问题是极具中国特色的研究命题，由中国学者首先提出并逐步理论化和系统化。国外学者直接涉足该领域的研究成果不多见，但他们围绕金融发展、金融危机、外部环境影响金融系统等方面的相关研究为分析金融生态问题奠定了坚实的理论基础，提供了丰富的方法借鉴。本小节依据传统金融发展问题到金融可持续发展的演进脉络对金融生态的理论渊源进行系统梳理。

2.1.1.1 传统金融发展理论

金融发展理论的研究萌芽于西方经济学者探讨资本等金融变量对发达国家经济增长的积极影响，但发展中国家深陷债务危机与经济停滞的发展事实引起了学者们对金融发展问题的深度思考。在此现实背景下，《经济发展中的金融方面》《金融中介机构与储蓄——投资过程》两文的作者格利和肖（Gurley，1955；Shaw，1956）揭开了金融发展理论研究的序幕，初步剖析和总结了金融发展问题，建立了由初始到高级、由简单到复杂渐进演化的金融发展模型，指出了经济发展与金融发展的相互影响，并进一步解释了金融发展通过金融创新开拓可贷资金市场进而推动经济增长的作用机理。

（1）金融结构理论

20 世纪 60 年代，围绕金融与经济发展问题的成果大量涌现，其中，雷蒙德·戈德史密斯（R. Goldsmith，1969）提出的“金融结构观”，即

“金融发展就是金融结构的变化”最具有代表性。他最先提出并解释了金融结构与金融发展的相关内涵，定性研究了一国金融结构的动态演变过程，构建了金融相关率、金融资产构成比率、金融中介比率等衡量一国金融结构和金融发展水平的基本指标体系，并用该指标体系对35个国家近100年来的数据进行定量的国别比较分析和时间序列分析，得出了金融相关率对经济发展水平具有正向影响的研究结论。戈德史密斯的研究框架、指标体系及分析方法为金融发展理论的形成提供了全新的视角和思路。

（2）金融抑制与金融深化理论

进入20世纪70年代，伴随着罗纳德·麦金农（Ronald I. Mckinnon，1973）的《经济发展中的货币与资本》和肖（1973）的《经济发展中的金融深化》两项具有划时代意义研究成果的问世，经济金融学界掀起了研究金融发展问题的新高潮。麦金农和肖以发展中国家的金融问题为研究对象，提出了著名的“金融抑制”“金融深化”“金融自由化”理论。两位学者在考察二战之后发展中国家的金融发展状况时，发现发展中国家金融发展的低水平和金融资源的匮乏，造成了政府过多地干预金融体系及金融活动以便优先发展特定部门和产业，如严格管制金融活动中利率及汇率、实行低利率甚至负利率的政策来进行强制性储蓄、银行的信贷资金排斥中小型企业及个人等。金融资源的行政配给导致了金融供给的扭曲和金融系统运行的低效率，抑制了金融体系的发展，从而阻碍了经济发展，最终形成了金融与经济发展相互抑制的恶性循环。鉴于此，麦金农和肖对发展中国家开出了完善金融体系、提升金融运行效率的“金融深化”“药方”，其核心观点认为政府应取消对金融系统的干预与管制，提升金融系统中市场机制的作用，例如政府放开存贷款利率、汇率等金融产品价格，使其充分发挥反映市场资金供求关系的信号功能；允许引入设立非国有化、非银行金融机构，增加金融体系的竞争程度等。通过金融深化，国内经济发展减少了对国外部门资金的依赖，增加了对国内资金的依赖，从而使金融与经济发展摆脱“金融抑制”，进入良性循环的状态。可见金融深化就是要取消金融的各种管制，放开利率，实行利率市场化为主的金融自由化。随后，Kapur（1976）、Gallbis（1977）、Fry（1978、1980、1988）等从理论模型和实证分析角度进一步验证了提高利率水平和实施金融自由化对经济增长的促进作用。Kapur（1976）认为利率上升促进银行存款增加进而扩大银行信贷规模，提升全社会投资总量带动经济增长；Gallbis（1977）的研究结论是利率自由化和利率水平提高通过提升全社会投资效率实现了经济增长；Fry（1978、1980、1988）则认为提高实际利率对经济增长具有扩大投资规模、增加投资有效性的双重作用。“金融抑制”和“金融深化”理论的提出，推动了金融发展理论的发展，标志着金融发展理论的正式形成，指导了发展中国家在20世纪70年代的金融体制改革。但上述金融深化和金融自由化的理论和政策建议在现实中的实施结果并不尽如人意，很多发展中国家的金融自由化纷纷以失败告终，并引发了严重的金融危机。

（3）内生金融理论与金融约束理论

严峻的现实促使学者们反思传统金融发展理论在实践应用中的经验和教训。进入20世纪90年代以来，金融发展理论出现了两个演化分支。

一个分支为金融深化论者在分析发展中国家金融自由化失败的原因时，发现麦金农—肖的理论模型存在着效用函数缺失、假设条件限制过于严格等诸多缺陷，阻碍了金融深化模型预期效果的实现。因此，以 R. Levine 和 R. G. King（1993）等人为代表的一些经济学家摒弃了传统金融发展理论框架，将内生增长理论的研究成果引入金融发展模型中，建立了适用于各种国家现实的金融发展理论，被称为“内生金融理论”。该理论通过对金融中介和金融市场直接建模，探索金融中介和金融市场在经济中的内生原因及其对经济增长的作用。关于金融中介内生于经济的主要原因在于其能够降低金融交易成本，主流文献围绕金融中介规模经济效应和范围经济效应（Gurley et al.，1994；Fama，1980；Pyle，1971；Allen、Santomero，1998）、金融中介有效管理流动性风险和缓解流动性约束（Bencivenga et al.，1991；Levine，1991；Dutta et al.，1998）、金融中介改善借贷双方信息不对称程度（Diamond，1984；Leland et al.，1977；Freixas et al.，1997）等作用机制进行了论证。金融市场的内生形成需要一定的经济发展基础作为条件，因此其出现晚于金融中介。Greenwood 和 Smith（1997）解释了金融市场存在运行成本“门槛”：当经济发展到一定程度，“门槛”被突破，经济主体才愿意选择进场交易，金融市场才能形成。Boot 和 Thakor（1997）认为金融市场在信息搜寻和汇总方面优于金融中介是其形成和发展的主要原因。关于金融中介发展对经济增长的影响，King 和 Levine（1993）的研究取得了突破性进展。他们开创性地设计了衡量金融中介规模和功能的四个指标，并选择了80个国家1960—1989年期间的数据，证实了金融中介规模及功能对经济增长的影响，得出了金融中介的发展促进了经济中的资本形成，刺激了全要素生产力的发展和长期经济增长的结论，并进一步验证了“金融发展是因、经济增长是果”的因果关系。随后，在此基础上，Levine 和 Zervos（1998）从股票市场的规模、功能、波动性和国际一体化程度四个层面设计了六个指标来衡量金融市场发展对经济增长的影响。他们的研究结论表明：只有金融市场自身功能的不断完善才能刺激全要素生产力的发展，进而促进经济长期增长。此外，学者 Rajan 和 Zingales（1996）、Demirguckunt 和 Maksimovic（1996）对金融促进经济增长的微观作用机制进行了细致的分析，认为外部资金依赖度高的行业与金融发展程度成正相关关系。此后，金融学家又利用时间序列数据（Neusser et al.，1998；Rousseau et al.，1998）、动态面板数据（Beck et al.，2000）、工具变量法（Levine，1999）等不同的计量方法和样本数据验证了金融发展对经济增长的正向影响。

另一分支为学者 Hellmann、Murdock 和 Stiglitz（1996）等人在对比东亚各国处于金融抑制状态下获得的经济增长和金融自由化引致的金融危机后从不完全信息市场的角度提出了“金融约束理论”，重新探讨了经济转轨过程中金融体制的放松管制与加强政府干预的辩证统一问题。金融深化可以极大地提升金融发展不足国家的社会福利效应（King、Levine，1993），但将带来银行体系的不稳定性，容易引发金融危机。因此，在宏观经济条件稳定、通货膨胀率较低且可预测、实际利率为正的条件下，政府当局可以通过实施存款监管、市场准入限制等一整套金融约束政策为民间部门创造租金机会（超过竞争性市场所能产生的收益），增加金融部门长期信贷资金的供给、提高银行贷款业务的稳健性、弱化信贷市场的逆向选择，进而促进经济增长。虽然金融约束理论为发展中国家金融自由化过程中如何实施政府干预提供了理论依据和政策框架，但其对金融脆弱性及金融效率研究的欠缺导致该理论对金融危机的解释和预测能力有限。因此，Demirguckunt 和 Detragiache（1998）认为金融自由化改革应该采用渐进式模式，通过创造良好的制度环境和建立审慎的监管机制，有效约束商业银行的行为，提升银行系统的稳定性和安全性，发挥金融自由化促进金融发展的正向作用。对于发展中国家，除了上述的间接控制措施外，还应采用一定程度的利率管控、外资限制及银行资本充足率限制等直接控制措施（G. Caprio et al.，1999）。

（4）新制度金融发展理论

La Porta、Lopez-de-Silanes、Shleifer 和 Vishny（LLSV，1998）开创的法金融理论使金融发展理论突破了传统金融与经济关系的研究范式，开始转向研究金融系统自身的发展规律及影响因素，着重探讨正式制度变量（如法律、政治等）和非正式制度变量（如利益集团、历史、文化和社会习俗等）与金融发展的关系，逐渐形成新制度金融发展理论。LLSV 分别从代理成本和分红政策、投资者保护和公司治理、投资者保护和公司价值等多个角度研究了法律和金融发展之间的关系，认为加强法治建设有利于提高金融服务水平。实证研究进一步证明了对私有产权保护程度越高的法律体系，越能促进金融发展水平的提高（Claessens，2003；Menzie et al.，2006）；法律制度通过政治机制和适应机制影响金融发展，且适应机制要比政治机制更有解释力（Beck et al.，2003；Kaplan et al.，2003）。与此同时，一些质疑法金融理论观点的学者研究了非正式制度如文化、社会习俗、历史等对金融发展的影响。文化对金融发展具有关键作用，社会文化环境中的道德水平越高、宗教信仰越强，则其对产权的保护也较强，金融体系也较发达（Kanatas et al.，2005；Allen et al.，2005）；进一步，文化通过影响一国主导价值观和世界观的形成、影响制度的形成、影响资源配置等三个机制作用于金融发展，在不同类型的投资者保护方面，宗教文化因素在解释债权人保护方面更具有说服力（Licht，2001；Stulz et al.，2003；魏悦，2004）。另外，社会习俗通过作用于股票市场影响一国金融发展（Garretsen Harry，2004），历史的经济结构也会对金融结构、金融发展产生影响（Cyril，2006）。

2.1.1.2 金融可持续发展理论

进入 20 世纪 90 年代以来，伴随着经济金融全球化及经济金融化，频繁爆发的全球性金融危机不断挑战着传统金融发展理论的研究范式、研究方法、理论观点及政策实施效果，金融学者迫切需要更新传统资源观和传统金融观来应对现实环境的变化。在此背景下，国内外学者提出了金融协调理论、金融资源理论以及金融可持续发展理论。

（1）金融协调理论

金融协调的思想在早期的金融发展理论中已有所体现，但受到学者的重视则源于 20 世纪 90 年代以来金融危机的频繁出现。金融危机的爆发及全球蔓延的根源在于发展中国家经济金融内部协调机制的缺失及全球宏观经济与金融协调机制调节的失败。为此，国外学者对于金融协调的研究成果更多地基于金融危机而聚焦到如何进行改革以建立宏观国际金融合作以及全球经济金融协调机制，如 Gautier P. A.（2009）对协调摩擦与金融危机的关联进行了专门的论证。国内学者则更多地关注金融协调的内涵及外延。金融协调包括内部协调和外部协调（郭金龙，2006）。内部协调是指金融自身的协调，包括金融市场、金融机构、金融制度及金融工具等之间的协调（孔祥毅，2002；蔡则祥，2005），是金融的“本体因素”；外部协调是指金融与社会经济的协调，是金融的“指向性因素”（孔祥毅，2002；窦尔翔、何炼成，2004；邵国华，2006；王威，2007）。除此之外，有些学者从空间视角研究国内区域金融的协调问题，利用区域的收入、就业、教育、GDP 等数据建立区域金融竞争力评价体系来解释区域金融存在差异的原因（田霖，2006、2011），认为区域金融发展差距带来了区域经济差距，进一步导致了金融集聚。因此，一个国家的区域金融的协调发展，在考虑金融区域内部结构的协调发展的同时，也要兼顾相邻的金融区域外部发展对本区域影响的联动效应，统筹协调和优化区域金融资源在空间上的分布（王修华 等，2009）。

（2）金融资源理论

借鉴传统资源观，金融资源理论首先确认了金融的资源属性，认为“金融是一种资源，是社会资源，是战略性稀缺资源”（白钦先，2000）；相应的，金融资源也应具有一般属性和特殊属性的二重属性。金融资源的一般属性表现在有用性、客观性和稀缺性等方面；更为重要的是，金融资源的特殊属性即金融资源的配置决定着对其他实际经济资源的配置，这一特殊属性体现了金融资源在经济生活中的核心地位。进一步，从金融资源的视角可围绕三个紧密相关的层次展开研究：以广义货币为主的基础性核心金融资源；金融组织体系和金融工具体系以及与此相关的金融制度、金融意识、金融人才在内的实体性中间金融资源；反映金融体系运行的综合效果的整体功能性高层金融资源。上述三个层次既涵盖了整个金融系统的实体部分，也强调了整个金融系统协调运行的客观效应和功能发挥。由此可见，金融资源理论将金融功能观和金融机构观融合到一个逻辑分析框架下，兼顾了量性金融发展与质性金融发展的有机统一。

（3）金融可持续发展理论

在金融资源理论的基础上，白钦先首次提出了金融可持续发展理论。他将金融可持续发展定义为“在遵循金融发展内在客观规律的前提下，建立和健全金融体制，发展和完善金融机制，提高和改善金融效率，合理有效地动员和配置金融资源，从而达到经济和金融在长期内的有效运行和稳健发展”（白钦先，1998）。其理论观点包括：将金融可持续发展上升至影响世界各国独立主权和经济金融安全的全球战略高度；从金融适度的角度解释了历次金融危机的爆发原因，即不合时宜的金融资源过度放任和开发或过度干预和管制造成了金融不可持续发展，进而引起金融动荡和危机；在探讨金融发展与经济发展的互动关系时，运用系统科学的研究方法，以金融效率为切入点，强调金融资源宏观效率和微观效率相结合引领经济系统与金融系统以及金融系统内部子系统之间配置的协调发展。在金融可持续发展理论的基础上，白钦先提出了金融可持续发展战略的三个基本原则：一是金融可持续发展是量和质统一的发展；二是金融可持续发展是相对稳定发展与跳跃性发展并存的发展；三是金融可持续发展是金融整体效率与微观效率并重的发展（白钦先 等，1998）。白钦先创建的以金融适度与金融效率为核心的金融可持续发展理论是关于金融发展与经济发展问题的高度概括和总结，对金融发展理论做出了重大贡献。

2.1.2 范式转换：金融生态理论

在国内外学者研究金融发展问题的基础上，2004 年，时任中国人民银行行长的周小川在“中国经济 50 人论坛”上借鉴生态经济学的思想首先提出了“金融生态”的概念。随后，国内大量学者运用这一思想研究了中国金融运行中的深层次体制和机制矛盾，在金融生态的内涵、金融生态评价体系的构建、金融生态环境的评估方法、金融生态的经济效应等领域涌现出了大量的研究成果，逐渐形成了具有中国特色的“金融生态理论”。

2.1.2.1 金融生态的内涵

金融生态是一个仿生学概念，源于 20 世纪 60 年代后期出现的“生态经济学”思想。借鉴生态学理论，国内学者在探讨中国金融效率及金融风险问题时逐渐对金融生态的理解形成了两大主要的观点：金融生态环境观和金融生态系统观。

（1）金融生态环境观

周小川第一个提出金融生态概念（2004）。他首先对金融生态的内涵进行了系统的解读。他认为，"'金融生态'是一个比喻，它指的主要不是金融机构的内部运作，而是金融运行的外部环境，也就是金融运行的一些基础条件。这些基础条件，包括法律、社会信用体系、会计与审计准则、中介服务体系、企业改革的进展及银企关系等方面的内容。其中，法律制度环境是金融生态的主要构成要素"。随后，夏斌（2005）表达了"金融生态就是金融发展环境"的观点。曾康霖（2005）认为从金融本身的产生、发展和消亡来看，金融生态实质上就是金融环境。易宪容（2004）认为金融生态应该包括整个金融市场得以生成的环境。进一步，苏宁（2005）将金融生态环境界定为稳定的经济环境、完善的法治环境、良好的信用环境、协调的市场环境和规范的制度环境。王松奇（2005）同样强调了环境方面，但是主体有所不同，他认为金融生态是金融机构和金融活动所面临的由政治、社会、文化、意识形态、体制政策约束、微观基础、法律法规、传统习惯等多种因素构成的环境条件，它对金融机构的业务行为、经营效果绩效评价有着各种各样的牵制和影响。

（2）金融生态系统观

与此同时，一些学者从系统论的角度表达了对金融生态的理解。韩平（2005）将金融业内部因素和外部环境因素放在同样重要的位置，并将其看作是一个系统，认为金融生态是指影响金融业生存和发展的各种因素的总和。它既包括政治、经济、法律、信用环境等因素，又包括金融体系内部各要素，如金融市场、金融机构、金融工具等金融产品，是一个通过资金链条形成的相互作用、相互影响的系统。此外，还有学者将金融生态概括为各种金融组织为了生存和发展，与其生存环境之间及内部金融组织之间在长期的密切联系和相互作用过程中，通过分工、合作所形成的具有一定结构特征，执行一定功能作用的动态平衡系统，并从金融生态主体、金融生态调节、金融生态环境三个方面研究了我国的金融生态状况。其中，金融生态主体主要是指金融组织体系；金融生态环境可分为硬环境和软环境，软环境取决于硬环境，法律制度是硬环境的核心。张鹏、姜玉东（2005）把金融生态概括为在一定时间和空间范围内，金融市场、金融机构、金融产品要素之间及其与外部制度环境之间相互作用过程中，通过分工、合作所形成的具有一定结构特征，执行一定功能作用的动态平衡系统。林永军（2005）运用系统论观点分析了金融生态圈内各子系统之间的相互关系以及决定中国金融生态系统的各种深层要素。李扬（2005）根据生态学原理区分了生态系统与生态环境，将金融生态系统界定为由金融主体及其赖以存在和发展的金融生态环境构成，两者彼此依存、相互影响，组成共同发展的动态平衡系统；金融主体指的是金融产品和金融服务的生产者、金融决策机构和金融监管机构；金融生态环境则指的是金融产品和金融服务的消费群体以及传统体制、制度环境，具体可细化为法治水平、经济发展水平、金融部门独立性、企业诚信水平、地方金融发展、地方政府公共服务、社会诚信、中介服务及社会保障等九个方面。谢太峰（2006）将金融生态界定为各类金融活动主体之间、金融活动主体与其外部生存环境之间，通过相互作用、相互影响而形成的相互依赖的动态平衡系统。

借鉴生态学和仿生学引入的金融生态概念，为我们理解金融体系的运行及其同社会环境之间的相互依存、彼此影响的动态关系，提供了全新的科学视角。研究结果再次验证了金融体系绝非独立地创造金融产品和金融服务的系统，它的运行更广泛地还涉及其赖以活动区域的政治、经济、文化、法治等基本环境要素，还涉及这种环境的构成及其变化，以及它们导致的主体行为异化对整个金融生态系统造成的影响。

2.1.2.2 金融生态的评价

在界定金融生态内涵的基础上，探讨量化金融生态水平与质量成为学者们研究的重点领域。金融生态水平与质量通常是通过一系列金融生态评估指标来揭示的。金融生态评估指标既是金融生态演化状态的数量标志，也是实证检验金融生态理论重要结论的基础。因此，金融生态评估指标体系的设定是否合理、金融生态评估方法的选取是否科学、金融生态评估对象划分的是否准确，直接关系到实证分析结果的可靠性。

（1）金融生态的评估体系

国内学者和金融管理机构依据中国国情对评估金融生态进行了深入的研究，涌现出大量测度金融生态水平的指标体系，但这些评价体系并不完全相同，存在较大的差异。因此，在不存在统一指标体系的前提下，后续学者借鉴了以下几种具有影响力的指标体系，开展了金融生态测度的研究。

以中国社会科学院金融研究所李扬（2005、2009、2015）等为主的学者对中国城市金融生态环境进行了多期专题研究，设定了评估城市金融生态环境的指标体系，并随着研究的深入，指标设定范围由早期的经济基础、企业诚信、地方金融发展、法治环境、诚信文化、社会中介服务、社会保障制度、地方政府公共服务及金融部门独立性等 9 项评价因素逐渐聚焦到政府治理、经济基础、金融发展及制度与诚信文化等 4 项测度构成要素，每一个构成要素下设若干分项指标和二级分项指标。除此之外，中国人民银行各地分支机构纷纷成立课题组研究特定区域金融生态问题，结合当地的金融生态状况建立了不同的评价指标体系。具有代表性的如中国人民银行洛阳市中心支行课题组（2006）在《金融研究》上发表的《区域金融生态环境评价指标体系研究》中，依据科学性、系统性、可比性、定性与定量相结合的原则，构筑了“总量增长速度指标、平均增长速度指标和结构相对指标”的区域金融生态指标体系基本框架，并进一步分解为定量体系和定性体系两个子体系，其中定量指标体系设定了经济发展水平、金融资源水平、社会信用与法治环境 3 个目标层并扩展至 14 个准则层，每个准则层用若干具体指标进行衡量，共计 90 项；定性评价体系包括金融法律法规的完善程度和执行状况、政策对金融活动的支持程度、信用机制的健全程度和政府对金融业的支持和干预程度等 4 项标准，具体通过 37 项指标进行衡量；中国人民银行聊城支行的徐小林（2005）以山东的三个城市为例建立了以“经济资本回报率”为核心指标，以“利润类指标及经济资本类指标”为因子，以“法律环境、社会信用水平及政策环境”为相关因素的三层次指标体系；中国人民银行广州分行课题组建立了包括 2 个大类、4 个部分、3 个层次、28 个子指标的指标体系；中国人民银行成都分行营业部将区域金融生态环境划分为经济环境、司法环境、信用环境、中介服务 4 个层面，各层面又由若干定量指标组成，共设计 127 项指标；中国人民银行德阳市中心支行建立的区域金融生态评估指标体系由 7 个分类指标构成，每一个分类指标又进一步分为核心指标和附加指标两个部分；中国人民银行张家界市中心支行（2005）从行政因素、经济因素、金融因素、社会环境因素 4 个方面构建区域金融生态评估指标体系。此外，汪祖杰、张轶峰（2006）将区域金融生态评估指标体系明确分解为目标层、领域层、准则层、指标层四个层次；张瑞怀（2006）将金融生态测度问题进一步引入农村金融领域，围绕着农村金融生态设计出包括农村经济基础、农村金融发展、农村社会诚信、地方政府公共服务、农村法治环境和农村社会保障程度 6 个方面共 72 个指标的测度体系。

从上述研究成果可以看出，不同学者和课题组的指标体系设计在结构上都具有层次性特点，普遍都是从金融生态主体和金融生态环境两大方面进行分解展开，得到区域金融生态系统的若干要素，中间层次的指标有很大的相似性，诸如法治、信用、经济等，只是具体的命名具有差异，但在原始指标层的具体指标选取上，无论是数量还是领域方面差别都比较大。

（2）金融生态的评估方法

区域金融生态是一个复杂的系统，评估指标体系又是一个多维的信息系统，因此对区域金融生态进行测评必须使用综合评价方法。根据对金融生态研究文献的收集、整理和分析，目前学者们普遍使用的区域金融生态的综合评估方法有以下几种：

①层次分析法（AHP）

层次分析法是一种结合定量和定性分析的多准则决策方法。它将决策问题分解成目标、准则、方案等层次。应用层次分析法，首先要把问题层次化，根据问题的性质和总目标，把问题分解为不同组成因素，并按照因素间的相互关联影响以及隶属关系将因素按不同层次聚集组合，形成一个多层次的分析结构模型，并最终把系统分析归结为最低层相对于最高层的相对重要性权重值的确定或相对优劣次序的排序。

②主成分分析法（PCA）

主成分分析法也称为主分量分析，目的是在尽量减少原始指标数据信息损失的情况下，对高维数据进行降维处理，选取其中比较有代表性、独立性的指标，以减少信息重叠程度，降低分析难度。

③因子分析法（factor analysis）

因子分析法是研究从变量群中提取共性因子的方法。因子分析法的主要目的是描述隐藏在一组测量到的变量中的一些更基本的但又无法直接测量到的隐性的公共因子。因子分析法的主要特点就是需找到这些公共因子的模型分析方法，它是在主成分分析法的基础上构筑若干意义明确的公因子，以它们为框架分解原变量，以此考察变量之间的联系与区别。

④熵值法（entropy method）

熵值法是一种基于信息熵理论的客观赋权方法，被广泛应用于多指标综合评价体系的构建中。其核心原理源于信息论中的熵概念——熵值越大，数据分布的均衡性越高，信息效用越低；反之，指标的离散程度越大，熵值越小，说明该指标包含的信息量越丰富，应在综合评价中赋予更高权重。这一方法通过量化数据自身的不确定性来分配权重，避免了主观赋权法中人为判断的偏差。在实际应用中，熵值法的实施流程可分为标准化处理、转换为概率分布、计算信息熵以及度量权重值四个关键步骤。熵值法的优势主要体现在其客观性和普适性上。由于权重完全由数据分布驱动，该方法能有效规避主观赋权中常见的专家经验偏差，尤其适合处理高维度、多源异构数据，但该方法也存在忽视指标的实际意义、对极端值敏感造成权重失真等明显局限。

⑤数据包络分析法（DEA）

数据包络分析是著名运筹学家 A. Charnes 和 W. W. Copper 等以“相对效率”概念为基础，根据多指标投入和多指标产出对相同类型的单位（部门）进行相对有效性或效益评价的一种新的系统分析方法。数据包络分析对于处理多目标决策问题有独到之处，它利用数学规划模型，对比决策单元之间的相对效率进行计算，从而得出评价结果。数据包络分析一般对一组给定的决策单元（DMU），选定出一组输入、输出的评价指标，得到该决策单元的有效性系数，从而评价决策单元的优劣，即被评价单元相对于给定的那组决策单元中是否具有相对有效性。换言之，数据包络分析通过对输入和输出数据的综合，可以得到每个 DMU 综合效率的数量指标。对每个决策单元进行定级排序，确定有效决策单元，就可以得到其他决策单元非有效性的原因和程度。也就是说，它不光可以评价和排序同一类型决策单元的相对有效性，而且还能从分析各决策单元非 DEA 有效的原因上得到改进方向。所以应用 DEA 方法评价对社会经济系统多投入和多产出相对性评价是独具优势的。

⑥人工神经网络评估法（ANN）

人工神经网络评价法是指通过模拟人脑的神经网络工作原理，建立可以“学习”的模型，并对经验性知识进行积累和充分利用，从而得到最佳解和实际值之间的误差最小化。大量的、简单的神经元（处理单元）广泛地相互连接组成了复杂的网络系统，具备了大规模并行存储处理功能和自行组织自我调节的自学能力，能够同时处理需要考虑许多因素和条件的模糊和不精确的信息处理问题。其中多层网络的误差反向传播学习算法，简称 BP 算法，是迄今为止最常用、最普遍的网络。

⑦灰色关联综合评价法（GRA）

灰色关联综合评价法（GRA）是由我国著名教授邓聚龙提出的一种系统科学理论，是根据各因素变化曲线几何形状的相似程度来判断因素之间关联程度的方法。其基本思想是将评价指标原始观测数进行无良钢化处理，计算关联系数、关联度以及根据关联度的大小对待评指标进行排序。灰色关联分析法最大的优点是对数据量没有太高要求，即数据多与少都可以分析。它的数据方法是非统计方法，在系统数据资料较少和条件不满足统计要求的情况下，有很大的实用性。

（3）金融生态的评估对象

金融生态研究命题被提出后，其评估对象不断聚焦。在地域层面上，金融生态评估主要集中于区域金融系统运行效率与风险特征的差异性研究，如省级经济带、城市群以及县域金融生态的横向比较与动态监测。在行业维度上，评估对象细分为银行业、证券业、保险业等细分市场的生态位特征，着重分析不同金融业态的资源适配度与共生关系。在机构层面上则聚焦于商业银行、政策性金融机构及互联网金融平台等微观主体的生态位优化，通过评估其在资金配置、风险定价和服务创新中的功能定位，揭示金融组织与外部环境之间的协同演化机制。随着金融科技与绿色金融的发展，评估对象已延伸至科技金融生态系统、数字金融生态系统、碳金融交易网络、供应链金融等新兴领域，形成了多层次、立体化的评估对象体系。

2.1.2.3 金融生态的经济效应

（1）金融生态的微观经济效应

金融生态作为金融系统与外部环境互动的综合体系，其微观经济效应涉及政府、家庭、企业及金融机构等多个主体。

对于政府部门而言，金融生态对政府财政的影响机制主要体现在信贷配置结构与金融环境优化两个方面。研究表明，信贷资金的期限与行业配置差异显著作用于财政可持续性：长期信贷与票据融资通过税基扩张提升财政稳定性，而中小型企业短期信贷因纳税贡献有限而呈现抑制作用；房地产业信贷则依托土地财政与税收渠道产生正向效应（孙正，2017）。同时，金融生态环境的改善通过降低债务融资成本与提升资源配置效率而间接促进财政可持续，尤其是在财政分权度高、法治水平弱的区域，良好的经济基础与政府治理可使地方债融资成本降低 5 个基点（潘俊 等，2016）。

对于家庭居民来说，既有的研究从金融生态视角揭示了外部环境对家庭经济行为的复杂影响机制，其核心逻辑在于金融生态通过资源供给、风险调节与制度约束三重路径，塑造家庭投资尤其是住房投资与借贷行为的决策空间。在家庭投资层面，区域金融生态环境对家庭住房投资具有显著的正向影响，但各构成要素作用表现不一，经济基础与金融发展的直接作用更为明显，尤其是第三产业占比提升通过就业结构优化分散住房需求；此外，东部地区金融生态的“法治红利”显著促进了住房投资（肖京 等，2022）。在家庭借贷层面，金融生态环境演化也呈现出积极作用，借贷行为则对法律环境与社会保障更敏感，司法效率的提升可降低信贷违约风险感知，增强家庭杠杆容忍度。在区域异质性上，中西部地区经济水平的提升虽直接刺激了借贷规模，但社会保障滞后，家庭更倾向于保守型负债，即短期消费贷占比高于中长期经营贷。

对于企业部门来说，金融生态作为由金融主体、外部环境与调节机制构成的动态系统，通过优化资源配置、缓解融资约束和改善治理环境等路径深刻影响企业行为。研究表明，金融生态的完善能显著提升企业创新能力且对小企业和民营企业的创新效率提升更为显著（翟胜宝 等，2015；吴昊旻 等，2017；周永新，2024）。在融资层面，金融生态通过降低信息不对称（楚文静，2014）和拓宽商业信用渠道（魏志华 等，2014），有效提升了中小型企业授信额度，但其效果呈现异质性：小企业因资源依赖度高而对金融生态更敏感，民营企业则更受益于市场化资源配置，而国有企业受隐性担保与政策负担的抵消作用影响较弱。此外，金融生态对企业投资具有双重效应：适度的金融集聚通过降低融资成本促进实业投资（马红 等，2017），但过度集聚或金融化失衡则可能引发“脱实向虚”（孙正，2017）。

（2）金融生态的宏观经济效应

金融生态作为金融主体与环境相互作用的动态平衡系统，其影响效应已延伸至经济发展、产业转型、资本配置、产业支持、农村减贫、城镇化、区域创新能力及外商直接投资（FDI）等多个宏观领域，并通过多层次机制深刻塑造宏观经济发展格局。研究表明，金融发展水平的提升显著促进了长期经济增长（Levine，1999），其核心路径在于优化资本配置效率与支持技术创新。法治环境与信用体系的完善能够有效降低融资摩擦（逯进 等，2015），推动储蓄向投资高效转化。例如，区域金融生态质量的提升不仅加速了资本流动，还通过风险分散功能为高风险研发活动提供了支撑（魏鹏，2023）。然而，不同区域的制度基础和政策协同能力差异导致了效应分化：东部地区因成熟的法治环境和市场机制而展现出更强的增长韧性（李扬，2005），而中西部地区需依赖跨区域政策干预（如征信共享）弥补发展短板（周小川，2004）。从世界来看，中东与北非等地区则因金融体系僵化（如国有银行垄断）而抑制了金融对增长的潜在贡献（申韬等，2018）。

在资本配置领域，金融生态通过减少行政干预和强化法治约束提升了资本使用效率（李延凯，2011）。研究表明，法治水平和信用环境的优化能够显著缓解资本错配问题（姚耀军 等，2012），尤其是在市场化程度较高的区域，金融主体多样性（如银行、债券市场与金融科技协同）进一步强化了资源精准配置（林欣，2014）。然而，这一过程受多重环境因素制约，经济基础、政府透明度与信用文化共同构成了资本流动的门槛条件（冯玥 等，2018）。在产业升级方面，金融生态通过技术溢出和资本引导推动了产业结构高级化（王运良 等，2018），绿色金融与数字技术的融合为低碳转型注入了新动能（马硕 等，2023），但需警惕过度依赖传统金融机构可能导致的创新抑制效应（逯进 等，2015）。

金融生态对农村减贫的赋能呈现非线性特征。农村金融覆盖率的扩展通过促进生产性投资和消费平滑助力减贫（金浩 等，2023），但其效果高度依赖法治与信用环境的突破性改善（周小川，2004）。研究结果揭示，若区域司法效率与信贷质量未能形成协同，减贫效应将呈现边际递减趋势（逯进 等，2015）。在城镇化进程中，金融生态与城镇化的耦合协调度显著提升（康明，2023），经济开放度与产业结构升级成为关键驱动因素（谢赤 等，2021），跨区域要素流动（资本、信息共享）则通过空间溢出效应缓解了发展不平衡（魏鹏，2023）。

区域创新能力的提升同样受益于金融生态的优化。经济基础与法治水平的双重支撑是自主创新韧性的必要条件（马硕 等，2023），而绿色金融工具的应用加速了低碳技术扩散（冯玥 等，2018），但“洗绿”行为凸显了环境效益评估标准的缺失（王运良 等，2018）。外商直接投资（FDI）的催化效应则与金融生态质量深度绑定（申韬 等，2018），制度成熟度较高的区域更易通过 FDI 实现技术外溢与就业创造（李扬，2005），而制度薄弱地区需优先突破治理瓶颈来激活正向循环（逯进 等，2015）。

2.2 科技创新理论

2.2.1 熊彼特创新理论

20世纪初，美国经济学家约瑟夫·熊彼特（Joseph Schumpeter）在其1912年出版的经典著作《经济发展理论》中首次系统性地提出了“创新理论”。这一理论不仅为经济学领域注入了新的思想活力，更成为解释资本主义经济周期与增长动力的重要框架。熊彼特将创新视为经济发展的核心驱动力，强调其通过“创造性破坏”打破经济均衡、推动社会进步的本质特征。本书将从熊彼特创新理论的内涵、创新与经济增长的关系、创新的具体形式、企业家的角色及其理论的实践意义等方面展开综述，以全面阐释这一理论的学术价值与现实影响。

熊彼特创新理论的基石在于其对“创新”的独特定义。他认为，创新并非简单的技术进步或发明创造，而是通过建立一种“新的生产函数”，将从未出现过的生产要素和生产条件的“新结合”引入生产体系。这种“新结合”的本质是对现有经济结构的突破，其目的在于实现资源的高效重组与生产力的提升。这种对创新概念的界定，将技术与经济紧密结合，强调创新必须通过市场化的实践才能真正推动经济发展。并且他进一步指出，创新是打破经济均衡的关键力量。在传统经济学框架中，经济系统倾向于通过价格机制实现静态均衡，但熊彼特认为，资本主义经济的本质特征是动态非均衡。经济周期中的萧条与繁荣交替，正是创新活动周期性波动所导致的结果。在萧条阶段，既有创新带来的投资机会逐渐枯竭，资源投入减少，经济陷入停滞；而通过新一轮创新，新的投资机会被创造出来，企业家对生产要素的需求增加，信贷扩张，生产资料价格上涨，最终推动经济进入繁荣阶段。因此，创新不仅是经济增长的内生动力，更是“反周期”的重要手段，能够通过主动打破均衡状态引领经济复苏。

熊彼特将创新的具体表现形式归纳为五大类，涵盖了经济活动的多个维度，涉及从产品到组织的全面革新，展现了其理论的全面性与实践指导性。具体来说，产品创新是指开发并推出市场上前所未有的新产品；工艺创新是指采用新的生产方法或技术流程以提高效率；市场创新意味着开辟新的市场或颠覆现有市场结构；材料创新是指获取新的原材料或中间产品供给来源；组织管理创新是指建立新的企业组织形式或管理模式。尽管熊彼特重点强调技术创新，但他并未忽视非技术因素的作用。例如，组织管理创新虽属于制度层面，但其通过优化资源配置效率，同样能够显著地提升生产力。这种分类方式揭示了创新活动的多样性，也为后续的研究提供了可操作的分析框架。

熊彼特理论将企业家（entrepreneur）的角色定位为创新的核心承担者，是创新活动的核心驱动力。他定义的企业家并非普通经营者，而是具备冒险精神、敏锐洞察力与组织能力的“新组合实现者”。企业家的核心使命在于突破既有惯例，将创新从理念转化为实践。熊彼特特别强调，企业家精神与资本所有权无关，其本质是“创造性破坏”的勇气与能力。这种精神不仅推动了技术进步，更通过竞争机制迫使其他企业效仿或改进，从而形成创新的扩散效应，带动整个经济系统的升级。此外，熊彼特指出，企业家创新活动需要依托金融体系的支持。信贷扩张为创新提供了必要的资金保障，而资本市场的风险分担机制则降低了创新的不确定性。这种“企业家—金融”联动机制，解释了创新如何从个体行为演变为群体现象，最终形成经济繁荣的浪潮。

同时，熊彼特的创新理论中关于经济周期与创新活动关系的探讨，构成了其理论体系的关键组成部分。熊彼特认为，资本主义经济的周期性波动并非外部冲击的结果，而是创新集群化出现的必然产物。当重大创新（如铁路、电力、信息技术）集中涌现时，大量投资涌入新领域，推动经济进入繁荣期；随着创新潜力被逐步挖掘，投资回报率下降，经济转入衰退。这种“长波周期”（康德拉季耶夫周期）理论进一步丰富了宏观经济分析框架。更重要的是，熊彼特揭示了创新对经济结构的重塑作用。每一次重大创新都意味着旧产业的衰落与新产业的诞生，这种“创造性破坏”过程尽管伴随着阵痛，却是经济长期增长的必由之路。

熊彼特创新理论的学术价值在于突破了新古典经济学静态均衡的局限，为解释经济增长提供了动态视角。其思想直接影响了演化经济学、创新系统理论等后续学派的发展。在政策层面，熊彼特理论为各国制定创新驱动发展战略提供了理论依据，其倡导的“创新即发展”理念，始终是跨越经济周期、实现长期繁荣的关键密码。同时，该理论也警示政策制定者需容忍创新过程中的短期失衡，避免过度干预市场对“创造性破坏”的自然选择机制。然而，熊彼特理论也存在一定的局限性。例如，其过于强调企业家个体的作用，忽视了制度环境、社会网络与公共政策对创新的协同影响。此外，当代开放式创新、用户创新等新模式的出现，也要求对传统创新理论进行补充与修正。

2.2.2 国家创新体系理论

国家创新体系（national innovation system，NIS）理论作为解析现代经济中技术创新机制的重要范式，自20世纪80年代被提出以来，已成为理解国家竞争力形成与产业升级路径的核心分析框架。该理论的演进呈现出明显的知识融合特征：弗里曼（1987）基于日本战后经济奇迹的研究，首次系统阐述了国家在协调企业、科研机构与教育体系中的关键作用；伦德瓦尔（1992）则从用户—生产者互动视角，强调了知识流动和学习过程在创新体系中的基础地位；纳尔逊（1993）通过跨国比较研究，揭示了制度多样性对创新绩效的深刻影响。这些奠基性研究共同构建了NIS理论的三维分析结构——主体网络、知识流动与制度环境，为后续的理论发展奠定了坚实的基础。

理论深化阶段呈现出多学科交叉的特征。演化经济学派（Dosi，1988）将技术轨道与制度变迁的动态耦合纳入分析，强调创新体系的路径依赖特性；制度经济学视角（Edquist，1997）则着重解析正式制度（如专利法）与非正式规范（如科研伦理）的协同演化机制。进入21世纪以来，全球价值链理论（Gereffi，2005）与创新生态系统概念（Adner，2017）的融入，使NIS理论突破了传统的国家边界，形成“全球—国家—区域”多层嵌套的分析框架。这种理论拓展有效解释了知识经济时代跨国技术联盟的兴起、研发外包常态化等新现象，同时保持了对国家政策独特作用的解释力。

核心要素分析显示，现代NIS由四维架构支撑：创新主体网络（企业、高校、科研院所）、知识基础设施（数字平台、实验室集群）、制度支持系统（法规政策、金融体系）以及市场需求拉动（领先用户、公共采购）。各要素通过六类关键互动形成协同效应：产学研知识转移、跨行业技术扩散、人力资本循环、风险资本流动、政策反馈调节、用户需求传导。以德国弗劳恩霍夫模式为例，其应用导向的科研机构充当了“创新翻译器”，年均促成3 000余项技术转化，充分体现了要素协同的乘数效应。值得关注的是，数字技术的发展正在重塑要素互动方式，开源社区、数字孪生等技术使知识流动速度提升了40%以上（OECD，2021）。

在实践维度上，各国形成了特色鲜明的NIS模式：美国呈现市场驱动型特征，风险投资规模占GDP的0.4%，NASDAQ市场培育了75%的科技独角兽；日本采用“官民共治”模式，日本经济产业省（METI）的产业技术规划与日本经济团体联合会（经团联）的企业联盟形成战略协同；中国近年构建的新型举国体制，本质上是NIS理论的本土化创新，通过“揭榜挂帅”等机制设计以及通过国家实验室体系整合基础研究力量，在量子计算、航天科技等领域实现突破，为后发国家创新追赶提供了新范式。比较研究显示，NIS效率差异的40%可归因于制度质量（世界银行，2022），特别是知识产权保护强度与技术转移机制的完善程度。北欧国家的“创新三角”（教育平等×社会福利×数字基建）模式则证明，社会资本积累对创新生态的长期培育具有基础性作用。

理论演进轨迹显示，NIS研究正从静态结构分析转向动态能力建构，从经济效率优先转向多元价值平衡。数字时代的技术—制度共变特征，要求创新政策制定者必须具备系统思维与敏捷响应能力。未来的理论突破或将来自对“数字创新生态”的本质解构以及人工智能辅助政策模拟技术的成熟应用。这种理论发展与实践需求的互动，将持续推动国家创新体系研究向更精细化的方向发展，为全球经济的技术跃迁提供智慧支持。

2.2.3 增长极理论

增长极理论自20世纪50年代由法国经济学家弗朗索瓦·佩鲁等提出以来，逐渐成为区域经济发展研究的重要范式。佩鲁等基于对“抽象经济空间”的观察，指出经济活动的分布并非均衡的，而是呈现出显著的极化特征。他认为，经济空间如同物理场域，存在若干具有“磁极”作用的中心，这些中心通过创新能力和资源集聚形成强大的吸引力和排斥力，从而在特定区域内产生“极化效应”。这种效应使得增长极能够通过支配性地位对其他经济单元施加影响，成为推动区域经济增长的核心引擎。佩鲁的理论突破了传统均衡发展思维的局限，强调经济增长的非对称性和动态性，为后发地区寻找发展路径提供了新的理论视角。

随着研究的深入，增长极理论在多位学者的拓展中逐步完善。瑞典经济学家缪尔达尔（1957）通过“循环累积因果理论”进一步阐释了极化效应与扩散效应的动态关系。他指出，增长极的初期极化效应虽能加速核心区域的发展，但也可能因生产要素的单向流动而加剧区域差距，形成“回波效应”；而只有当增长极达到一定成熟度后，才会通过技术溢出、产业联动等途径产生“扩散效应”，带动周边地区协同发展。美国经济学家阿尔伯特·赫希曼则从“非均衡增长”视角补充了这一理论，主张通过政策引导将增长极的极化效应转化为区域协调发展的动力。这些理论演进不仅深化了对增长极理论内在机制的理解，也为实践中的政策设计提供了多维度的参考框架。

从理论内核来看，增长极理论的核心主张可概括为三点：其一，平衡发展在现实中难以实现，经济增长往往以非均衡形式展开；其二，通过资源向特定增长中心倾斜配置，能够快速形成规模经济与集聚效应，从而突破发展瓶颈；其三，增长极的作用具有双重性——极化效应在短期内虽能加速核心区发展，但若扩散效应未能被同步激活，则可能扩大区域差距。这一理论为发展中国家和地区提供了一种以点带面的发展战略选择：通过培育具有创新能力和产业关联度的增长极，既能在短期内实现经济突破，又能在长期内通过辐射效应带动更广泛区域的可持续发展。

然而，增长极理论的应用也面临显著挑战。极化效应与扩散效应的非对称性可能导致“中心—边缘”结构的固化，例如我国改革开放初期沿海与内陆的发展差异便部分印证了这一风险。对此，学者们提出通过优化增长极的区位选择、强化产业关联度、完善基础设施网络等策略，来增强扩散效应的传导效率。例如，将增长极布局于区域交界地带，或重点发展具有强前后向关联的产业，将能够有效促进技术、资本和劳动力向周边区域渗透。此外，政府的适度干预也被视为平衡两极效应的关键，包括通过财政转移支付、区域协作机制等政策工具，弱化极化效应的负面影响。

综上所述，增长极理论通过揭示经济空间的非均衡特征，为区域发展提供了兼具理论深度与实践价值的分析工具。其核心启示在于：在遵循市场规律的基础上，通过战略性政策设计引导增长极的演进方向，能够实现效率与公平的动态平衡。这一理论框架不仅为解释区域经济差异提供了有力支撑，也为制定差异化发展策略奠定了理论基础。

2.3 文献评述

2.3.1 科创金融生态环境的内涵

科创金融源于科技金融，是科技金融的细分领域。梳理已有国内外文献，学界、业界及政界均未对科创金融、科创金融生态环境以及科创金融生态等概念进行精准界定，但对科技金融、科技金融环境、科技金融生态等概念的内涵阐述较为详尽。因此，本部分从科技金融的内涵入手，逐步过渡到对科创金融内涵的解释。

2.3.1.1 对科技金融的理解：从“单纯工具”到“生态系统”的转变

目前，对科技金融的理解基本上经历了由“金融支持科技发展—科技与金融融合—科技金融生态系统”的内涵演进过程。

“科技金融”等相关词汇是具有中国特色的专业术语。虽然国外学者从20世纪初开始探讨金融对科技创新的支持作用，但至今并未对两者的关系建立专用名词，也缺乏系统性解释。对于金融与创新关系的研究可以追溯到Schumpeter（1912）的创新理论，该理论认为金融资本是创新的必要条件，是企业家和生产要素之间的一种“独特的中介”。其中，作为资本主要来源渠道的银行体系将重点识别拥有创新精神的企业家，并通过信用创造推动创新，因此信用制度是创新得以实现的重要基础。此后，不少学者聚焦金融资本的特定来源渠道（银行、风险投资、资本市场等），从理论和实证两个方面论述了金融与科技创新的关系。在银行借贷渠道，一些学者的研究成果进一步发现，银行信用资本在科技创新过程中发挥了特殊作用（Diamond，1984；Boot、Thakor，1997；Stulz，2000）。Stulz（2000）发现银行在发挥资本配置作用的同时，还具有甄别创新项目的功能，即银行在提供信贷资金的过程中可通过动态观察创新项目的进展情况，并依据项目进展情况提供相应的融资支持服务。因此，对于那些需要分阶段资金投入的创新项目来说，无论是从资金成本还是从资金来源稳定性来说，银行都是其容易获得外部资金支持的最佳渠道。在风险投资渠道，一些研究结果也证明了风险投资基金和私募基金对科技创新有显著的促进作用。Lerner et al.（2011）运用专利指标发现私募基金对企业创新有正向影响；Rossi（2015）以意大利的科创企业为研究对象，证明了风险投资尤其是天使投资对创新活动的重要性。在资本市场渠道，部分学者的研究结果也支持了资本市场融资有利于科技创新，特别是股票市场对科技创新产出具有更为显著的积极作用（Allen et al.，1999；DaRin et al.，2007；Rajan，2012；Brown et al.，2013）。Brown et al.（2013）发现股票市场融资更能提升新成立企业和中小型企业的研发强度；DaRin 和 Penas（2007）则将资本市场的影响扩展到企业创新战略制定与实施方面，认为资本市场的双边道德风险有助于企业实施创新战略，进而提升创新效率。另外，还有少量文献使用对比分析的方法，探讨了多元化融资渠道与科技创新的适配性。如 Atanassov et al.（2007）运用美国上市公司数据研究创新项目数量、融资渠道与创新产出之间的关系，发现拥有大量创新项目的公司，其融资渠道多元化特征突出，创新产出较多；而创新项目较少的公司，融资渠道大多局限在单一的银行贷款方式上，且创新产出较少。随后，Atanassov（2016）又发现相较于银行借贷渠道，资本市场融资渠道对企业创新活动的影响更为显著。同一时期的 Doh 和 Kim（2016）选择韩国企业样本数据也验证了上述结论。此外，部分学者从金融资本和技术创新基本范式（Perez，2002；Charlotte，2002）以及政策论视角，解释了金融与科技创新的关系。

科技金融是国内特有的用来描述科技创新与金融之间关系的学术概念。国内学者主要基于工具论视角对科技金融的内涵进行了界定，聚焦于金融与科技的关系是单项支持还是双向互动。李心丹等（2013）关注金融资源对科技创新支持的单向过程；而赵昌文（2009）则强调科技与金融双向互动关系，认为“科技金融是促进科技开发、成果转化和高新技术产业发展的一系列金融制度、金融政策、金融服务与金融工具的系统性、创新性安排，是由为科学和技术创新活动提供金融资源的政府、企业、市场、社会中介机构等各种主体及其在科技创新融资过程中的行为活动共同组成的体系”，这一内涵界定广受其他学者的认可和支持（洪银兴，2011；张明喜 等，2014、2015；孙伍琴，2015；汪泉、史先诚，2013；章迪平、张家辉，2023）。此外，也有部分学者从政策视角、经济范式视角以及产业经济视角定义科技金融。李华军（2019）认为科技金融是国家创新政策的重要组成部分，是政府通过政策设计或制度安排干预或调控金融市场，是解决“麦克米伦缺口”现象的政策供给工具和政府治理工具；房汉廷（2015）将科技金融的本质理解为“以培育高附加价值产业、创造高薪就业岗位、提升经济体整体竞争力为目标，促进技术资本、创新资本与企业家资本等创新要素深度融合、深度聚合的一种新经济范式”，该种范式还包含“技术—经济范式”“金融—经济范式”“企业家—经济范式”三个紧密联系的子系统；钱志新（2013）从产业金融视角突出了科技金融产业的界定。从实践上来看，《国家“十二五”科学和技术发展规划》（2011）首次对“科技金融”给出官方的定义：“科技金融是指通过创新财政科技投入方式，引导和促进银行业、证券业、保险业金融机构及创业投资等各类资本，创新金融产品，改进服务模式，搭建服务平台，实现科技创新链条与金融资本链条的有机结合，为初创期到成熟期各发展阶段的科创企业提供融资支持和金融服务的一系列政策和制度的系统安排”；并强调“加强科技与金融的结合，不仅有利于发挥科技对经济社会发展的支撑作用，也有利于金融创新和金融的持续发展”。

在探讨科技金融内涵的过程中，对科技金融的研究逐渐扩展到了更为广阔的领域，学者们提出了又一个具有中国特色的概念“科技金融生态”。2015 年，《中国科技金融生态年度观察》报告中提出的“科技金融生态圈”概念，实现了科技金融由“工具”向“生态”转变。该报告认为，科技金融生态应具有五大特点和三大功能。其中，五大特点分别是多样性、互补性、共生性、有序性和演进性；三大功能分别是科技成果转化、发现价值和创造财富以及助力科技体制改革和金融体系演化的核心功能。2016 年，《“十三五”国家科技创新规划》首次将“科技金融生态”写进了政策文件。随后，一些学者将科技金融的研究上升到生态观和系统观的高度，围绕科技金融生态系统和科技金融生态环境展开了深入研究，并涌现出了大量研究成果。张华（2016）从生态系统视角构建了以企业、金融机构、中介组织为创新种群，以市场需求满足和社会福利提升为创新目标，以外部环境与内部治理为约束条件的科技金融创新生态规划框架；郭逸（2017）认为科技金融生态是指在发挥市场对资源配置的基础性作用的前提下，通过创新金融工具、产品和服务实现科技成果的商业化发展和转变，以商业资本反哺金融业的良性循环系统；王永强和赵增锋（2019）认为科技金融生态则是各主体的相互作用、协调发展的动态平衡体系，其核心是科技产业与金融业的融合发展；张忠寿等（2019）研究发现，生态主体利益的合理分配是科技金融生态系统保持创新动机的重要因素。徐玉莲等（2017）认为科技金融环境用于反映与科技金融主体投资过程密切相关的权益保护、信用体系建设和市场中介培育等，并从知识产权保护、投资者权益保护、企业信用体系建设和市场中介机构培育四个方面衡量了科技金融环境发展状况。

2.3.1.2 对科创金融的理解：从“商业信用”到“科技信用”的拓展

随着对科技金融研究的深入和细化，科技创新和科技创业的金融支持问题日渐成为学者们关注的重点领域，并有学者将其命名为科创金融。作为科技金融的分支，如何理解科创金融的内涵，开始成为学者们研究的理论热点之一。贾德铮（2023）认为科创金融就是科技创新的金融；曾刚（2023）认为科创金融是服务于科创企业的金融体系，通过整合信贷、债券、股权等金融资源，为科创企业提供符合生命周期的融资，进而实现金融资源与科技资源的有效对接。但传统金融模式均是基于财务历史数据的商业信用创造，其在提供金融产品和金融服务时追求相对稳健的固定利息收益，遵循相对保守的经营理念，与科创企业的风险—收益特征不匹配，所以以传统金融模式理解科创金融显然有失偏颇（刘国宏，2023）。因此，对科创金融内涵的理解应该以科技创新成果的资产属性为准，即将科技创新成果认定为技术资产；并在此过程中着重考虑技术的创新性、迭代性、垄断性以及预期的商业价值等方面，基于这个角度可将科创金融理解为基于科技成果的商业价值和持续创新能力预期的科技信用创造（曾刚，2024）。此外，科创金融不是单一的某个金融工具或某项金融服务的供给，而应该是全创业周期的多元化接力式的金融服务体系，以满足科创企业的动态融资需求（杜春野，2023；刘国宏，2023）。鉴于我国当前以银行为主体的间接金融结构现状，风险投资和创业投资等方式提供的权益资本相对较小，难以满足科技创新与产业化发展的庞大资金需求，因此科创金融应以“投贷联盟”模式作为发展的核心支撑（刘国宏，2023；王剑、应明慎，2025）。

在实践中，随着国家科创金融改革创新试验区建设的深入推进，各地方政府机构纷纷因地制宜出台了一系列涵盖金融、财政、税收、人才等多个领域的专项政策，同时加强金融、财政、产业、科技等多部门政策协同，构建了适配本地科技创新企业全创业周期的金融生态体系，进一步完善科创金融体系以发挥其支持科技创新的功能，为科创企业提供系统化、精准化的金融服务，实现了政策引导和市场机制协同发力。山东省围绕全国首个获批的济南科创金融改革试验区，构建了基于“和谐、共融”理念的全创业周期科创金融生态体系，充分发挥政、产、学、机构等多主体作用；其中，政府发挥主导作用强化政策支持，金融机构创新金融服务破解科创企业动态融资需求难题，科技公司提供数字技术赋能科创金融，服务平台探索设施“科创经纪人”成果转化新模式助力科技成果产业化（闫婷婷、徐伟丽，2023；王延斌，2023）。南京科创金融改革试验区从增加科创金融供给入手不断优化科创金融生态，创新投贷保联动机制，研发“苏创积分贷”等政策性金融产品以及“宁创融+鑫创融”“研发贷”等专属信贷产品和“贷款+外部直接投资”“贷款+远期认股权证”“可转贷”等科创综合金融服务，探索“政府—银行—园区—投资”四位一体的融资新模式（王峰 等，2023）。此外，一些学者提出加强数据要素赋能科创金融生态，应用数字技术构筑数字科创金融生态系统，以解决现阶段科创企业的金融需求多元化与金融机构的科创服务能力不足之间的矛盾。具体来说，在数字科创金融生态系统中，金融机构、科创企业、政府机构等多个主体以数据为核心元素建立生态合作关系，利用数字技术实现资源的最优配置（陆岷峰，2024）。

2.3.2 科创金融生态环境测度

由前述可知，学者们对科创金融及科创金融生态的研究还处于起步阶段，现有文献以科创金融生态的定性探讨为主，量化科创金融发展水平及科创金融生态环境的研究较为鲜见。已有文献中关于科技金融发展水平以及科技金融生态的评价指标体系和测度方法为构建科创金融生态环境指标体系和测度其发展水平提供了有益的借鉴。

2.3.2.1 科技金融发展水平的测度

已有文献中对科技金融发展水平的测度主要集中在构建科技金融综合发展指数、测算科技金融效率以及分析科技金融空间格局和效应等领域。在科技金融综合评价方面，许多学者基于不同视角构建了多种评价体系。徐玉莲等（2017）设计了“科技金融成熟度综合指数”作为科技金融综合评价指标，从科技金融资金总量、科技金融投资绩效、科技金融结构和科技金融环境 4 个维度进行衡量，并实证分析了中国科技金融发展状况；卢亚娟和刘骅（2019）引入“科技创新引力强度”概念，构建了包含自发性投入、培育性投入和效率性产出的科技金融发展评价指标体系，并以长三角地区的城市为分析对象，运用引力熵模型进行了测算评价；杨建辉等

(2020) 从科技产出、投融资体系以及支撑体系等 3 个层面选取了 18 个指标构建科技金融评价体系并运用投影寻踪模型分析了广东省科技金融发展水平；林瑶鹏等（2022）以科技金融发展规模、结构、支持力度和效率为衡量指标，构建了区域科技金融发展水平评价指标，运用熵值法对中国省域科技金融发展水平进行了综合评价，并对科技金融的分布以及空间特征进行了分析；章迪平和张家辉（2023）聚焦县域小尺度层面，从投入、产出及环境 3 个方面构建了科技金融发展水平测度指标体系，并以浙江山区 26 县为例进行了测算①。在科技金融效率测评方面，数据包络分析（DEA）是学者广泛使用的测算评价模型（马卫刚 等，2014；杜金岷 等，2016；章思诗 等，2017；李林汉 等，2018；许世琴 等，2020；姚凤桐 等，2023）。前期，学者在测算科技金融效率时，多采用某一特定年份的截面数据进行省际静态比较分析，如杜金岷等（2016）采用 2014 年截面数据运用三阶段 DEA 模型对中国 29 个省域科技金融效率进行测量，发现中国科技金融效率整体不高且区域差异大，加强法律环境等软设施建设及金融规模效率提升应是政策关注的重点。李林汉等（2018）在运用三阶段 DEA 模型测算我国 2015 年度省级科技金融效率的基础上，进一步使用 Tobit 模型对其影响因素进行了分析，结果显示我国省际科技金融效率普遍有待提升。在高技术产业的科研经费投入、地区法治水平、金融发展与技术创新的程度等正向影响因素中，高技术产业科研经费投入的影响程度最高，且高技术产业利润总额占比、政府机构的财政支持度等负向影响因素的作用不显著。随后，部分学者开始使用多期平衡面板数据进一步研究我国省际科技金融效率的动态演变，如许世琴等（2020）运用数据包络分析中的规模报酬可变（DEA-BCC）模型测算我国 2005—2016 年 30 个省（自治区、直辖市，不包含港、澳、台地区和西藏自治区，后同）科技金融投入产出效率，并建立相应空间面板模型对科技金融的驱动因素进行分析，结果表明除北京、上海、广东、浙江等部分省（市）外，其余省份科技金融效率均有较大提升空间，且呈现规模报酬不变和递减现象；进一步，政府支持力度、高技术产业资金规模、金融支持规模以及技术进步等因素显著正向影响科技金融效率。姚凤桐和贾浩楠（2023）基于 2011—2020 年省级面板数据，采用超效率 DEA 模型测度了中国科技金融效率，研究发

① 章迪平，张家辉. 科技金融对县域高质量发展的驱动效应：以浙江山区 26 县为例 [J]. 科技管理研究，2023 (17)：79-87.

现：在时间维度上，我国科技金融年均整体效率呈逐年上升态势，但效率水平还有提升空间；在区域维度上，科技金融效率呈东、中、西依次递减态势，区域异质性显著。此外，一些学者还尝试采用 SFA 模型、EBM 模型以及模糊集定性比较分析法（fsQCA）等方法测算我国科技金融效率。王韧等（2022）基于 2013—2017 年我国省域数据，从劳动、资本、外生科技金融三个投入维度和科技、商业两个产出维度构建“四投入、两产出”指标体系，运用“四分量”面板随机前沿模型围绕科技产出和商业产出两个视角测算我国省域科技金融综合效率、时变效率和持久效率，发现中国科技金融效率整体水平较低，但整体呈逐渐上升态势；时变效率和持久效率的分析进一步显示了科技金融效率的区域差异性。赵鸿程等（2022）运用 2006—2018 年我国省域数据，基于非期望产出视角，采用 EBM-Undesirable 模型测算我国科技金融效率，发现我国科技金融效率呈现波动式上涨趋势，且东、中、西和省际效率值差异明显；在影响因素方面，金融结构、知识产权保护、互联网技术水平、智力资本水平和外商直接投资表现为正向促进作用，而环境规制则存在一定的负向抑制作用。刘濛等（2023）采用超效率 SBM-ML 模型和 fsQCA 测算京津冀城市圈科技金融效率，在此基础上选择环境、资金、人才 3 个条件因素提出 3 条组态优化路径用于适配津冀城市圈不同城市的科技金融效率现状和提升目标。在科技金融空间效应方面，多数学者广泛利用科技金融效率指标计算莫兰（Moran）指数开展空间自相关分析时发现，我国科技金融效率表现出空间正相关性与空间集聚现象（许世琴 等，2020；徐宇明 等，2020；姚凤桐等，2023），但省域科技金融效率的局部空间分布特征呈现出显著的异质性。从不同区域来看，北京、天津、上海等东部地区省份呈现出“高—高”（H-H）集聚，且空间上存在相邻地区扩散态势；四川、贵州、重庆等西部地区省份“低—低”（L-L）集聚特征突出（姚凤桐 等，2023）；同时，科技金融发展存在较为普遍的空间溢出效应且以京津冀和长三角地区的辐射效应最强（赵鸿程 等，2022）。此外，对于科技金融发展的时空异质性，一些学者还主要采用了基尼系数（易明，2019；胡欢欢 等，2022）、泰尔指数（戴志敏 等，2017；徐宇明 等，2020）、Kernel 密度估计（胡欢欢 等，2022；邹克 等，2024）、σ 收敛模型（邹克 等，2024）、马尔可夫链（徐宇明 等，2020）等方法进行了测度。

2.3.2.2　科技金融生态的测度

对于科技金融生态的测度与评价，已有文献多数聚焦于国家或省级层面科技金融生态的研究。张玉喜等（2018）将科技金融生态系统划分为科技金融生态群落和科技金融生态环境两个子系统，从政府机构、科技创新企业、科技金融市场、基础支撑环境、科技资源环境五个维度构建了区域科技金融生态系统评价指标体系，运用突变级数静态模型和动态综合评价模型，对我国省际科技金融生态系统分别进行静态和动态综合评价。静态评价结果呈现出科技金融生态系统发展水平“东高西低”的特点，且东部和西部地区科技金融生态系统稳定性强于中部地区；动态评估结果显示，东部区域内部的发展动态差异显著，中部区域内部存在严重的两极分化，而西部区域内部则展现出明显的动态增长趋势。白玉娟等（2019）借鉴生态系统理念搭建科技金融生态系统评价体系，并将科技金融生态系统进一步分解为生产者、分解者、消费者、无机环境四大要素，选取 26 项具体指标运用熵权 TOPSIS 法对我国 2009—2016 年省域科技金融生态系统发展进行了评价分析，结果表明科技金融生态系统整体水平逐步提高，但区域发展失衡现象仍然突出；进一步运用莫兰指数进行空间自相关性分析时发现，科技金融生态系统正向空间相关性逐年增加、空间集聚效应不断增强，但处于科技金融生态系统发展水平弱集聚区的省份占比仍较高，并据此预测科技金融生态将形成东部地区辐射扩散、中部地区稳步增长、西部地区差异化发展的空间格局。刘栾云峤等（2021）基于共生视角，引入共生度和共生进化动量概念，通过测度科技金融生态共生度和共生进化动量评价了我国区域科技金融生态发展水平，结果显示全国科技金融生态发展水平整体偏低，其中东部省份相对较高，中西部相对较低，东部与中西部差距呈缓慢缩小态势；但区域科技金融生态进化发展“逆马太效应”突出，即东部省份共生水平较高但共生进化态势趋缓和下降、中西部共生水平较低但共生进化态势相对强劲。张俊芳和苏牧（2022）基于国际视野从金融资源支撑能力、企业创新能力、金融科技发展水平、政府支撑服务能力及金融对外开放程度五个维度选取 36 个具体指标构建了科技金融生态评价体系，运用专家打分法测算并对比分析了美国、英国、日本、德国、韩国、印度、中国七个国家的科技金融生态水平，认为金融市场的服务效率尤为重要，且应充分发挥政府与市场的互补作用以进一步优化各类资源配置。此外，也有少部分学者结合区域发展独有特征开展市域级科技金融生态的研究。潘捷和曾春燕（2023）选取粤港澳大湾区“9+2”城市群为研究对象，从科技金融主系统、科技创新子系统、金融发展子系统三个层面选择了 7 个一级指标和 16 个二级指标构建粤港澳大湾区科技金融生态评价体系，并通过测算科技金融生态系统成熟度、耦合协调度和共生度进行了三维综合评价。

2.3.3　科创金融生态环境与科技创新的关系

长期以来，科技创新的驱动因素一直是学者们研究的焦点，产生了大量的研究成果。已有文献主要从人工智能（李猛 等，2024）、人口结构（沈可 等，2024）、基础设施（王亚飞 等，2024）、产业集聚（张可，2019；唐晓华，2022）、人力资本（何小钢 等，2022）、数字经济（高秀娟 等，2024）、数字金融（周才云 等，2024；聂秀华 等，2021）等角度定量探讨了对科技创新的促进作用；也有部分文献探讨了营商环境（李春涛 等，2024；张柳钦 等，2023；张存刚，2020）以及信用环境（李柯楠 等，2021；武晓芬 等，2018）对科技创新的积极影响。此外，关于科技金融及其生态系统与科技创新关系的文献也较为丰富。但目前仅有少量文献从科创金融生态环境的基础设施、制度创新、政策支持及平台建设等维度（刘雨生，2022）定性分析了对科技创新的影响。科创金融生态环境是维系和促进创新主体和各主体间关系协调的文化、法律、制度及规则等，关系到区域科技创新的可持续性，且科创金融是科技金融研究的进一步深化和细化，因此本部分文献梳理主要聚焦于科技金融与科技创新的关系、科技金融生态与科技创新的关系两个方面。

2.3.3.1　科技金融与科技创新关系：从“单项支持”到“双向互动”

国内学者运用省级行政数据和市区级数据从科技金融投入及其不同类型（张玉喜 等，2015；芦锋 等，2015）、科技金融结构（赵文洋 等，2017）视角充分论证了对科技创新及其不同发展阶段和不同产业（丁勇 等，2023）的正向影响效应，但同时也发现科技金融支持科技创新的影响具有时空异质性（张玉喜 等，2015；杜江 等，2017；戴伟 等，2022；李灿芳，2022）、产业异质性以及阶段异质性（李静 等，2024）；此外，一些学者认为科技金融与科技创新应该协同发展、相互促进，并从市场逐利角度和政府政策角度探讨了其协同发展机理，运用耦合协调度模型、系统动力学模型、复杂系统协调度模型等测算了两者的协同发展水平（徐玉莲 等，2011、2012、2013、2017），随后张芷若（2023）对两者协同发展水平空间格局做了进一步的分析。在探索科技金融与科技创新关系的学术研究中，诸多国外学者高度重视政府在促进科技金融发展以及推动科技创新进程中所发挥的关键作用。Zacharakis et al.（2007）、Vanacker et al.（2014）以及Cum-ming et al.（2016）均提出政府应运用直接投入或间接引导等多样化的手段，为科技金融和科技创新活动提供有力支持。Mazzucato（2011、2016）直接提出了一套全新的科技金融政策分析框架，将国家角色定位为深度参与创新的引领者，强调国家在创新资源配置、创新方向引导以及创新生态构建等方面的关键作用，并指出国家通过明确的目标和强有力的政策将科研机构、企业、金融机构等多元创新主体的力量汇聚起来，确保从基础研究到技术转化再到产业规模化发展的各个创新环节都有稳定的资金流作为支撑。Arena et al.（2017）聚焦于科技初创型企业的融资问题，探讨了科技金融借助技术手段满足创新项目融资需求的解决方案，并进一步评价了科技金融政策对社会科技初创企业创新的有效性及影响。Grilli et al.（2018）总结了西方国家中传统融资渠道与早期创新项目风险偏好不匹配，以及私人投资追求短平快与创新项目周期长、波动大之间的矛盾，详细分析了政府、金融机构以及金融市场等不同类型的科技金融政策及其作用机制，并对美国、以色列等国家和地区的创新融资政策进行了系统的比较研究，提出了科技金融政策未来的发展方向。

2.3.3.2 科技金融生态与科技创新的关系：从“单要素贡献”到“多要素协同”

不少学者开始从科技金融生态的视角探讨对科技创新的支持作用，张明喜（2017）从科技金融发展水平和科技金融集中度两个维度构建了科技金融生态并采用省级面板数据进行实证检验，认为科技金融生态能够引导和支持科技创新且具有强化创新溢出效应的作用。张玉喜和刘栾云峤（2021）选择2010—2018年中国31个省级行政区（不包含港、澳、台地区，后同）面板数据，运用共生测度模型、投影寻踪模型以及面板模型，开展了科技金融生态系统与科创创新关系的实证分析，结果显示科技金融生态系统共生度显著正向影响科技创新绩效。孙龙和雷良海（2021）以上海市为研究对象，运用阶层结构理论探析科技金融生态与科技创新关系，实证分析发现科技创新产出受到科技金融生态与科技金融内部主体跨层级交互作用的影响，且具有规模报酬递增效应。孙锦礼等（2022）运用我国2010—2019年30个省份的面板数据检验了科技金融生态与科创企业孵化率的关系，认为完善科技金融生态能够提升科创企业孵化率进而助力我国实现原始创新技术的跨越式发展。方磊和张雪薇（2023）采用2011—2020年中国东部沿海五大城市群面板数据，利用动态空间杜宾模型（DSDM）实证检验了科技金融生态对绿色技术创新的影响，认为优化科技金融生态能正向促进绿色技术创新。贾军（2024）基于微观企业视角，选择 2014—2022 年沪、深两市新能源汽车产业 115 家上市公司作为研究对象，以共生度指标作为科技金融生态系统的代理变量，探讨了其与企业技术创新的关系，发现两者呈现出 U 形关系。

上述研究构成本书的研究基础，具有重要的借鉴意义，但也存在不足：一是对科创金融和科创金融生态环境的内涵缺少明确的界定；二是对科创金融生态和科创金融生态环境未做明确区分，且对生态影响因素的分析多采用定性方法，缺乏多维度的科创金融生态环境判定模型以及基于定量的研究方法；三是缺少科创金融生态环境对科技创新的理论及实证研究。基于此，本书拟在梳理现有文献的基础上，结合我国省级行政面板数据，从理论和实证两个维度探讨科创金融生态环境对科技创新的影响机理与效应，并结合国内外科创金融生态系统建设实践经验，提出我国科创金融生态系统建设的优化路径与对策建议。

3 科创金融生态环境的内涵与水平测度

3.1 科创金融生态环境的内涵阐释

在科技创新成为经济发展核心驱动力的时代，科创金融作为促进科技创新与金融深度融合的关键领域，其生态环境的优劣对于科技创新企业的成长、金融资源的有效配置以及整个经济的可持续发展至关重要。本部分运用生态学理论来研究科创金融生态，有助于从全新的视角深入理解其内涵、功能与构成要素，为构建健康、稳定且富有活力的科创金融生态系统提供理论支撑。

3.1.1 科创金融生态环境的内涵与特征

3.1.1.1 科创金融生态环境的内涵

根据生态学理论观点，生态系统包括生态主体和生态环境两个子系统。其中，生态主体是指生态系统中具有生命活动特征的所有生物有机体的集合，包括个体、种群和群落等不同层次的生命组织形式；生态环境是指生物有机体周围一切影响其生存和发展的各种外部条件的总和。生态主体通过物质循环、能量流动和信息传递与生态环境形成动态耦合关系，共同维持生态系统的结构与功能。类比到科创金融领域，科创金融生态主体是指在科创金融生态系统中，参与科创金融活动、具有特定功能和作用的各类组织和机构等。具体来说，科技创新企业、风险投资机构、商业银行、证券交易所、政府引导基金、高校及科研院所等属于核心主体层，形成“产学研金介用”协同网络；其中，独角兽企业代表创新活力，风险投资体现市场筛选机制，政府引导基金发挥战略导向作用。会计师事务所、律师事务所、资产评估机构、技术评估机构、知识产权交易所等属于专业服务主体层，构成价值实现的支撑体系。科创金融生态环境是指围绕科创金融主体，对其生存和发展产生影响的各种外部因素的集合，涉及政策法规、信用体系、数字基建、文化氛围等软硬件条件。由此可以看出，科创金融生态环境不只是简单的金融资源与科技创新的组合，更是一个相互关联、相互作用、动态平衡的复杂系统。综上所述，本书将科创金融生态环境定义为以科技创新为核心驱动力，以金融资本为关键支撑，通过多元主体协同互动形成的动态生态系统。这一生态系统通过整合技术、资本、政策、市场等要素，构建起促进科技创新成果转化和产业升级的有机网络，其本质是构建创新要素与金融资源高效匹配的机制性框架。在数字经济时代，科创金融生态环境已超越传统科技金融的简单资金供给模式，演化为包含制度设计、市场运作、技术创新、服务配套等多维度的复杂体系，其核心价值在于解决科技创新活动中的“死亡之谷”难题，实现从基础研究到商业应用的完整价值链条贯通。

3.1.1.2　科创金融生态环境的特征

科创金融生态环境具有系统性、开放性、协调性及动态演化性等鲜明生态特征。系统性体现在各组成要素之间存在着紧密的联系和相互作用，如同生态系统中的生物群落与非生物环境之间的关系。科技创新企业作为“核心物种”，其成长和发展依赖于金融机构提供的资金支持、政府部门制定的政策引导以及中介服务机构提供的专业服务，而这些主体的行为又反过来影响着科创金融生态环境的整体状态。开放性体现为跨领域要素的交互流动，例如人才、技术、数据等创新资源通过开放平台实现跨行业、跨机构的共享与整合。这一特性打破了传统金融与科技之间的壁垒，形成了包括金融机构、科创企业、政府监管部门、科研院所及中介组织的多元主体协同网络。例如，金融机构与科研机构联合开发金融产品，科创企业通过金融生态平台获取融资支持，加速技术商业化进程。此外，开放性还体现为政策环境的包容性，如监管沙箱机制允许金融科创企业在受控环境中测试创新产品，既激发活力又控制风险。协同性一方面表现为各主体之间的功能互补与价值共创。政府通过财政投入和制度设计引导资源配置，金融机构提供资金支持和风险管理工具，科创企业贡献技术研发能力，形成“创新链—资金链—政策链”的深度融合。例如，南京、湖北等地通过

"股贷债担保"联动模式，推动金融资源精准对接科创企业全创业周期需求。另一方面，协同性还体现在数据驱动的精准匹配机制上，利用大数据和人工智能实现项目与资金的智能撮合，降低交易成本。动态演化性表现为系统对技术革新和市场变化的持续适应能力。一方面，监管机构借助实时数据追踪和动态风险评估工具对科创项目进行全创业周期监测，及时调整监管策略；另一方面，区块链、大语言模型等数字技术的迭代不断重塑风险定价和信用评估体系，推动金融产品创新。例如，商业银行通过数字化转型推出线上化、标准化的科创金融产品，使其成为最具竞争力的业务线之一。这种动态性还体现在生态系统的自我更新机制上，通过"优胜劣汰"不断吸纳新技术、淘汰低效模式，维持系统的创新活力。

3.1.2 科创金融生态环境的功能

3.1.2.1 资源配置功能

科创金融生态环境的首要功能是实现金融资源的有效配置。在这个生态系统中，金融机构根据市场信号和自身风险偏好，将资金投向具有创新潜力和发展前景的科技创新企业。资本市场的股权融资、银行体系的债权融资以及风险投资、私募股权等多元化的融资渠道，为科技创新企业提供不同发展阶段所需的资金支持。例如，风险投资机构通常会在科技创新企业的初创期介入，凭借其专业的投资眼光和丰富的行业经验，筛选出具有高成长潜力的项目进行投资，为企业提供启动资金和发展资源；而资本市场则为成熟的科技创新企业提供了大规模融资和股权流通的平台，帮助企业实现快速扩张和价值提升。这种资源配置功能使得金融资源能够流向最具创新活力和经济价值的领域，促进科技创新成果转化和产业化，推动经济结构优化升级。

3.1.2.2 风险分散与防范功能

科技创新活动具有高风险性和不确定性，这使得科创金融面临着较高的风险。良好的科创金融生态环境能够通过多种机制实现风险的分散与防范。一方面，多元化的融资渠道和金融产品为风险分担提供了基础。不同类型的金融机构和投资者在风险承受能力和收益预期上存在差异，通过共同参与科创金融活动，实现了风险在不同主体之间的分散。例如，银行通过贷款的方式为科技创新企业提供资金支持，主要承担企业的信用风险；而风险投资机构则以股权形式投资，承担企业的市场风险和技术风险，同时也享有企业成功后的高收益回报。另一方面，完善的风险评估和管理体系在科创金融生态环境中发挥着关键作用。中介服务机构如信用评级机构、资产评估机构等，通过专业的评估方法和技术，对科技创新企业的风险状况进行量化评估，为金融机构和投资者提供决策依据。同时，金融机构和投资者自身也建立了完善的风险管理机制，通过风险识别、风险控制和风险对冲等手段，有效降低投资风险。此外，政府部门通过制定相关政策和法规，规范市场秩序，加强金融监管，防范系统性金融风险的发生，维护科创金融生态环境的稳定。

3.1.2.3　创新激励功能

科创金融生态环境能够为科技创新活动提供强大的创新激励。首先，金融资源的投入为科技创新提供了物质基础。充足的资金支持使得科技创新企业能够加大研发投入，吸引优秀人才，购置先进设备，开展前沿性的研究和开发工作。例如，许多科创企业在获得风险投资或资本市场融资后，能够迅速扩大研发团队，加强与高校、科研机构的合作，加快技术创新的步伐。其次，金融市场的竞争机制和利益驱动机制激发了科技创新企业的创新活力。在竞争激烈的金融市场中，科技创新企业为了获得更多的金融资源和市场认可，必须不断提高自身的创新能力和核心竞争力，推出具有创新性和市场竞争力的产品和技术。此外，政府的政策支持和奖励机制也对科技创新起到了重要的激励作用。政府通过税收优惠、财政补贴、项目资助等方式，鼓励企业开展科技创新活动，降低企业创新成本，提高企业创新收益，进一步激发了企业的创新积极性。

3.1.2.4　信息传递与共享功能

在科创金融生态环境中，信息的传递与共享是各主体之间有效沟通和协同合作的基础。金融机构、科技创新企业、政府部门和中介服务机构之间需要及时、准确地传递和共享各类信息，包括企业的财务状况、技术创新成果、市场需求信息、政策法规变化等。完善的信息传递与共享机制能够降低信息不对称程度，提高市场效率，促进金融资源合理配置。例如，金融机构通过获取科技创新企业的详细信息，能够更准确地评估企业的信用风险和发展潜力，从而做出合理的投资决策；科技创新企业通过了解金融市场的动态和政策导向，能够更好地把握融资机会，制定合理的发展战略。同时，信息共享平台的建设和大数据、人工智能等信息技术的应用，进一步提高了信息传递与共享的效率和质量。例如，一些地区建立了科创金融信息服务平台，整合了各类金融机构、科技创新企业和中介服务机构的信息资源，实现了信息的集中发布和共享，为各方提供了便捷的信息查询和交流渠道。

3.1.3 科创金融生态环境的构成要素

3.1.3.1 政策环境

政策环境是科创金融生态环境的重要组成部分，对整个生态系统的发展起着引导和规范作用。政府通过制定一系列政策法规，为科创金融的发展提供政策支持和制度保障。在财政政策方面，政府通过设立专项基金、提供财政补贴、税收优惠等方式，鼓励金融机构加大对科技创新企业的支持力度，降低企业创新成本。例如，许多国家和地区设立了科技创业投资引导基金，通过政府出资引导社会资本参与，为初创期的科技创新企业提供资金支持；对科技创新企业实行税收减免政策，如研发费用加计扣除、高新技术企业税收优惠等，鼓励企业加大研发投入。在货币政策方面，中央银行通过调节货币供应量和利率水平，为科创金融发展创造适宜的货币环境。例如，采取差异化的货币政策，对支持科技创新的金融机构给予流动性支持和利率优惠，引导金融机构增加对科创企业的信贷投放。此外，政府还通过制定产业政策，明确科技创新的重点领域和发展方向，引导金融资源向战略性新兴产业和关键核心技术领域集聚。

3.1.3.2 金融市场环境

金融市场环境是科创金融生态环境的核心要素之一，它为科技创新企业提供了多元化的融资渠道和金融服务。金融市场主要包括资本市场、货币市场和保险市场等。资本市场是科创企业股权融资的重要平台，包括股票市场和债券市场。股票市场中的主板、创业板、科创板等不同层次的市场，为处于不同发展阶段的科创企业提供了上市融资的机会。例如，科创板的设立，专门为科技创新企业量身打造了融资平台，通过注册制改革，降低了企业上市门槛，提高了上市效率，为科技创新企业提供了更加便捷的股权融资渠道。债券市场则为科创企业提供了债务融资的选择，通过发行企业债券、可转换债券等方式，满足企业的资金需求。货币市场主要为科创企业提供短期资金融通服务，通过银行间同业拆借市场、票据市场等，解决企业临时性的资金周转问题。保险市场在科创金融中也发挥着重要作用，通过提供科技保险产品，如专利保险、科创企业财产保险、研发责任保险等，帮助科技创新企业分散创新过程中的风险。

3.1.3.3 信用环境

信用环境是科创金融生态环境的基石，良好的信用环境能够降低金融交易成本，提高金融市场效率。信用环境主要包括企业信用体系、个人信用体系和信用中介服务机构等。企业信用体系是对科技创新企业信用状况的综合评价和记录，包括企业的财务状况、经营行为、还款记录等方面的信息。通过建立完善的企业信用数据库和信用评级制度，金融机构能够准确了解企业的信用状况，降低信用风险。个人信用体系则关注科技创新企业的核心人员和创业者的信用状况，因为个人信用在企业融资和发展过程中也起着重要作用。信用中介服务机构如信用评级机构、征信公司等，在信用环境建设中发挥着专业的服务作用。它们运用科学的评估方法和技术，对企业和个人的信用状况进行客观、公正的评价，为金融机构和投资者提供信用信息服务，促进金融市场的健康发展。

3.1.3.4 法律环境

法律环境是科创金融生态环境的重要保障，它为科创金融活动提供了法律规范和制度框架。完善的法律体系能够明确各方的权利和义务，规范市场行为，保护投资者的合法权益，维护金融市场秩序。在科创金融领域，相关法律主要包括公司法、证券法、知识产权法、金融监管法等。公司法和证券法为科技创新企业的设立、融资、治理和上市等活动提供了基本的法律规范；知识产权法保护了科技创新企业的创新成果，鼓励企业进行技术创新和研发投入；金融监管法加强了对金融机构和金融市场的监管，防范金融风险，保障金融市场的稳定运行。此外，针对科创金融的特点和需求，一些国家和地区还制定了专门的法律法规，如科技金融促进法、风险投资法等，为科创金融发展提供更加具体和有针对性的法律支持。

3.1.3.5 人才环境

人才环境是科创金融生态环境的关键要素之一，高素质的科技金融人才是推动科创金融发展的核心动力。人才环境主要包括人才培养体系、人才流动机制和人才激励机制等。在人才培养体系方面，高校和科研机构发挥着重要作用，通过开设金融、科技、管理等相关专业课程，培养既懂金融知识又熟悉科技创新的复合型人才。同时，加强实践教学和产学研合作，提高学生的实际操作能力和创新能力。人才流动机制则促进了人才在不同地区、不同行业和不同机构之间的合理流动，实现人才资源的优化配置。例如，建立健全人才市场体系，完善人才招聘、求职服务平台，打破人才流动的体制机制障碍，鼓励人才向科技创新领域和金融机构流动。人才激励机制是吸引和留住人才的重要手段，通过提供良好的薪酬待遇、职业发展空间、科研条件和创新环境等，激发人才的创新积极性和创造力。

3.1.3.6 科技中介服务环境

科技中介服务环境是科创金融生态环境的重要支撑，它为科技创新企业和金融机构之间的沟通与合作提供了桥梁和纽带。科技中介服务机构主要包括科技咨询机构、技术转移机构、知识产权服务机构、会计师事务所、律师事务所等。科技咨询机构为科技创新企业提供战略规划、技术评估、市场调研等咨询服务，帮助企业制定科学的发展战略；技术转移机构促进科技成果的转化和产业化，通过开展技术交易、技术合作等活动，将高校、科研机构的科技成果推向市场；知识产权服务机构为科技创新企业提供知识产权申请、保护、评估和交易等服务，保护企业的创新成果；会计师事务所和律师事务所则为科创金融活动提供专业的财务审计和法律咨询服务，规范企业的财务行为和法律事务。

综上所述，基于生态学理论的科创金融生态环境是一个内涵丰富、功能多样、构成要素复杂的有机系统。其良好的政策环境、金融市场环境、信用环境、法律环境、人才环境和科技中介服务环境等，共同为科创金融主体的生存和发展提供了坚实的外部支撑。深入理解科创金融生态环境的内涵、功能与构成要素，对于构建健康、稳定、高效的科创金融生态系统，促进科技创新与金融的深度融合，推动经济的高质量发展具有重要的理论价值和实践意义。

3.2 科创金融生态环境的发展水平测度

3.2.1 科创金融生态环境评价体系的构建

由前述可知，科创金融生态环境由多种环境因素共同构成。这些因素一方面影响着科创金融生态环境，另一方面又相互作用、相互影响。考虑到上述因素的复杂性，本书在指标体系的设计过程中始终秉持科学性、发展性、可操作性、系统性、可比性、定量分析与定性分析相结合的原则，根据各因素对科创金融生态环境的影响程度和形式的不同，对它们进行整理归类，形成六个构成要素作为本次研究和评价的主要依据。这六大构成要素分别为：政策环境、金融市场环境、信用环境、法律环境、人才环境及科技中介服务环境。这六大构成要素又可以进一步细化成若干评价指标，综合起来就构成了一个完整的指标体系，具体如表 3-1 所示。

表 3-1　科创金融生态环境评价指标体系

<table>
<tr><th>目标层</th><th>准则层</th><th>基础层说明</th><th colspan="2">基础层</th><th>指标类型</th></tr>
<tr><td rowspan="23">A
科创金融生态环境指数</td><td rowspan="3">B_1
政策环境</td><td>政府引导</td><td>C_1</td><td>政府引导基金规模</td><td>正指标</td></tr>
<tr><td>政府投入</td><td>C_2</td><td>政府科学技术支出/财政支出</td><td>正指标</td></tr>
<tr><td>政务效能</td><td>C_3</td><td>政府透明度</td><td>正指标</td></tr>
<tr><td rowspan="6">B_2
金融市场环境</td><td rowspan="4">金融发展水平</td><td>C_4</td><td>金融深度：金融存贷总额/GDP</td><td>正指标</td></tr>
<tr><td>C_5</td><td>金融效率：金融贷存比</td><td>正指标</td></tr>
<tr><td>C_6</td><td>证券化率：股票市值/GDP</td><td>正指标</td></tr>
<tr><td>C_7</td><td>保险深度：保费收入/GDP</td><td>正指标</td></tr>
<tr><td>金融普惠程度</td><td>C_8</td><td>北京大学数字普惠金融指数</td><td>正指标</td></tr>
<tr><td>金融监管水平</td><td>C_9</td><td>金融监管支出/金融业增加值</td><td>正指标</td></tr>
<tr><td rowspan="2">B_3
信用环境</td><td>商业信用</td><td>C_{10}</td><td>商业信用环境指数</td><td>正指标</td></tr>
<tr><td>商业银行不良贷款</td><td>C_{11}</td><td>区域不良贷款率</td><td>逆指标</td></tr>
<tr><td rowspan="3">B_4
法律环境</td><td>法治水平</td><td>C_{12}</td><td>结案数/受理数</td><td>正指标</td></tr>
<tr><td>专利侵权行为治理</td><td>C_{13}</td><td>专利侵权案件数</td><td>逆指标</td></tr>
<tr><td>知识产权保护</td><td>C_{14}</td><td>知识产权保护指数</td><td>正指标</td></tr>
<tr><td rowspan="6">B_5
人才环境</td><td rowspan="2">人力资本</td><td>C_{15}</td><td>高等学校在校生数/总人数</td><td>正指标</td></tr>
<tr><td>C_{16}</td><td>人力资本流动水平</td><td>正指标</td></tr>
<tr><td rowspan="2">技术经理人</td><td>C_{17}</td><td>国家级孵化器创业导师人数</td><td>正指标</td></tr>
<tr><td>C_{18}</td><td>技术经纪人员数</td><td>正指标</td></tr>
<tr><td>高新技术从业人员</td><td>C_{19}</td><td>高新技术企业从业人员数</td><td>正指标</td></tr>
<tr><td>研发人员</td><td>C_{20}</td><td>研究与试验发展人员全时当量</td><td>正指标</td></tr>
<tr><td rowspan="3">B_6
中介服务环境</td><td>会计、律师等中介服务</td><td>C_{21}</td><td>市场中介组织的发育程度</td><td>正指标</td></tr>
<tr><td rowspan="2">技术转移服务</td><td>C_{22}</td><td>国家级科创企业孵化器数</td><td>正指标</td></tr>
<tr><td>C_{23}</td><td>国家技术转移示范机构法人机构数</td><td>正指标</td></tr>
</table>

注：A 代表目标层指标，B 代表准则层指标，C 代表基础层指标。

3.2.1.1 政策环境准则层指标解释

政策环境作为科创金融生态的核心支柱，通过制度创新、法规完善及政务高效等为科技创新提供关键支撑。在此框架下，本书从政府引导、政府投入和政务效能三个方面选择3个可量化指标对区域政策环境情况加以评价。具体来说，本书选取政府引导基金规模衡量政府引导示范效应。作为财政资金市场化运作的重要工具，政府引导基金在支持科技创新、产业升级和区域协调发展等方面发挥了四两拨千斤的撬动作用，因此，该指标的大小可反映地方政府对科创金融生态的重视程度如何。通过计算地方政府科学技术支出占地方财政总支出的比例，可以衡量地方政府对科技创新的支持力度。这一指标体现了地方政府在研发上的投入强度，直接反映了该地区的创新战略地位。在政务效能方面，本书选择《中国政府透明度指数报告》中的政府透明度指数作为代理指标。该指数从民主科学决策、优化营商环境、规范政府管理、加强民生保障以及平台与机制建设五个领域选择了21个指标进行科学编制。政府透明度是政策环境的重要组成部分。政府透明度的提升对地方政策制定、执行以及政策公信力具有促进作用。因此，政府透明度的高低反映了该地区政策环境的优劣。

3.2.1.2 金融市场环境准则层指标解释

金融市场环境作为科创金融生态系统的中枢纽带，通过多层次资本市场构建与风险定价机制创新，为科创企业打通“债权+股权+保险”的全创业周期融资通道。因此，金融市场发展也是评价金融生态环境的重要指标之一。评价金融市场环境可从总量和质两方面进行。从总量来看，主要是金融机构的扩大，金融总量的增长；从质上来看，涉及金融衍生工具的发展、金融机构的多样性、金融服务的全方位性等方面。此外，科创企业多为中小微型企业或初创团队，地区普惠金融水平能很好地量化反映金融资源对属于“长尾市场”的科创企业的触达能力；另外，金融监管既为高风险创新提供制度保障，也影响着资本流入的意愿。基于此，考虑到数据的可得性，本书从金融发展、金融普惠以及金融监管三个维度衡量区域金融市场环境。在金融发展维度，本书选择经济金融深度指标、金融效率指标、经济证券化率指标以及保险深度指标进行测度。经济金融化率用辖区内金融机构贷款余额占GDP比重计算，该比重越大，地区的金融货币化程度就越高；对金融效率的衡量通常采用辖区内金融机构贷款总额/存款总额，这一比值越大，说明储蓄向投资的转化效率越高，金融资源的配置效果越佳；证券化率和保险深度是衡量地区金融市场发育度以及金融体系成熟度的重要指标。证券化率用地区上市公司总市值的 GDP 占比表示，保险深度用地区保费收入的 GDP 占比表示。在金融普惠维度，本书选择北京大学数字普惠金融指数作为代理变量。北京大学数字普惠金融指数是国内反映数字普惠金融发展的最为权威的一套评价体系。在借鉴传统金融和普惠金融评价方法的基础上，该指标体系创新性地从数字金融的角度，依据科学性、全面性、数据可得性及可比性等原则构建了数字普惠金融评价体系，包括数字普惠金融总指数以及数字普惠金融的覆盖广度、使用深度和数字化程度 3 个二级指标，每个二级指标又有若干个具体指标进行进一步的阐述。在金融监管维度，本书用地方财政金融监管支出的金融业增加值占比衡量金融监管水平。

3.2.1.3 信用环境准则层指标解释

信用环境作为科创金融生态系统的核心支撑，其作用机制通过多维评价体系实现从“制度保障”到“效能转化”的递进传导。本部分选择区域不良贷款率和商业信用环境指数两个指标进行区域信用环境水平的评价。不良贷款率为区域银行类金融机构不良贷款余额与贷款总额的比值，该指标为逆向指标；商业信用环境指数源于《中国城市商业信用环境指数蓝皮书》，该报告使用信用投放、企业信用管理功能、征信系统建设、政府信用监管、重点领域诚信状况、诚信教育及企业感受 7 个一级指标以及 23 个二级指标和 42 个三级指标构建城市商业信用环境指标评价体系，并运用层次分析等方法计算得出商业信用环境指数。该指数充分考虑了经济、政务、社会和司法等领域的信用活动的开展情况，是评价城市信用环境的综合性指标。

3.2.1.4 法律环境准则层指标解释

法律环境作为科创金融生态系统的制度性基础设施，其效能通过法治水平、专利侵权行为治理以及知识产权保护三大维度实现从立法完善到司法实践的传导闭环。法治水平用区域经济案件结案率进行表示，即结案数与受理案数之比；专利侵权行为治理用专利侵权案件数作为代理变量，该指标为逆向指标；知识产权保护则选用《中国知识产权发展状况评价报告》中的“地区知识产权发展指数”，该指数以地区知识产权保护体系、市场运行以及发展环境三个层面的 67 个细化指标评价了我国各地区的知识产权保护水平。

3.2.1.5 人才环境准则层指标解释

人才环境作为科创金融生态系统的“智力枢纽”，其核心作用通过人力资本要素的能级跃升与动态配置而释放，这种支撑作用具体体现为人力资本、技术经理人、高新技术从业人员以及研发人员四大核心领域的协同演进。具体来说，人力资本选择人力资本存量和人力资本流动两个指标进行衡量，人力资本存量用高等学校在校生数在总人数中的占比进行表示，是区域科创金融复合型人才储备的主要来源；人力资本流动水平借鉴学者白俊红和王钺（2017）、卓乘风和邓峰（2015）的研究方法，采用R&D人员数据运用“引力模型”进行测算，创新人才的区域流动可通过优化区域人才结构以及知识溢出效应提升创新资本配置效率和创业投资项目成功率。技术经理人规模选择国家级孵化器创业导师人数和技术经纪人员数进行表示。高新技术从业人员以及研发人员规模分别用高新技术企业从业人员数、研究与试验发展人员全时当量进行测算。

3.2.1.6 中介服务环境准则层指标解释

科技中介服务环境作为科创金融生态系统的“转化中枢”，其支撑作用通过多维指标体系的协同作用实现从资源整合到价值创造的动态传导，具体可通过会计、律师等一般中介服务以及技术转移专业服务两个维度的3个指标进行量化反映。会计、律师等中介服务选择樊纲（2001）等学者编制的市场化指数中的“市场中介组织的发育程度”分项指数进行衡量；技术专业服务选择国家技术转移示范机构法人机构数、国家级科创企业孵化器数两个指标进行反映。

3.2.2 科创金融生态环境评价方法说明

科创金融生态环境指标体系选择了6个方面的环境，即政策环境、金融市场环境、信用环境、法律环境、人才环境和中介环境，形成6个准则层指标；每个环境维度下又细化为若干基础层指标进行衡量，共计23个基础层指标。23个基础层指标之间具有较高独立性，使用熵值法的指标赋权方法可以得到更准确和可靠的评价结果。具体计算方法如下：

令 $C_i = \{C_1, C_2, C_3, \cdots, C_n\}$，其中 $n = 23$。

首先，我们对数据进行非负化和标准化处理：

$$D_{ij} = (C_{ij} - C_{ij}^{\min})/(C_{ij}^{\max} - C_{ij}^{\min}) \quad \text{（正指标处理）} \tag{3-1}$$

$$D_{ij} = (C_{ij}^{\max} - C_{ij})/(C_{ij}^{\max} - C_{ij}^{\min}) \quad \text{（逆指标处理）} \tag{3-2}$$

其中，C_{ij} 代表第 j 个样本的第 i 个指标，D_{ij} 是标准化之后的指标，然后采用熵值法计算第 i 项指标下第 j 个样本占该指标的比重：

$$p_{ij} = D_{ij} / \sum_{i=1}^{N} D_{ij} \tag{3-3}$$

接下来计算第 i 项指标下的熵值 e_j，其中 $k = 1/\ln(N)$，满足 $e_j \geqslant 0$。

$$e_i = -k \sum_{i=1}^{n} p_{ij} \times \ln(p_{ij}) \tag{3-4}$$

如果 $p_{ij} = 0$，那么令 $\lim_{p_{ij} \to 0} p_{ij} \times \ln(p_{ij}) = 0$。最后得出第 i 项指标的熵权 w_i：

$$w_i = (1 - e_i) / \sum_{i=1}^{n} e_i \tag{3-5}$$

通过标准化数据 D_{ij} 及权重 w_i 计算出科创金融生态环境总指数（A）和各准则层分项指数（B_i）：

$$A(\text{或}B_i) = \sum_{j=1}^{m} (w_i \times D_{ij}) (i = 1, 2, \cdots, n) \tag{3-6}$$

3.2.3 区域科创金融生态环境测度

3.2.3.1 数据来源

本书以2013—2022年中国31个省级行政区域数据为研究样本。科创金融生态环境评价指标体系中的原始数据均来自历年《中国统计年鉴》及各省份统计年鉴、清科数据库、Wind数据库、CHOICE数据库、《中国金融运行报告》及各省区域金融运行报告、《中国法律年鉴》《中国科技年鉴》及《中国高技术产业统计年鉴》和裁判文书网，对部分缺失数据进行了线性插值法处理，原始数据可参见文后附录1、附录2。由于所选指标中既有正向指标也有逆向指标且各指标数据的量纲不同，根据公式（3-1）、公式（3-2）对所有指标进行无量纲化处理，因西藏和宁夏2022年缺失值较多，在Stata软件处理中将西藏以及宁夏2022年样本剔除后得到标准化后的数据。

3.2.3.2 测度结果

本书按照熵值法公式（3-3）、公式（3-4）、公式（3-5），计算出每个指标的权重，并做百分化处理，如表3-2所示。由表3-2可知，科创金融生态环境指标体系中政策环境权重为18.31%，金融市场环境权重为23.80%，信用环境权重为4.44%，法律环境权重为2.57%，人才环境权重为 37. 28%，中介环境权重为 13. 59%。

表 3-2 科创金融生态环境指标权重

目标层	准则层	权重	基础层		权重
A 科创金融生态环境指数（100%）	B_1 政策环境	18. 31%	C_1	政府引导基金规模	12. 98%
			C_2	政府科学技术支出占比	4. 53%
			C_3	政府透明度	0. 80%
	B_2 金融市场环境	23. 80%	C_4	金融深度	2. 63%
			C_5	金融效率	1. 24%
			C_6	证券化率	9. 88%
			C_7	保险深度	0. 76%
			C_8	北京大学数字普惠金融指数	1. 81%
			C_9	金融监管水平	7. 48%
	B_3 信用环境	4. 44%	C_{10}	商业信用环境指数	4. 12%
			C_{11}	区域不良贷款率	0. 32%
	B_4 法律环境	2. 57%	C_{12}	法治水平	0. 43%
			C_{13}	专利侵权案件数	0. 22%
			C_{14}	知识产权保护指数	1. 93%
	B_5 人才环境	37. 28%	C_{15}	高等学校在校生数/总人数	1. 30%
			C_{16}	人力资本流动水平	2. 86%
			C_{17}	国家级孵化器创业导师人数	7. 36%
			C_{18}	技术经纪人员数	7. 97%
			C_{19}	高新技术企业从业人员数	10. 79%
			C_{20}	研究与试验发展人员全时当量	7. 01%
	B_6 中介服务环境	13. 59%	C_{21}	市场中介组织的发育程度	2. 13%
			C_{22}	国家级科创企业孵化器数	6. 90%
			C_{23}	国家技术转移示范机构法人机构数	4. 56%

注：A 代表目标层指标，B 代表准则层指标，C 代表基础层指标。

本书根据公式（3-6）运用线性加权模型，将每个指标的各年标准化值乘以相应权重进行线性加总，分别计算得出科创金融生态环境总指数和各准则层指数，并将结果乘以折算系数 100 呈现。在此基础上，依据国家统计局的划分，将省级行政区划数据按照东部、中部、西部三大区域进行整理归类。其中，东部地区包括北京、天津、河北、辽宁、上海、江苏、浙江、福建、山东、广东、海南 11 个省（直辖市）；中部地区包括山西、吉林、黑龙江、安徽、江西、河南、湖北、湖南 8 个省；西部地区（西藏除外）包括内蒙古、广西、重庆、四川、贵州、云南、西藏、陕西、甘肃、青海、宁夏 11 个省（自治区、直辖市）。具体结果通过表 3-3 至表 3-9呈现，其中表 3-3 为区域科创金融生态环境总指数，表 3-4、表 3-5、表 3-6、表 3-7、表 3-8、表 3-9 为区域科创金融生态环境准则层指数。

表 3-3 区域科创金融生态环境总指数

区域	省份	2013 年	2014 年	2015 年	2016 年	2017 年	2018 年	2019 年	2020 年	2021 年	2022 年
东部地区	上海	23.04	25.62	27.53	27.37	28.03	28.33	28.30	30.40	29.31	30.68
	北京	30.81	38.62	37.62	41.40	40.74	38.71	39.78	37.76	38.06	40.75
	天津	15.96	17.23	18.04	18.19	19.86	18.55	18.46	20.62	22.06	20.13
	山东	15.58	19.62	22.76	21.99	24.38	32.40	27.15	26.45	29.85	30.41
	广东	28.34	30.94	42.08	50.39	44.80	48.54	47.56	49.42	52.54	53.85
	江苏	27.77	32.65	36.57	41.07	41.99	42.33	43.50	45.41	51.22	51.62
	河北	8.86	9.35	10.05	11.78	11.44	11.95	14.89	14.27	17.62	16.48
	浙江	20.73	23.30	32.22	28.28	31.82	33.94	37.45	38.64	36.61	39.72
	海南	7.86	7.95	7.52	8.25	7.78	8.11	8.85	9.81	11.55	18.78
	福建	12.15	12.94	14.95	14.92	14.02	14.41	16.43	16.81	18.92	18.74
	辽宁	11.55	13.14	14.79	14.20	11.59	13.13	16.33	14.74	20.95	16.63
中部地区	安徽	11.34	13.40	14.64	17.68	19.06	16.77	17.94	18.77	22.66	27.01
	山西	9.15	8.42	8.84	9.31	14.71	11.46	10.72	12.50	16.84	14.84
	江西	7.63	8.36	10.23	12.05	16.02	11.89	13.10	14.88	16.82	21.28
	河南	11.61	12.76	14.72	16.41	14.50	19.30	16.69	19.22	22.32	22.93
	湖北	13.86	16.50	19.52	17.47	19.85	18.64	20.62	21.67	31.64	23.98
	湖南	8.72	9.95	12.49	10.59	11.12	12.67	14.24	14.94	18.92	17.15
	吉林	7.56	9.71	10.76	12.67	9.88	11.04	14.15	11.23	13.18	12.93
	黑龙江	7.62	7.97	9.51	9.74	9.02	9.16	9.61	10.29	11.91	12.66

表3-3(续)

区域	省份	2013 年	2014 年	2015 年	2016 年	2017 年	2018 年	2019 年	2020 年	2021 年	2022 年
西部地区	云南	6.35	7.42	8.54	8.04	10.63	8.17	9.24	9.09	12.42	12.11
	内蒙古	5.83	6.76	8.55	9.17	9.37	9.84	13.94	9.43	9.45	10.63
	四川	10.41	15.01	16.08	17.58	20.84	17.02	18.88	20.82	21.96	22.23
	宁夏	6.00	12.02	9.35	13.11	8.78	9.79	9.04	8.73	10.18	—
	广西	7.41	7.69	9.82	9.68	7.83	8.04	13.50	11.20	14.66	16.21
	新疆	5.66	6.62	7.87	9.47	7.62	7.43	8.20	9.06	11.56	12.22
	甘肃	6.10	7.80	9.07	8.99	8.68	12.52	11.48	10.86	11.85	12.32
	贵州	5.85	6.75	7.65	20.81	8.50	11.00	10.44	10.56	15.81	14.42
	重庆	11.07	11.79	13.95	12.28	12.40	13.39	14.90	15.38	17.69	17.79
	陕西	10.21	12.20	15.57	15.90	15.25	17.12	17.54	17.57	18.98	21.78
	青海	7.25	14.54	10.02	9.91	7.87	8.11	9.17	8.80	10.59	10.28

表 3-4　区域科创金融生态政策环境指数

区域	省份	2013 年	2014 年	2015 年	2016 年	2017 年	2018 年	2019 年	2020 年	2021 年	2022 年
东部地区	上海	4.04	4.20	3.95	4.05	3.87	4.64	4.61	5.72	4.28	3.80
	北京	4.17	6.00	5.88	9.91	8.04	7.19	6.23	4.66	4.93	5.57
	天津	2.81	3.00	2.95	3.04	4.33	2.82	2.47	4.19	4.67	2.34
	山东	1.48	1.81	2.46	1.79	4.36	11.08	3.14	2.60	3.72	2.78
	广东	3.13	2.58	9.08	14.18	8.49	10.49	7.25	6.33	7.18	5.19
	江苏	3.07	3.09	4.48	8.65	7.55	6.33	4.54	4.25	7.45	6.67
	河北	0.90	0.74	0.90	2.04	1.16	0.96	2.64	1.51	3.42	1.49
	浙江	3.30	3.19	7.46	3.69	5.08	4.57	5.77	5.36	4.53	5.62
	海南	1.12	1.15	0.57	0.95	0.63	0.99	1.36	1.52	1.74	3.08
	福建	1.53	1.76	2.98	3.56	2.04	1.89	3.34	2.79	3.76	2.63
	辽宁	1.31	1.70	2.93	1.86	0.72	1.47	0.93	1.11	1.98	1.06

表3-4(续)

区域	省份	2013 年	2014 年	2015 年	2016 年	2017 年	2018 年	2019 年	2020 年	2021 年	2022 年
中部地区	安徽	2.00	2.53	3.09	4.70	6.39	3.84	4.08	3.99	5.26	6.89
	山西	1.78	1.37	0.99	1.00	6.16	1.71	1.23	1.02	1.45	1.66
	江西	0.81	1.35	1.57	3.73	6.89	2.19	2.22	3.01	2.85	6.75
	河南	0.81	1.23	1.87	4.08	2.28	6.49	2.87	4.30	3.75	4.89
	湖北	1.08	2.22	4.37	3.19	5.09	2.99	3.19	2.76	10.11	3.69
	湖南	0.66	1.02	2.84	1.56	1.36	2.26	2.34	2.26	3.64	2.86
	吉林	0.74	0.98	1.58	0.94	0.68	0.92	0.76	0.68	1.01	0.59
	黑龙江	0.59	0.76	1.01	1.61	0.86	1.04	0.56	0.53	0.85	0.85
西部地区	云南	0.46	0.84	1.77	1.76	3.84	0.99	1.19	0.89	2.30	1.22
	内蒙古	0.53	0.72	1.07	2.89	0.94	0.57	1.81	0.67	0.75	0.90
	四川	0.77	1.11	2.14	3.77	7.06	2.76	3.62	2.67	2.81	2.62
	宁夏	0.58	0.69	1.05	1.33	1.42	2.00	1.73	1.58	1.64	—
	广西	1.03	1.25	1.02	3.23	1.30	0.84	5.32	1.75	1.12	2.44
	新疆	0.66	0.79	0.87	1.13	0.71	0.66	0.53	0.60	1.03	1.25
	甘肃	0.34	0.73	1.07	1.08	0.62	2.23	0.58	0.78	0.79	0.93
	贵州	0.81	1.23	1.71	14.43	1.97	3.77	1.76	1.77	5.33	3.10
	重庆	0.88	1.00	2.54	1.10	1.00	1.31	1.37	1.32	1.85	1.73
	陕西	0.62	1.02	3.23	3.58	1.68	1.87	2.29	0.78	1.25	2.28
	青海	0.36	0.71	1.19	0.93	0.60	0.65	0.44	0.41	0.61	0.43

表 3-5　区域科创金融生态金融市场环境指数

区域	省份	2013 年	2014 年	2015 年	2016 年	2017 年	2018 年	2019 年	2020 年	2021 年	2022 年
东部地区	上海	4. 57	5. 40	6. 71	6. 18	6. 36	6. 09	6. 14	6. 37	6. 45	6. 89
	北京	9. 92	13. 52	11. 95	10. 69	10. 97	9. 36	9. 75	9. 32	9. 32	9. 55
	天津	2. 78	3. 11	3. 62	3. 69	4. 01	4. 04	4. 72	5. 09	4. 85	4. 95
	山东	1. 59	1. 73	3. 02	2. 91	2. 69	3. 51	5. 60	4. 51	4. 86	4. 58
	广东	2. 36	3. 28	5. 09	5. 30	4. 01	4. 34	4. 82	4. 72	4. 77	5. 35
	江苏	1. 83	2. 04	2. 62	2. 84	2. 94	3. 06	3. 44	3. 71	4. 04	4. 11
	河北	1. 62	1. 55	2. 12	2. 51	2. 68	3. 01	3. 17	3. 43	3. 49	3. 67
	浙江	3. 03	3. 30	4. 57	3. 95	4. 28	5. 21	5. 05	5. 57	5. 37	5. 63
	海南	2. 84	3. 34	3. 79	4. 05	4. 00	3. 65	3. 79	4. 33	4. 85	10. 19
	福建	1. 90	2. 31	2. 87	2. 88	3. 33	3. 12	3. 37	3. 69	3. 67	3. 84
	辽宁	2. 11	2. 39	3. 31	4. 37	3. 40	3. 38	6. 26	4. 36	7. 63	4. 88
中部地区	安徽	1. 54	1. 98	2. 59	3. 98	3. 29	2. 85	2. 94	3. 27	3. 41	5. 86
	山西	2. 81	2. 43	3. 15	3. 62	3. 53	4. 25	4. 07	5. 73	8. 00	5. 77
	江西	1. 90	1. 75	2. 64	2. 26	2. 78	2. 63	2. 95	3. 48	4. 24	4. 34
	河南	2. 57	2. 50	3. 22	2. 95	2. 63	2. 69	2. 75	3. 45	4. 87	4. 09
	湖北	2. 01	1. 99	2. 29	2. 17	2. 40	2. 47	2. 85	3. 51	4. 22	3. 66
	湖南	1. 07	1. 52	2. 05	1. 80	2. 43	2. 46	3. 24	3. 46	4. 45	3. 34
	吉林	2. 37	3. 64	2. 98	6. 10	3. 43	4. 44	7. 26	4. 07	4. 44	4. 41
	黑龙江	1. 20	1. 58	2. 31	2. 93	2. 95	2. 93	3. 65	3. 93	3. 61	3. 58
西部地区	云南	1. 73	2. 14	2. 35	2. 36	2. 80	2. 82	2. 92	3. 21	3. 46	3. 74
	内蒙古	1. 70	2. 13	3. 72	2. 77	4. 54	5. 17	7. 74	4. 67	3. 50	4. 29
	四川	1. 79	2. 13	3. 05	3. 20	3. 11	3. 18	3. 19	4. 94	4. 47	3. 97
	宁夏	2. 44	8. 41	5. 40	8. 73	4. 29	4. 53	3. 80	4. 34	5. 04	—
	广西	1. 85	1. 65	4. 34	2. 33	2. 40	2. 63	2. 96	3. 72	6. 31	5. 84
	新疆	1. 71	2. 23	2. 87	5. 04	3. 62	2. 94	3. 15	3. 60	3. 84	3. 79
	甘肃	1. 77	2. 69	3. 40	3. 73	3. 88	5. 68	5. 61	5. 20	4. 72	4. 52
	贵州	1. 57	2. 05	2. 45	3. 10	3. 36	3. 37	4. 15	4. 02	4. 30	4. 46
	重庆	2. 47	2. 70	3. 18	2. 71	2. 76	3. 03	3. 33	3. 71	4. 00	3. 75
	陕西	1. 62	1. 94	2. 58	2. 09	2. 87	3. 93	3. 63	4. 90	4. 58	5. 25
	青海	3. 82	10. 50	5. 66	5. 86	4. 82	3. 90	4. 40	4. 03	4. 40	3. 74

表 3-6 区域科创金融生态信用环境指数

区域	省份	2013 年	2014 年	2015 年	2016 年	2017 年	2018 年	2019 年	2020 年	2021 年	2022 年
东部地区	上海	3.27	3.31	3.36	3.60	3.82	3.70	3.56	3.57	3.56	3.56
	北京	3.71	3.75	3.79	4.12	4.43	4.14	3.83	3.84	3.83	3.83
	天津	2.28	2.19	2.08	2.18	2.27	2.26	2.27	2.25	2.30	2.33
	山东	1.22	1.09	0.95	0.90	0.84	1.09	1.40	1.41	1.47	1.48
	广东	1.22	1.04	0.85	0.94	1.02	1.17	1.33	1.32	1.34	1.33
	江苏	1.57	1.34	1.10	0.98	0.86	1.20	1.55	1.55	1.57	1.55
	河北	1.35	1.15	0.94	0.88	0.84	0.82	0.82	0.79	0.81	0.81
	浙江	1.78	1.51	1.22	1.14	1.07	1.40	1.72	1.72	1.73	1.73
	海南	2.01	1.83	1.65	1.61	1.57	1.72	1.62	1.73	1.62	1.75
	福建	1.43	1.27	1.11	0.99	0.90	1.10	1.30	1.28	1.31	1.30
	辽宁	1.35	1.15	0.95	0.76	0.54	0.63	0.76	0.74	0.70	0.72
中部地区	安徽	1.28	1.15	1.00	0.91	0.81	1.04	1.29	1.28	1.30	1.32
	山西	0.98	0.74	0.50	0.45	0.43	0.49	0.56	0.53	0.56	0.58
	江西	0.96	0.82	0.67	0.53	0.40	0.49	0.63	0.60	0.65	0.65
	河南	0.75	0.72	0.68	0.63	0.60	0.71	0.86	0.85	0.92	0.92
	湖北	1.13	1.01	0.89	0.85	0.81	1.01	1.21	1.20	1.20	1.21
	湖南	1.04	0.89	0.72	0.54	0.35	0.52	0.69	0.68	0.70	0.71
	吉林	0.89	0.72	0.54	0.37	0.23	0.26	0.30	0.26	0.30	0.29
	黑龙江	0.95	0.84	0.75	0.53	0.30	0.33	0.36	0.34	0.35	0.35
西部地区	云南	1.17	1.05	0.90	0.61	0.36	0.45	0.56	0.51	0.57	0.58
	内蒙古	1.30	1.04	0.77	0.74	0.70	0.78	0.80	0.78	0.85	0.93
	四川	1.14	1.00	0.86	0.65	0.45	0.52	0.59	0.56	0.56	0.56
	宁夏	1.48	1.28	1.08	0.94	0.82	0.71	0.68	0.65	0.68	—
	广西	1.05	0.88	0.68	0.47	0.27	0.44	0.62	0.60	0.61	0.60
	新疆	1.16	1.02	0.86	0.82	0.80	1.05	1.30	1.29	1.31	1.31
	甘肃	1.24	1.10	0.93	0.66	0.34	0.30	0.20	0.21	0.24	0.31
	贵州	1.48	1.38	1.28	0.91	0.48	0.64	0.79	0.75	0.80	0.79
	重庆	1.97	2.11	2.23	2.06	1.91	2.16	2.41	2.39	2.41	2.40
	陕西	0.76	0.69	0.59	0.50	0.43	0.60	0.76	0.73	0.73	0.74
	青海	2.08	1.91	1.72	1.44	0.46	0.87	1.04	1.12	1.27	1.28

表 3-7　区域科创金融生态人才环境指数

区域	省份	2013 年	2014 年	2015 年	2016 年	2017 年	2018 年	2019 年	2020 年	2021 年	2022 年
东部地区	上海	5. 76	6. 48	6. 95	7. 39	7. 43	7. 21	7. 35	7. 80	7. 59	8. 80
	北京	5. 66	6. 64	7. 30	8. 14	8. 48	9. 23	10. 49	10. 98	10. 60	12. 32
	天津	4. 36	5. 08	5. 23	5. 13	5. 01	5. 04	4. 76	4. 65	4. 99	5. 09
	山东	6. 36	8. 27	9. 09	9. 38	9. 26	9. 30	9. 44	10. 08	11. 46	13. 14
	广东	15. 93	16. 66	19. 24	22. 03	22. 48	23. 75	24. 10	26. 23	27. 51	30. 03
	江苏	13. 84	16. 21	18. 14	18. 05	19. 65	20. 60	21. 69	22. 70	23. 91	24. 89
	河北	2. 49	2. 56	2. 70	3. 06	3. 37	3. 35	3. 82	4. 29	4. 57	4. 99
	浙江	6. 83	8. 54	11. 77	12. 72	14. 43	15. 70	17. 46	18. 13	16. 36	17. 75
	海南	0. 65	0. 63	0. 63	0. 64	0. 63	0. 66	0. 74	0. 82	0. 91	1. 00
	福建	3. 63	3. 74	3. 88	3. 86	4. 00	4. 37	4. 50	4. 76	5. 30	5. 79
	辽宁	3. 02	3. 92	3. 75	3. 51	3. 09	3. 55	4. 15	4. 49	5. 51	4. 73
中部地区	安徽	3. 37	3. 82	4. 11	4. 39	4. 61	4. 83	5. 11	5. 38	6. 63	6. 49
	山西	2. 07	2. 18	2. 17	2. 29	2. 43	2. 49	2. 55	2. 80	3. 25	3. 23
	江西	2. 29	2. 45	2. 82	3. 01	3. 30	3. 58	4. 07	4. 56	4. 78	5. 07
	河南	4. 46	5. 04	5. 35	5. 63	5. 61	5. 71	6. 28	6. 67	7. 41	7. 40
	湖北	5. 48	6. 41	7. 10	6. 55	6. 85	7. 24	8. 01	8. 58	9. 43	9. 14
	湖南	3. 37	3. 46	3. 64	3. 68	3. 87	4. 18	4. 43	4. 82	5. 50	5. 64
	吉林	1. 68	1. 87	2. 82	2. 70	2. 65	2. 45	2. 70	3. 00	3. 14	3. 21
	黑龙江	2. 22	1. 94	2. 60	2. 02	2. 00	2. 00	2. 06	2. 35	2. 86	3. 43
西部地区	云南	1. 06	1. 14	1. 40	1. 34	1. 48	1. 54	1. 92	1. 99	2. 35	2. 59
	内蒙古	1. 00	1. 49	1. 61	1. 50	1. 75	1. 63	1. 70	1. 67	1. 69	1. 78
	四川	3. 58	6. 13	5. 37	5. 49	5. 52	5. 61	6. 44	7. 35	7. 75	8. 49
	宁夏	0. 83	0. 70	0. 90	0. 74	0. 77	0. 81	0. 88	0. 97	1. 10	—
	广西	1. 40	1. 52	1. 48	1. 60	1. 68	1. 85	2. 03	2. 42	2. 62	3. 05
	新疆	0. 58	0. 72	1. 23	0. 70	0. 71	0. 86	0. 92	1. 14	1. 42	1. 75
	甘肃	1. 32	1. 48	1. 63	1. 37	1. 50	1. 60	2. 20	1. 98	2. 14	2. 34
	贵州	0. 69	0. 80	0. 92	1. 09	1. 26	1. 39	1. 51	1. 66	1. 69	1. 71
	重庆	3. 09	2. 98	2. 93	3. 33	3. 54	3. 60	3. 94	4. 04	4. 50	4. 67
	陕西	3. 89	4. 48	5. 05	5. 35	5. 83	6. 03	6. 10	6. 49	6. 82	7. 46
	青海	0. 40	0. 62	0. 67	0. 73	0. 97	1. 23	1. 31	1. 26	1. 24	1. 41

表 3-8　区域科创金融生态法律环境指数

区域	省份	2013 年	2014 年	2015 年	2016 年	2017 年	2018 年	2019 年	2020 年	2021 年	2022 年
东部地区	上海	2.09	2.12	2.05	1.52	1.71	1.90	1.69	1.72	2.14	2.20
	北京	1.97	1.98	1.78	1.48	1.64	1.58	1.80	1.50	2.17	2.21
	天津	1.23	1.04	1.10	1.07	1.27	1.35	1.17	1.19	1.88	1.97
	山东	2.08	1.92	2.03	1.56	1.52	1.66	1.52	1.72	2.14	2.22
	广东	2.40	2.35	2.28	1.81	1.92	1.90	1.88	1.99	2.25	2.34
	江苏	2.16	2.21	2.04	1.72	1.76	1.88	1.66	1.90	2.14	2.21
	河北	1.28	1.54	1.31	1.13	1.13	1.40	1.42	0.81	1.69	1.67
	浙江	2.31	2.18	2.20	1.65	1.63	1.71	1.73	1.63	2.02	2.11
	海南	0.84	0.62	0.70	0.76	0.76	0.85	0.73	0.66	1.54	1.71
	福建	2.05	1.80	1.96	1.47	1.55	1.71	1.37	1.52	2.01	2.06
	辽宁	1.41	1.21	1.11	0.91	1.07	1.32	1.14	0.83	1.83	1.92
中部地区	安徽	1.51	1.56	1.67	1.40	1.47	1.68	1.50	1.40	2.03	2.04
	山西	0.82	0.75	0.93	0.79	0.87	1.13	0.67	0.63	1.70	1.74
	江西	0.99	0.95	1.16	0.93	0.99	1.25	1.15	0.94	1.83	1.86
	河南	1.82	1.72	1.75	1.07	1.24	1.40	1.27	0.95	1.93	1.99
	湖北	2.03	1.92	1.73	1.42	1.40	1.53	1.21	1.08	1.79	1.92
	湖南	1.38	1.34	1.39	1.13	1.26	1.35	1.21	1.21	1.94	1.95
	吉林	0.86	0.82	0.87	0.58	0.84	0.89	0.84	0.81	1.71	1.75
	黑龙江	1.06	1.02	0.94	0.74	0.87	0.80	0.82	0.75	1.89	1.91
西部地区	云南	1.16	1.23	1.10	0.91	1.04	1.20	0.92	0.63	1.73	1.79
	内蒙古	0.91	0.90	0.86	0.60	0.77	0.96	0.92	0.60	1.65	1.69
	四川	1.55	1.68	1.52	1.23	1.33	1.57	1.26	1.20	1.96	2.03
	宁夏	0.53	0.54	0.54	0.85	0.77	0.93	0.94	0.67	1.47	—
	广西	1.21	1.21	1.10	0.76	0.86	0.88	0.82	0.71	1.75	1.85
	新疆	1.02	1.01	0.99	0.74	0.65	0.76	0.69	0.68	1.83	1.87
	甘肃	0.86	0.89	0.90	0.83	0.78	1.00	1.05	0.64	1.76	1.81
	贵州	0.97	0.92	0.93	0.87	0.90	1.17	0.98	0.78	1.71	1.88
	重庆	1.24	1.22	1.24	1.21	1.26	1.32	1.39	1.16	1.85	1.91
	陕西	1.07	1.04	0.96	1.10	1.06	1.28	1.17	0.88	1.84	1.95
	青海	0.38	0.48	0.43	0.53	0.59	0.90	0.91	0.70	1.56	1.62

表 3-9　区域科创金融生态中介服务环境指数

区域	省份	2013 年	2014 年	2015 年	2016 年	2017 年	2018 年	2019 年	2020 年	2021 年	2022 年
东部地区	上海	3. 32	4. 11	4. 50	4. 63	4. 84	4. 80	4. 94	5. 22	5. 29	5. 42
	北京	5. 38	6. 72	6. 93	7. 06	7. 18	7. 21	7. 67	7. 46	7. 21	7. 27
	天津	2. 50	2. 81	3. 04	3. 08	2. 98	3. 04	3. 07	3. 24	3. 38	3. 44
	山东	2. 85	4. 80	5. 21	5. 45	5. 71	5. 77	6. 05	6. 13	6. 21	6. 21
	广东	3. 29	5. 03	5. 54	6. 13	6. 87	6. 88	8. 19	8. 83	9. 49	9. 60
	江苏	5. 30	7. 76	8. 20	8. 82	9. 24	9. 26	10. 62	11. 31	12. 12	12. 19
	河北	1. 21	1. 81	2. 08	2. 17	2. 27	2. 41	3. 03	3. 45	3. 64	3. 85
	浙江	3. 49	4. 58	5. 00	5. 12	5. 33	5. 36	5. 72	6. 22	6. 59	6. 86
	海南	0. 40	0. 38	0. 19	0. 24	0. 18	0. 25	0. 60	0. 75	0. 89	1. 04
	福建	1. 61	2. 06	2. 15	2. 15	2. 20	2. 22	2. 55	2. 78	2. 87	3. 12
	辽宁	2. 36	2. 77	2. 74	2. 79	2. 76	2. 78	3. 10	3. 21	3. 30	3. 31
中部地区	安徽	1. 63	2. 37	2. 18	2. 30	2. 49	2. 52	3. 01	3. 44	4. 03	4. 40
	山西	0. 69	0. 95	1. 10	1. 16	1. 28	1. 38	1. 65	1. 79	1. 87	1. 86
	江西	0. 67	1. 04	1. 38	1. 58	1. 66	1. 75	2. 08	2. 31	2. 47	2. 62
	河南	1. 20	1. 56	1. 87	2. 05	2. 15	2. 30	2. 66	2. 99	3. 43	3. 64
	湖北	2. 13	2. 94	3. 14	3. 30	3. 29	3. 41	4. 14	4. 54	4. 90	4. 37
	湖南	1. 19	1. 72	1. 86	1. 88	1. 84	1. 91	2. 33	2. 51	2. 69	2. 65
	吉林	1. 01	1. 68	1. 96	1. 98	2. 05	2. 09	2. 29	2. 42	2. 58	2. 67
	黑龙江	1. 58	1. 83	1. 90	1. 92	2. 05	2. 06	2. 15	2. 39	2. 35	2. 55
西部地区	云南	0. 77	1. 02	1. 03	1. 06	1. 11	1. 16	1. 73	1. 84	2. 02	2. 18
	内蒙古	0. 38	0. 48	0. 52	0. 67	0. 67	0. 73	0. 97	1. 03	1. 00	1. 04
	四川	1. 59	2. 96	3. 14	3. 24	3. 37	3. 38	3. 78	4. 10	4. 41	4. 56
	宁夏	0. 14	0. 41	0. 39	0. 51	0. 70	0. 81	1. 01	0. 52	0. 26	—
	广西	0. 86	1. 18	1. 20	1. 28	1. 33	1. 40	1. 75	2. 01	2. 25	2. 43
	新疆	0. 53	0. 85	1. 05	1. 03	1. 13	1. 16	1. 62	1. 74	2. 14	2. 25
	甘肃	0. 58	0. 91	1. 13	1. 31	1. 56	1. 71	1. 84	2. 06	2. 20	2. 41
	贵州	0. 33	0. 36	0. 37	0. 40	0. 53	0. 66	1. 24	1. 58	1. 98	2. 49
	重庆	1. 41	1. 79	1. 83	1. 87	1. 92	1. 96	2. 46	2. 75	3. 08	3. 33
	陕西	2. 24	3. 03	3. 15	3. 28	3. 39	3. 41	3. 60	3. 78	3. 75	4. 10
	青海	0. 21	0. 31	0. 35	0. 40	0. 44	0. 56	1. 06	1. 28	1. 51	1. 79

4 科创金融生态环境综合评价

为系统揭示科创金融生态环境的动态演化规律，本部分构建动态演化分析框架，从全国宏观格局、区域中观差异及省域微观特征三个空间尺度对中国科创金融生态环境系统进行多维度时空分析，旨在阐明其发展水平的时空分异特征及动态演变机制。

4.1 科创金融生态环境总指数动态分析

基于第3章的中国科创金融生态环境测度结果，本章分别从国家宏观层面、区域中观层面以及省域微观层面展开系统分析。通过系统测算得出2013—2022年中国科创金融生态环境总指数测度值及其动态增速。具体测算结果详见表4-1。

表4-1 中国科创金融生态环境总指数测度值及其动态增速

区域	2013年	2014年	2015年	2016年	2017年	2018年	2019年	2020年	2021年	2022年	总增速/%	年均复合增速/%
上海	23.04	25.62	27.53	27.37	28.03	28.33	28.3	30.4	29.31	30.68	33.16	2.91
北京	30.81	38.62	37.62	41.4	40.74	38.71	39.78	37.76	38.06	40.75	32.26	2.84
天津	15.96	17.23	18.04	18.19	19.86	18.55	18.46	20.62	22.06	20.13	26.13	2.35
山东	15.58	19.62	22.76	21.99	24.38	32.4	27.15	26.45	29.85	30.41	95.19	6.92
广东	28.34	30.94	42.08	50.39	44.8	48.54	47.56	49.42	52.54	53.85	90.01	6.63
江苏	27.77	32.65	36.57	41.07	41.99	42.33	43.5	45.41	51.22	51.62	85.88	6.40
河北	8.86	9.35	10.05	11.78	11.44	11.95	14.89	14.27	17.62	16.48	86.00	6.40
浙江	20.73	23.3	32.22	28.28	31.82	33.94	37.45	38.64	36.61	39.72	91.61	6.72
海南	7.86	7.95	7.52	8.25	7.78	8.11	8.85	9.81	11.55	18.78	138.93	9.10
福建	12.15	12.94	14.95	14.92	14.02	14.41	16.43	16.81	18.92	18.74	54.24	4.43
辽宁	11.55	13.14	14.79	14.2	11.59	13.13	16.33	14.74	20.95	16.63	43.98	3.71

表4-1(续)

区域	2013 年	2014 年	2015 年	2016 年	2017 年	2018 年	2019 年	2020 年	2021 年	2022 年	总增速/%	年均复合增速/%
安徽	11.34	13.4	14.64	17.68	19.06	16.77	17.94	18.77	22.66	27.01	138.18	9.07
山西	9.15	8.42	8.84	9.31	14.71	11.46	10.72	12.5	16.84	14.84	62.19	4.95
江西	7.63	8.36	10.23	12.05	16.02	11.89	13.1	14.88	16.82	21.28	178.90	10.80
河南	11.61	12.76	14.72	16.41	14.5	19.3	16.69	19.22	22.32	22.93	97.50	7.04
湖北	13.86	16.5	19.52	17.47	19.85	18.64	20.62	21.67	31.64	23.98	73.02	5.64
湖南	8.72	9.95	12.49	10.59	11.12	12.67	14.24	14.94	18.92	17.15	96.67	7.00
吉林	7.56	9.71	10.76	12.67	9.88	11.04	14.15	11.23	13.18	12.93	71.03	5.51
黑龙江	7.62	7.97	9.51	9.74	9.02	9.16	9.61	10.29	11.91	12.66	66.14	5.21
云南	6.35	7.42	8.54	8.04	10.63	8.17	9.24	9.09	12.42	12.11	90.71	6.67
内蒙古	5.83	6.76	8.55	9.17	9.37	9.84	13.94	9.43	9.45	10.63	82.33	6.19
四川	10.41	15.01	16.08	17.58	20.84	17.02	18.88	20.82	21.96	22.23	113.54	7.88
宁夏	6	12.02	9.35	13.11	8.78	9.79	9.04	8.73	10.18	10.18	69.67	5.43
广西	7.41	7.69	9.82	9.68	7.83	8.04	13.5	11.2	14.66	16.21	118.76	8.14
新疆	5.66	6.62	7.87	9.47	7.62	7.43	8.2	9.06	11.56	12.22	115.90	8.00
甘肃	6.1	7.8	9.07	8.99	8.68	12.52	11.48	10.86	11.85	12.32	101.97	7.28
贵州	5.85	6.75	7.65	20.81	8.5	11	10.44	10.56	15.81	14.42	146.50	9.44
重庆	11.07	11.79	13.95	12.28	12.4	13.39	14.9	15.38	17.69	17.79	60.70	4.86
陕西	10.21	12.2	15.57	15.9	15.25	17.12	17.54	17.57	18.98	21.78	113.32	7.87
青海	7.25	14.54	10.02	9.91	7.87	8.11	9.17	8.8	10.59	10.28	41.79	3.55
东部	18.42	21.03	24.01	25.26	25.13	26.40	27.15	27.67	29.88	30.71	66.69	5.24
中部	9.69	10.88	12.59	13.24	14.27	13.87	14.63	15.44	19.29	19.10	97.16	7.02
西部	7.47	9.87	10.59	12.27	10.71	11.13	12.39	11.95	14.10	14.56	95.00	6.91
全国	12.08	14.23	16.04	17.29	16.95	17.46	18.40	18.64	21.27	21.69	79.62	6.03

4.1.1 总体层面动态分析

为直观呈现中国科创金融生态环境系统的动态演变特征，本部分将总指数测度值绘制为时序变化趋势图，重点考察2013—2022年该指数的波动规律及发展态势。图4-1通过双坐标轴复合图形式，完整展示了中国科创金融生态环境总指数十年之间的测度结果及其环比增长率，其中主坐标轴（左）表征指数绝对值，次坐标轴（右）反映环比增长率变化。

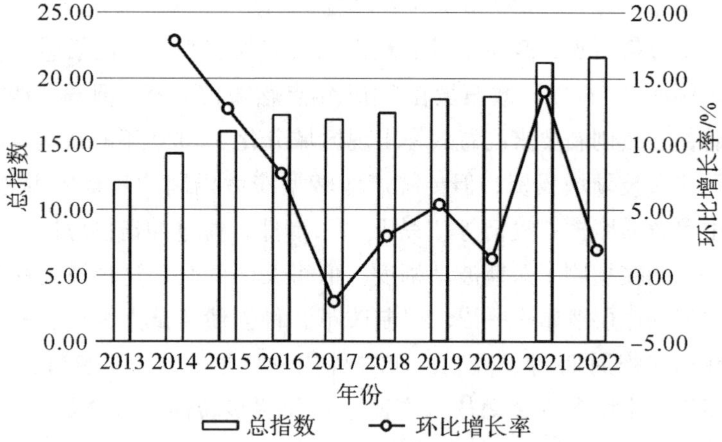

图 4-1 2013—2022 年中国科创金融生态环境总指数及环比增长率

如图 4-1 所示，中国科创金融生态环境在过去十年之间呈现出显著的“整体上行、阶段性波动”特征。从 2013 年的初始值 12.076 到 2022 年的 21.691，全国总指数累计增长 79.62%，年均增速达 7.96%。这一长期增长趋势得益于政策、资本与技术三股力量的协同驱动。2014 年“大众创业、万众创新”政策的推出，系统性激发了市场活力，各地创业投资引导基金规模扩张与中小型科创企业税收减免形成合力，推动 2014 年环比增速冲高至 17.87%，成为十年之间的增长峰值。此后，风险投资规模从 2013 年的 3 000 亿元跃升至 2022 年的 1.2 万亿元，5G、人工智能等领域的技术产业化加速推进，进一步夯实了增长基础。

然而，增速波动始终贯穿这一进程，深层映射出政策周期、经济环境与结构矛盾的复杂交织。2016 年，全国指数罕见地下降 1.99%，其直接诱因在于供给侧结构性改革背景下的金融去杠杆：监管层对影子银行、P2P 等领域的风险整治导致短期流动性收紧，风险投资/私募股权（VC/PE）市场募资规模同比缩水 20%，投资案例数下降 12%，暴露出传统金融体系与科创企业轻资产特征的结构性错配。这一阶段性阵痛虽压制了增速，却为后续规范化发展奠定了基础。至 2021 年，随着疫情后经济复苏计划落地，中央银行定向降准释放流动性，叠加北京证券交易所设立的影响，拓宽了融资渠道，指数强势反弹 14.09%，科创板 IPO 募资额同比激增 40%，显示制度创新对波动周期的修复能力。但 2022 年增速回落至 1.98%，则凸显外部环境冲击的传导效应：全球经济衰退预期与地缘政治冲突加剧，促使风险资本趋向谨慎，IPO 节奏显著放缓。

进一步分析可见，政策工具的双刃剑效应与宏观经济的敏感性构成波动主因。例如，“双创”政策虽在 2014 年点燃增长引擎，但部分地方配套措施滞后，导致创新要素配置效率出现区域分化。2020 年的新基建战略虽拉动了数字科技领域投资，但传统产业转型滞后仍制约着整体生态协同。此外，中美贸易摩擦、疫情等“黑天鹅”事件，通过冲击供应链稳定性和资本预期，间接加剧了短期波动幅度。值得关注的是，这种波动性并未改变长期向好的底层逻辑——以注册制改革、科创债券试点为代表的制度创新，正在构建跨周期调节机制，而“科技—产业—金融”良性循环的深化，有望推动中国科创金融从“高速增长”逐步转向“高质量稳定增长”的新范式。

4.1.2 区域层面动态分析

为进一步揭示区域科创金融生态环境水平的时序分异规律，本部分定量测算了三大区域科创金融生态环境总指数绝对值以及相对值并构建了时序分布图谱。结果如图 4-2、图 4-3 所示。

4.1.2.1 三大区域总指数绝对值分析

图 4-2 为三大区域科创金融生态环境总指数，其揭示出显著的科创金融生态环境地域分异特征与动态演进规律。测算数据显示，东部地区科创金融生态环境总指数在 2013—2022 年观测期内呈现线性增长趋势，指数值由基准年的 18.42 提升至 30.71，累计增幅达 66.69%，年均增长率稳定维持在 6.67%。值得注意的是，中部地区表现出更为显著的赶超效应，其总指数从 9.69 跃升至 19.10，实现了 97.16%的倍增式增长，年均增速高达 9.72%，较东部地区提升 46.2%。西部地区虽基数较低，但同样遵循持续改善路径，总指数从 7.47 增至 14.56，累计提升 95%，年均增长率达 9.5%，与中部地区增速基本持平。综合来看，我国科创金融生态环境存在显著的空间梯度特征，具体表现为“东—中—西”三级阶梯式分布格局。在时序维度上，东部地区始终保持领先优势，其测度值持续高于全国均值 29.3%，凸显区域创新要素的集聚效应。相比之下，中西部地区生态环境建设仍存在明显短板，其测度值分别低于全国平均水平 18.7%和 34.2%。这一现象客观反映出在区域非均衡发展背景下，中西部在政策支持体系、资本市场成熟度及科技基础设施等维度上仍存在系统性提升空间。值得注

意的是，三大区域指数均呈现显著的正向演进趋势，表明国家区域协调发展战略在科创金融生态优化方面已产生积极成效。然而，在生态环境水平增速方面呈现显著的地域异质性。具体而言，中部地区生态改善速率跃居首位，不仅超越西部地区，更显著超越东部地区，展现出显著的赶超效应。相比之下，东部地区增速趋缓，这可能应归因于其较高的生态环境质量初始禀赋，同时暗示该区域在突破环境治理瓶颈、实现生态质量跃升过程中面临着更为复杂的系统性制约。

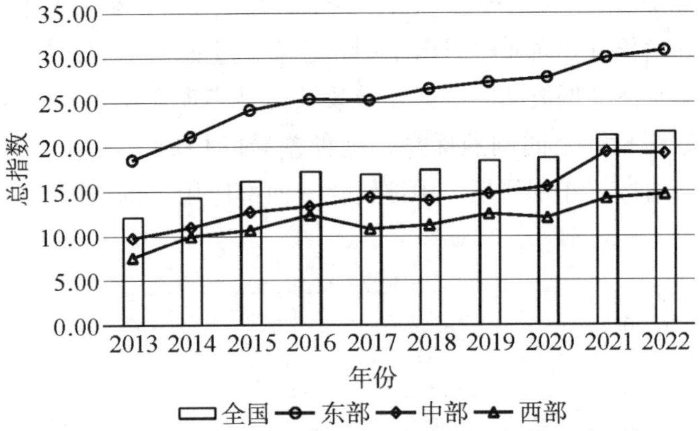

图 4-2　2013—2022 年中国三大区域科创金融生态环境总指数

4.1.2.2　三大区域科创金融生态环境总指数变化率分析

图 4-3 为三大区域科创金融生态环境总指数年度环比增长率。如图 4-3 所示，中国东、中、西部三大区域科创金融生态环境的增长率变动趋势呈现出显著的模式分化与动态互动。东部地区作为市场化创新的前沿阵地，在 2014—2015 年凭借“双创”政策红利连续两年保持 14.16%的高增长，风险资本的自发集聚与科创板的制度创新使其在 2016 年金融去杠杆冲击下仍维持 5.19%的正增长，展现出成熟生态的韧性；但 2017 年短暂滑入 -0.50%的负增长区间，暴露出传统金融渠道对硬科技支持的滞后性，此后通过跨境金融试点与数字技术渗透逐步复苏，2022 年增速稳定在 2.77%，标志着东部从“高速扩张”向“高质量稳态”的转型。中部地区则呈现典型的政策驱动型波动，2015 年长江经济带战略推动其增速冲高至 15.67%，产业转移红利催生湖北“光芯屏端网”、安徽“芯屏器合”等产业集群的融资热潮，但过度依赖政府引导基金的弊端在 2018 年显现，资管新规导致山西、河南等地创业投资募资额被腰斩，增速骤降至-2.83%；

然而，疫情期间，中部通过线上银企对接与科创债券定向纾困，2020 年维持 5.49%的正增长，2021 年更借力中部崛起 2.0 规划实现 24.93%的爆发式反弹，凸显政策工具的强效调节能力。西部地区作为投资拉动的典型代表，增长轨迹犹如“过山车”——2014 年西部大开发新十年规划释放了 32.21%的增速峰值，贵州大数据、成渝地区双城经济圈等项目吸引资本涌入，但 2017 年 PPP 项目清理引发-12.72%的断崖式下跌，暴露基建依赖症的风险；2021 年“东数西算”国家战略重启增长引擎，带动增速反弹至 17.98%，然而 2022 年再度回落至 3.24%，反映了外部输血的不可持续性。三大区域的增长分化实质映射出中国科创金融生态的多层次性：东部依托市场化机制平滑周期波动，中部凭借政策工具实现弹性调节，西部则在外生冲击与战略投入之间剧烈摇摆，这种差异既构成全国增长的动态平衡器，也亟待通过“东部研发—中部转化—西部应用”的协同链条破解结构性失衡。

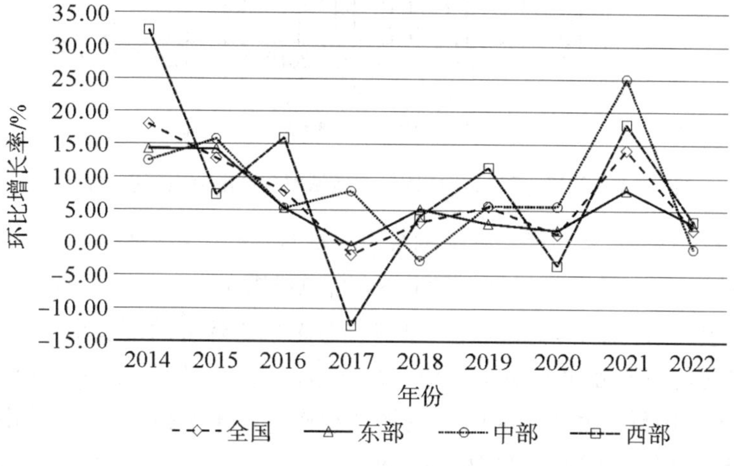

图 4-3　2014—2022 年中国三大区域科创金融生态环境总指数年度环比增长率

4.1.2.3　区域科创金融生态环境水平的时序分异特征

中国科创金融生态系统的区域格局呈现“东部领跑，中西部梯度追赶”的鲜明特征，这一特征既映射出区域资源禀赋与政策能级的差异，也揭示出全国协同发展机制的初步成效。东部地区凭借深厚的经济基础与制度先发优势，2022 年科创金融总指数达到 30.71，2013—2022 年期间年均复合增长率达 5.24%，上海（30.68）、北京（40.75）、广东（53.85）等省市构成核心增长极。这些区域依托国际金融中心地位、成熟的风险投资网络以及华为、腾讯等科技巨头的生态辐射，形成“技术—资本—产业”闭环。以广东为例，其指数从2013年的28.34跃升至2022年的53.85，增量高达25.51，其背后是粤港澳大湾区跨境资本流动试点、广深科技创新走廊建设的持续赋能。

中西部虽基数较低，但追赶势头强劲。中部地区十年年均复合增长率达7.02%，2022年指数达19.10，接近东部2015年水平；西部年均复合增长率达6.91%，贵州（14.42）、广西（16.21）等省份通过差异化路径实现弯道超车。这一追赶动能源于三重机制：其一，政策倾斜激活要素，如中部崛起战略下安徽合肥“风投之城”模式、江西VR产业基金的定向扶持；其二，产业转移承接红利，东部电子、装备制造企业向重庆、四川迁移，带动当地供应链金融与知识产权质押融资需求上升；其三，区域中心市场培育，成都、西安、武汉等中西部中心城市通过设立区域股权交易中心、科创母基金，缩小与东部的制度落差。以安徽为例，其指数从2013年的11.34上升至2022年的27.01，增速138.18%，合肥综合性国家科学中心与大科学装置集群的建设，直接拉动了量子科技、新能源领域的融资活跃度。

然而，区域增速的波动性亦不容忽视。东部2016年受金融去杠杆冲击，增速短暂转负（-0.50%），北京、江苏等地私募基金备案规模缩水超过15%，显示其对外部政策调整的高度敏感。中西部则面临内生动力不均衡的挑战：贵州2016年指数异常跃升至20.81，次年回落至10.44，折射出部分地方政府为追求短期政绩，通过财政补贴等非市场化手段虚增科创金融活跃度的问题；而山西、宁夏等地受产业结构单一制约，增速长期低于5%，2022年指数仍不到15，凸显区域内部“标兵渐远、追兵难至”的分化风险。此外，中西部人才持续外流，导致本地科创企业成色不足，间接加剧融资波动。

从深层次来看，这种区域动态是市场化资源配置与行政干预交织的结果。东部凭借市场自组织能力抵御波动，如广东2020年疫情期间通过线上路演、云签约维持投融资节奏，当年增速仍达3.23%；中西部科创金融生态环境建设对政策扶持的依赖性更强，需警惕政府专项支持资金减少或产业规划偏差导致生态环境改善受阻。未来，需以“全国统一大市场”建设为契机，推动东部资本、技术向中西部“梯度解锁”，同时完善中西部区域性风险管理工具，方能将当前的“追赶态势”转化为“均衡发展”的长效动能。

4.1.3 省域层面动态分析

从省域层面来分析，中国科创金融生态环境总指数均呈上升态势，但不同省份生态环境水平不尽相同，见表4-2。

表4-2 各省份科创金融生态环境总指数值及其排名

排名	2013年		2017年		2022年	
	省份	指数值	省份	指数值	省份	指数值
1	北京	30.81	广东	44.8	广东	53.85
2	广东	28.34	江苏	41.99	江苏	51.62
3	江苏	27.77	北京	40.74	北京	40.75
4	上海	23.04	浙江	31.82	浙江	39.72
5	浙江	20.73	上海	28.03	上海	30.68
6	天津	15.96	山东	24.38	山东	30.41
7	山东	15.58	四川	20.84	安徽	27.01
8	湖北	13.86	天津	19.86	湖北	23.98
9	福建	12.15	湖北	19.85	河南	22.93
10	河南	11.61	安徽	19.06	四川	22.23
11	辽宁	11.55	江西	16.02	陕西	21.78
12	安徽	11.34	陕西	15.25	江西	21.28
13	重庆	11.07	山西	14.71	天津	20.13
14	四川	10.41	河南	14.5	海南	18.78
15	陕西	10.21	福建	14.02	福建	18.74
16	山西	9.15	重庆	12.4	重庆	17.79
17	河北	8.86	辽宁	11.59	湖南	17.15
18	湖南	8.72	河北	11.44	辽宁	16.63
19	海南	7.86	湖南	11.12	河北	16.48
20	江西	7.63	云南	10.63	广西	16.21
21	黑龙江	7.62	吉林	9.88	山西	14.84
22	吉林	7.56	内蒙古	9.37	贵州	14.42

表4-2(续)

排名	2013 年		2017 年		2022 年	
	省份	指数值	省份	指数值	省份	指数值
23	广西	7.41	黑龙江	9.02	吉林	12.93
24	青海	7.25	宁夏	8.78	黑龙江	12.66
25	云南	6.35	甘肃	8.68	甘肃	12.32
26	甘肃	6.1	贵州	8.5	新疆	12.22
27	宁夏	6	青海	7.87	云南	12.11
28	贵州	5.85	广西	7.83	内蒙古	10.63
29	内蒙古	5.83	海南	7.78	青海	10.28
30	新疆	5.66	新疆	7.62	宁夏	10.18
均值		12.08		16.95		21.69

表4-2呈现2013—2022年中国省级科创金融生态环境总指数相对于全国均值的动态变化。2013年度，共计9个省级行政区的指数水平超越全国均值，按降序排列，依次为北京、广东、江苏、上海、浙江、天津、山东、湖北及福建，其中，东部省份占8席，中部地区仅1省入围。至2017年，该分布格局呈现微调态势，总量增至10个省级行政区，具体包括广东、江苏、北京、浙江、上海、山东、四川、天津、湖北及安徽，东、中、西部地区的省域数量比调整为7：2：1，西部地区首次实现零的突破。这一演变表明科创金融生态环境建设已突破传统经济发达地区的空间局限，开始呈现梯度扩散特征。至2022年，该格局呈现结构性演变，达标省份数量扩展至11个，具体排序为：广东、江苏、北京、浙江、上海、山东、安徽、湖北、河南、四川及陕西。值得关注的是，东部地区占比下降至54.55%（6/11），而中西部地区分别提升至27.27%（3/11）和18.18%（2/11），凸显出中西部地区在该领域的梯度崛起态势。上述数据结果表明：观测期内中国科创金融生态环境总指数不仅实现了整体水平提升，更揭示出显著的区域收敛特征。虽然省际排序存在动态波动，但中西部省份持续进入高水平队列的现象，本质上反映了科技创新与金融资源的空间再配置效应。这种演变趋势既印证了协调发展战略的政策效能，也预示着我国科创金融生态环境建设将从区域非均衡发展转向全域协调推进的新阶段。

为进一步明晰科创金融生态环境总指数空间演变特征，本书选取2013

年、2017年和2022年中国省域科创金融生态环境总指数测度值，采用ArcGIS软件以中国省级行政区划图（审图号：GS【2024】0650号）为底板刻画科创金融生态环境总指数的空间分布状况，对其进行聚类分析。中国省域科创金融生态环境总指数空间分布如表4-3所示。

表4-3　中国省域科创金融生态环境总指数分类结果

等级	2013年	2017年	2022年
高水平	北京、广东	广东、江苏、北京、浙江、上海	广东、江苏、北京、浙江、上海、山东
中高水平	江苏、上海、浙江、天津、山东	山东、四川、天津、湖北、安徽、江西、陕西	安徽、湖北、河南、四川、陕西、江西、天津、海南、福建、重庆、湖南、辽宁、河北、广西
中低水平	湖北、福建、河南、辽宁、安徽、重庆	山西、河南、福建、重庆、辽宁、河北、湖南	山西、贵州、吉林、黑龙江、甘肃、新疆、云南
低水平	四川、陕西、山西、河北、湖南、海南、江西、黑龙江、吉林、广西、青海、云南、甘肃、宁夏、贵州、内蒙古、新疆	云南、吉林、内蒙古、黑龙江、宁夏、甘肃、贵州、青海、广西、海南、新疆	内蒙古、青海、宁夏

中国科创金融生态环境总指数在地理空间上展现出非均衡分布特征，不过，随着时间的推移，非均衡性逐渐减弱。通过分析2013年、2017年及2022年的相关数据，我们可以揭示出这一动态变化的过程。2013年的统计数据显示，中国科创金融生态环境总指数的范围在5.66至30.81之间。在此阶段，科创金融生态环境处于低水平的省份占据了大多数，共计17个，且这些省份主要集中在中西部地区，仅河北、海南及吉林3个省份例外，显示出较强的地域集中性。相反，中高水平和中低水平的省份则相对分散，但主要聚集在东部地区，体现了东、中、西部之间的显著差异。2017年，科创金融生态环境总指数的范围有所上升，在7.62至44.8之间。但在该时期，低水平省份的数量仍位于较高水平，达到11个，且这些省份主要位于西部地区，显示出西部地区的整体水平相对滞后。中低水平省份的数量增加至7个。值得注意的是，尽管辽宁、河北和福建也位列中低水平组，但高水平和中高水平的省份则更加集中于东部地区，尤其是广

东和江苏两省，其科创金融生态环境水平显著优于其他省份，凸显了东部地区的领先地位。2022 年，中国科创金融生态环境总指数的范围进一步拓宽至 10. 18 至 53. 85，标志着科创金融整体生态环境水平的显著提升。此时，低水平组的省份数量大幅减少，仅内蒙古、青海、和宁夏三省处于此列，表明大多数省份在科创金融生态系统建设上取得了积极进展。同时，高水平组的省份数量增加至 6 个，均位于东部地区，进一步巩固了东部地区的领先地位。中高水平组的省份则达到 15 个，其中除河北、福建和海南外，均分布在中西部地区，表明这些地区在科创金融生态环境提升方面取得了重要成果。而中低水平组的省份数量为 7 个，其中 4 个省份位于西部地区。

4. 2　科创金融生态环境准则层指数动态分析

在对科创金融生态环境总指数的时序演变特征以及空间演变特征予以考察之后，为了深入剖析科创金融生态环境内部结构层次的演变特征及趋势，本小节接下来对科创金融生态环境准则层指数进行分析。

4. 2. 1　总体层面准则层指数及其贡献率分析

4. 2. 1. 1　*准则层指数动态分析*

基于 2013—2022 年中国科技创新金融生态环境维度指数的测算分析结果如图 4-4 所示。

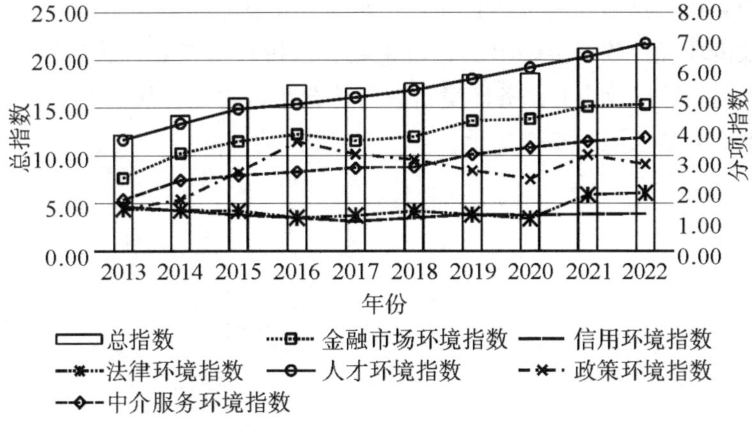

图 4-4　2013—2022 年中国科创金融生态环境准则层指数变化趋势

从分指数演变趋势来看，各维度发展呈现显著分化特征。人才环境指数作为核心增长引擎保持强劲动能，从 2013 年的 3.71 持续攀升至 2022 年的 6.95，年均增速达 8.7%，其增长曲线呈现典型的指数型特征，尤其是在 2017 年后明显加速，反映出“人才强国”战略的实施对科创金融生态的持续赋能。金融市场环境指数与中介服务环境指数形成双轮驱动格局，前者以 8.5%的年均增速上升，2020 年后突破 4.4 平台进入高质量发展阶段；后者则保持稳健线性增长，从 1.695 稳步提升至 3.797，市场化服务体系建设成效显著。政策环境指数呈现剧烈波动特征，经历 2013—2016 年超高速增长（年均增速 37%）后出现连续四年回调，2020 年探底至 2.39，反映出政策工具使用的阶段性特征与调控力度变化。法律环境指数在 2021 年发生结构性跃升，从 1.06 陡增至 1.86，对应民法典的实施和知识产权法院体系完善等制度性变革，但 2022 年增速回落至 3.5%，显示制度改革红利释放进入平缓期。值得警惕的是，信用环境指数长期处于发展洼地，2014—2017 年持续负增长，2022 年仅恢复至 1.22，尚未达到 2013 年的基准水平，揭示出信用信息共享机制缺失和风险评估体系滞后等深层次问题。各维度发展趋势差异揭示出系统发展的非均衡性：人才、金融等市场化要素持续优化，政策、法律等制度要素呈现脉冲式演进特征，而信用基础设施建设明显滞后。这种结构性矛盾可能导致创新资源配置效率损耗，需通过制度创新打通要素协同通道。

4.2.1.2 准则层指数贡献率分析

为了解科创金融生态环境准则层指数变化对科创金融生态环境总指数变化的影响，我们分别计算了 2013—2022 年的科创金融生态环境准则层维度的政策环境指数、金融市场环境指数、信用环境指数、法治环境指数、人才环境指数以及中介服务环境指数与综合指数之比，从而得到各维度指数贡献率，结果如图 4-5 所示。

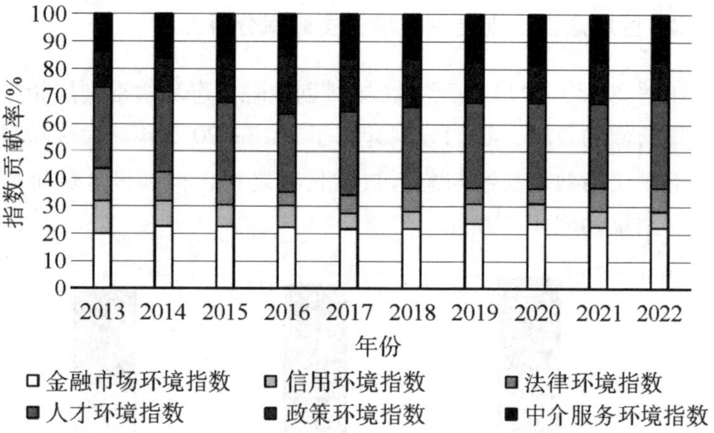

图 4-5 2013—2022 年中国科创金融生态环境准则层指数对总指数的贡献率

基于十年期（2013—2022）面板数据分析可知，人才环境指标始终构成总指数的核心贡献要素，年均贡献率达 29.7%，其中 2020 年贡献峰值达到 32.8%。金融市场环境与中介服务环境分别以 23.1%和 16.4%的均值构成第二贡献梯队。政策支持、法律保障与信用体系建设三项指标贡献度相对有限，合计贡献率为 30.6%，其中信用环境指标降幅最为显著，十年之间从 12.1%下降至 5.6%，降幅达 53.3%。在动态演进方面，中介服务环境呈现持续优化态势，其贡献度从 2013 年的 14.2%稳步攀升至 2022 年的 17.5%。与之形成鲜明对比的是，信用环境指标连续 9 年负向变动，成为主要制约因素。政策环境贡献度呈现显著波动特征，2016 年达到 21.3%的历史高位后进入下行通道。值得注意的是，法律环境指标在 2021 年发生结构性转折，贡献度从 5.7%跃升至 8.7%，形成显著拐点。指标之间也呈现出明显的关联性：政策环境与金融市场环境呈现显著负向关联，当政策环境贡献增强时，金融市场的贡献往往会减弱；法律与信用环境指标则存在长期协同弱化趋势。2020 年后的观测数据显示，人才环境与中介服务环境形成双核驱动格局，合计贡献率突破 50%，构成总指数的主要支撑机制。各准则层指数贡献率的变化趋势提示需关注三个方面：一是尽快扭转信用环境持续恶化的趋势，避免成为发展短板；二是保持政策环境的稳定性，减少大起大落；三是继续发挥人才和中介服务的优势，同时加强法律与信用体系的联动建设。从整体来看，这十年之间，驱动力量正在从政策主导逐步转向“人才+服务”双轮驱动的新模式。

4.2.2 区域层面准则层指数增长贡献率分析

为了了解 2013—2022 年三大区域科创金融生态环境准则层指数增长额对总指数增长额的贡献，我们分别计算了 2013—2022 年三大区域科创金融生态环境准则层指数增长额与总指数增长额之比，得到该区域维度指数增长贡献率，结果如图 4-6 所示。

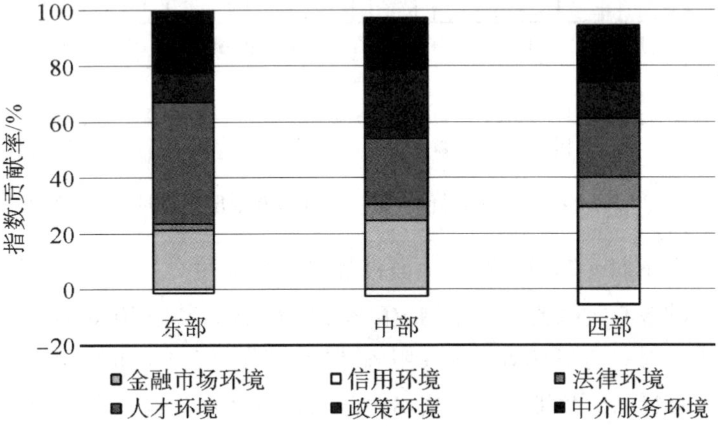

图 4-6 三大区域科创金融生态环境准则层指数对总指数的贡献率

从区域维度指数增长贡献率来看，东部地区凭借人才环境（44.4%）和中介服务（22.6%）两大优势占据领先地位，凸显其高等教育资源集聚与市场化服务成熟的竞争力，但信用环境的微弱负贡献（-0.59%）也暴露了金融风险防控的潜在压力。中部地区则展现出政策环境（26.2%）与金融市场（26.0%）双轮驱动格局，反映了地方政府通过政策红利释放和金融改革激活创新活力的策略成效，然而人才贡献（24.8%）不及东部的一半，显示其人才储备与留存能力仍需突破。西部地区作为后发区域，金融市场环境贡献率高达 33.2%，法律环境贡献率（11.5%）也领先于其他区域，表明在国家战略倾斜下的金融基础设施建设和法治配套取得了实效，但信用环境的严重拖累（-5.96%）成为制约其科创金融生态环境健康度的关键短板。

4.2.3 省域层面准则层分项指数分析

在对中国区域科创金融生态环境总指数的时序演变特征及空间演变特

征进行考察之后，为了进一步深入分析省域科创金融生态环境不同准则层指数的特征及其演变趋势，下面对科创金融生态环境各准则层指数进行分项分析。

4.2.3.1 政策环境指数

2013—2022 年中国科创金融生态系统政策环境指数及其总增长速度和年均复合增长率计算结果如表 4-4 所示。

表 4-4 2013—2022 年科创金融生态政策环境指数及其增速

区域	2013 年	2014 年	2015 年	2016 年	2017 年	2018 年	2019 年	2020 年	2021 年	2022 年	总增速/%	年均复合增速/%
上海	4.04	4.20	3.95	4.05	3.87	4.64	4.61	5.72	4.28	3.80	-5.94	-0.61
北京	4.17	6.00	5.88	9.91	8.04	7.19	6.23	4.66	4.93	5.57	33.57	2.94
天津	2.81	3.00	2.95	3.04	4.33	2.82	2.47	4.19	4.67	2.34	-16.73	-1.81
山东	1.48	1.81	2.46	1.79	4.36	11.08	3.14	2.60	3.72	2.78	87.84	6.51
广东	3.13	2.58	9.08	14.18	8.49	10.49	7.25	6.33	7.18	5.19	65.81	5.19
江苏	3.07	3.09	4.48	8.65	7.55	6.33	4.54	4.25	7.45	6.67	117.26	8.07
河北	0.90	0.74	0.90	2.04	1.16	0.96	2.64	1.51	3.42	1.49	65.56	5.17
浙江	3.30	3.19	7.46	3.69	5.08	4.57	5.77	5.36	4.53	5.62	70.30	5.47
海南	1.12	1.15	0.57	0.95	0.63	0.99	1.36	1.52	1.74	3.08	175.00	10.65
福建	1.53	1.76	2.98	3.56	2.04	1.89	3.34	2.79	3.76	2.63	71.90	5.57
辽宁	1.31	1.70	2.93	1.86	0.72	1.47	0.93	1.11	1.98	1.06	-19.08	-2.10
安徽	2.00	2.53	3.09	4.70	6.39	3.84	4.08	3.99	5.26	6.89	244.50	13.17
山西	1.78	1.37	0.99	1.00	6.16	1.71	1.23	1.02	1.45	1.66	-6.74	-0.70
江西	0.81	1.35	1.57	3.73	6.89	2.19	2.22	3.01	2.85	6.75	733.33	23.62
河南	0.81	1.23	1.87	4.08	2.28	6.49	2.87	4.30	3.75	4.89	503.70	19.70
湖北	1.08	2.22	4.37	3.19	5.09	2.99	3.19	2.76	10.11	3.69	241.67	13.07
湖南	0.66	1.02	2.84	1.56	1.36	2.26	2.34	2.26	3.64	2.86	333.33	15.79
吉林	0.74	0.98	1.58	0.94	0.68	0.92	0.76	0.68	1.01	0.59	-20.27	-2.24
黑龙江	0.59	0.76	1.01	1.61	0.86	1.04	0.56	0.53	0.85	0.85	44.07	3.72
云南	0.46	0.84	1.77	1.76	3.84	0.99	1.19	0.89	2.30	1.22	165.22	10.25
内蒙古	0.53	0.72	1.07	2.89	0.94	0.57	1.81	0.67	0.75	0.90	69.81	5.44
四川	0.77	1.11	2.14	3.77	7.06	2.76	3.62	2.67	2.81	2.62	240.26	13.03
宁夏	0.58	0.69	1.05	1.33	1.42	2.00	1.73	1.58	1.64	1.64	182.76	10.95
广西	1.03	1.25	1.02	3.23	1.30	0.84	5.32	1.75	1.12	2.44	136.89	9.01
新疆	0.66	0.79	0.87	1.13	0.71	0.66	0.53	0.60	1.03	1.25	89.39	6.59
甘肃	0.34	0.73	1.07	1.08	0.62	2.23	0.58	0.78	0.79	0.93	173.53	10.59
贵州	0.81	1.23	1.71	14.43	1.97	3.77	1.76	1.77	5.33	3.10	282.72	14.36

表4-4(续)

区域	2013 年	2014 年	2015 年	2016 年	2017 年	2018 年	2019 年	2020 年	2021 年	2022 年	总增速/%	年均复合增速/%
重庆	0. 88	1. 00	2. 54	1. 10	1. 00	1. 31	1. 37	1. 32	1. 85	1. 73	96. 59	6. 99
陕西	0. 62	1. 02	3. 23	3. 58	1. 68	1. 87	2. 29	0. 78	1. 25	2. 28	267. 74	13. 91
青海	0. 36	0. 71	1. 19	0. 93	0. 60	0. 65	0. 44	0. 41	0. 61	0. 43	19. 44	1. 79
东部	2. 44	2. 66	3. 97	4. 88	4. 21	4. 77	3. 84	3. 64	4. 33	3. 66	49. 78	4. 12
中部	1. 06	1. 43	2. 17	2. 60	3. 71	2. 68	2. 16	2. 32	3. 62	3. 52	232. 70	12. 77
西部	0. 64	0. 92	1. 61	3. 20	1. 92	1. 60	1. 88	1. 20	1. 77	1. 69	163. 35	10. 17
全国	1. 41	1. 69	2. 62	3. 66	3. 24	3. 05	2. 67	2. 39	3. 20	2. 90	105. 22	7. 45

为反映中国科创金融生态政策环境指数变化情况，我们将科创金融生态政策环境指数测度值绘制成统计图，直观地显示 2013—2022 年中国科创金融生态政策环境指数及其变化（见图 4-7）。

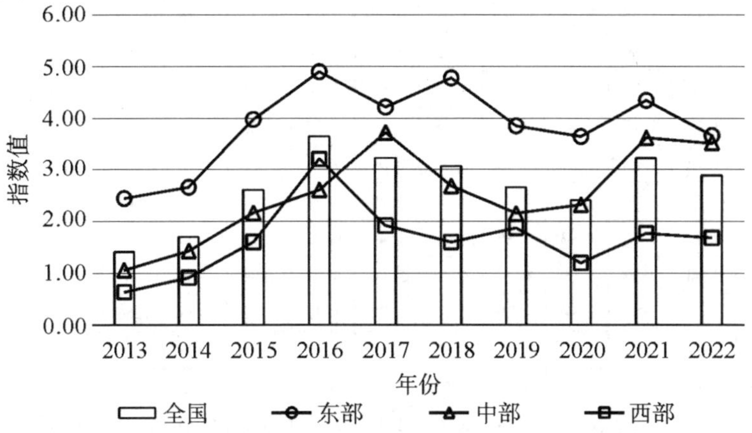

图 4-7　2013—2022 年中国科创金融生态系统政策环境指数动态变化

从图 4-7 可知，全国政策环境指数呈现鲜明的波动特征，2013 年以 1. 41 为起点强势攀升，三年之间飙升 158%至 2016 年的历史峰值 3. 65，随后转入震荡下行通道，2022 年回落至 2. 89，十年之间实现累计增幅 105%，年均复合增长 7. 45%。东部地区持续领跑全国，2016 年以 4. 88 的绝对峰值较全国均值高出 1. 23 点，然后随着政策红利的边际递减，2022 年虽回调至 3. 65，仍保持 0. 76 点的优势，但年均复合 4. 145%的增速较全国年均 7. 45%的增速明显趋缓。中部地区增长动能最为强劲，十年之间累计增幅高达 232%，年均复合增长 12. 77%，2017 年以 3. 71 的阶段性高位突破全国均值，虽经历后期波动调整，2022 年仍以 3.52 的数值较全国均值高出 0.63 点。西部地区尽管十年之间实现了 163%的累计增长，但 2016 年触及 3.20 高位后发生断崖式骤降，长期徘徊于全国基准线之下，2022 年与全国均值的差距扩大至 1.21 点，凸显出政策落地效果的可持续性亟待加强。

综上所述，中国科创金融生态系统政策环境指数在 2013—2022 年总体呈现出东部地区优于中部地区、中部地区优于西部地区的区域发展趋势。然而，从增长幅度和年均增长率来看，中西部地区展现出了最大的增长潜力和发展速度，预示着未来该地区科创金融生态系统政策环境有望更加优化。相反，东部地区虽然目前处于领先地位，但其增长速度相对放缓，这进一步说明政策环境指数区域差异在逐渐缩小。

表 4-5 呈现了各省份科创金融生态系统政策环境指数的具体数值及其在全国范围内的排名情况。分析这些数据，可以观察到科创金融生态系统政策环境所展现出的地域性差异与动态变化。

表 4-5　省域科创金融生态系统政策环境指数及其排名

排名	2013 年		2017 年		2022 年	
	省份	指数值	省份	指数值	省份	指数值
1	北京	4.17	广东	8.49	安徽	6.89
2	上海	4.04	北京	8.04	江西	6.75
3	浙江	3.30	江苏	7.55	江苏	6.67
4	广东	3.13	四川	7.06	浙江	5.62
5	江苏	3.07	江西	6.89	北京	5.57
6	天津	2.81	安徽	6.39	广东	5.19
7	安徽	2.00	山西	6.16	河南	4.89
8	山西	1.78	湖北	5.09	上海	3.80
9	福建	1.53	浙江	5.08	湖北	3.69
10	山东	1.48	山东	4.36	贵州	3.10
11	辽宁	1.31	天津	4.33	海南	3.08
12	海南	1.12	上海	3.87	湖南	2.86
13	湖北	1.08	云南	3.84	山东	2.78
14	广西	1.03	河南	2.28	福建	2.63

表4-5(续)

排名	2013年		2017年		2022年	
	省份	指数值	省份	指数值	省份	指数值
15	河北	0.90	福建	2.04	四川	2.62
16	重庆	0.88	贵州	1.97	广西	2.44
17	江西	0.81	陕西	1.68	天津	2.34
18	河南	0.81	宁夏	1.42	陕西	2.28
19	贵州	0.81	湖南	1.36	重庆	1.73
20	四川	0.77	广西	1.30	山西	1.66
21	吉林	0.74	河北	1.16	宁夏	1.64
22	湖南	0.66	重庆	1.00	河北	1.49
23	新疆	0.66	内蒙古	0.94	新疆	1.25
24	陕西	0.62	黑龙江	0.86	云南	1.22
25	黑龙江	0.59	辽宁	0.72	辽宁	1.06
26	宁夏	0.58	新疆	0.71	甘肃	0.93
27	内蒙古	0.53	吉林	0.68	内蒙古	0.90
28	云南	0.46	海南	0.63	黑龙江	0.85
29	青海	0.36	甘肃	0.62	吉林	0.59
30	甘肃	0.34	青海	0.60	青海	0.43
全国		1.41		3.24		2.90

2013年，全国范围内共有10个省份的科创金融生态系统政策环境指数超越了全国平均水平，这些省份按政策环境数值从高到低排列依次为北京、上海、浙江、广东、江苏、天津、安徽、山西、福建及山东。在地域分布上，这一优势群体主要由8个东部地区省份和2个中部地区省份组成，凸显了东部和中部地区在政策环境建设上的领先地位。2017年，高于全国平均水平的省份数量增加至13个，这些省份按政策环境数值从高到低排列依次为广东、北京、江苏、四川、江西、安徽、山西、湖北、浙江、山东、天津、上海以及云南。此时期的显著变化在于，西部地区省份开始展现出更优的政策环境，共有2个省份（四川、云南）的指数超越了全国平均水平，而东部地区和中部地区则继续保持稳定，分别有7个和4个省份

位列其中。2022 年，高于全国平均水平的省份数量回落至 11 个，但核心省份的构成仍保持了较高的稳定性。地域分布格局与 2013 年相似，以 6 个东部地区省份和 4 个中部地区省份为主，表明这些区域在持续强化其科创金融生态系统政策环境指数。值得注意的是，尽管省份排名存在细微变动，但整体上东部地区和中部地区的主导地位未变。

我们选取 2013 年、2017 年和 2022 年中国省域科创金融生态系统政策环境指数值，采用 ArcGIS 软件以中国省级行政区划图（审图号：GS【2024】0650 号）为底板刻画省域科创金融生态系统政策环境的空间分布状况，对其进行聚类分析，以期直观刻画中国省域科创金融生态系统政策环境空间演化规律。中国省域科创金融生态系统政策环境指数空间分布如表 4-6 所示。

表 4-6 中国省域科创金融生态系统政策环境指数分类结果

等级	2013 年	2017 年	2022 年
高水平	北京、上海	广东、北京、江苏、四川、江西、安徽、山西、湖北、浙江、山东、天津	安徽、江西、江苏、浙江、北京、广东、河南
中高水平	浙江、广东、江苏、天津、安徽	上海、云南、河南、福建	上海、湖北、贵州、海南、湖南、山东、福建、四川、广西、天津、陕西
中低水平	山西、福建、山东、辽宁、海南、湖北、广西	贵州、陕西、宁夏、湖南、广西、河北、重庆	重庆、山西、宁夏、河北、新疆、云南、辽宁
低水平	河北、重庆、江西、河南、贵州、四川、吉林、湖南、新疆、陕西、黑龙江、宁夏、内蒙古、云南、青海、甘肃	内蒙古、黑龙江、辽宁、新疆、吉林、海南、甘肃、青海	甘肃、内蒙古、黑龙江、吉林、青海

数据显示，2013 年我国科创金融生态系统的政策环境呈现显著梯度差异。北京和上海双城以绝对优势领跑全国，浙江、广东、江苏、天津和安徽五省构成第二梯队，形成“2+5”雁阵格局。值得关注的是，除安徽外，前七强均分布于东部沿海，政策资源配置的“胡焕庸线”效应明显。至“十三五”规划中期的 2017 年，高水平省份激增至 11 个，空间分布呈现

“东6中4西1”新形态。尽管湖北、安徽、山西等中部省份排名跃升，但中西部仍有12个省份滞留在中低或低水平区间，政策洼地效应尚未根本扭转。进入新时代后，2022年指数空间分布发生结构性变化：高水平阵营虽回调至7个省份，但中高水平组扩容至11个省份，低水平省份锐减至5个。安徽、江西、河南等中部力量跻身第一方阵，西部仍占据低水平组的80%，政策升级的“中部隆起”与“西部滞胀”形成鲜明对照。

从演进轨迹来看，政策环境呈现“多点突破、区域联动”特征。早期单极驱动格局（2013年京沪双核）逐步转向多中心协同（2017年东部强省与中西部新锐并起），最终形成梯度衔接的新型格局（2022年中部崛起与西部突围）。此外，战略牵引效应显著。长三角地区一体化助推安徽实现三级跨越，赣江新区建设助力江西完成“低→高”逆袭，郑洛新示范区驱动河南十年完成三级跳。但与此同时，区域分化也折射出战略布局的深层逻辑。东部地区形成“多核引领”格局，广东、江苏、浙江依托数字经济与先进制造业深度融合持续领跑，但山东从2017年的高水平跌至2022年的中高水平，暴露了新旧动能转换中的政策衔接短板。中部“中三角”表现亮眼，湖北、湖南与安徽、江西共同构筑了长江经济带科创走廊。西部地区呈现“冰火两重天”态势：四川经历“低→高→中高”的波动轨迹，反映成渝地区双城经济圈政策落地存在阶段性瓶颈；贵州则依托大数据产业实现持续攀升，成为西部科创突围的典型范例。东北地区整体低迷，辽宁、吉林、黑龙江长期徘徊于中低水平，折射出老工业基地政策创新动能不足的结构性困境。政策效能差异背后存在多重驱动机制，国家级战略的牵引效应尤为显著，粤港澳大湾区建设推动了广东科创金融生态迭代，长三角地区一体化促使皖、苏、浙形成政策协同效应。产业政策与金融工具的深度融合成为关键变量，浙江的数字经济信贷、贵州的大数据基金等创新实践印证了“产业+金融”模式的有效性。制度创新红利持续释放，海南自由贸易港政策助推其2022年跻身中高水平，河南自主创新示范区则成为政策升级的跳板。但深层矛盾依然存在：区域差距尚未根本扭转，2022年仍有甘肃等5省处于低水平；部分省份政策稳定性不足，如山西从高位跌落凸显了资源型省份转型阵痛，天津的等级波动暴露了京津冀协同中的资源虹吸效应。未来需构建精准施策体系：强化中西部科技担保等工具创新，设计东北老工业基地专项政策，建立跨区域协作机制，完善动态评估防止政策空转，最终实现从梯度差异向动态均衡的质变升级。

4.2.3.2　金融市场环境指数

2013—2022 年中国科创金融生态系统金融市场环境指数及其总增长速度和年均复合增长率计算结果如表 4-7 所示。

表 4-7　2013—2022 年科创金融生态金融市场环境指数及其增速

区域	2013 年	2014 年	2015 年	2016 年	2017 年	2018 年	2019 年	2020 年	2021 年	2022 年	总增速/%	年均复合增速/%
上海	4.57	5.40	6.71	6.18	6.36	6.09	6.14	6.37	6.45	6.89	50.77	4.19
北京	9.92	13.52	11.95	10.69	10.97	9.36	9.75	9.32	9.32	9.55	-3.73	-0.38
天津	2.78	3.11	3.62	3.69	4.01	4.04	4.72	5.09	4.85	4.95	78.06	5.94
山东	1.59	1.73	3.02	2.91	2.69	3.51	5.60	4.51	4.86	4.58	188.05	11.16
广东	2.36	3.28	5.09	5.30	4.01	4.34	4.82	4.72	4.77	5.35	126.69	8.53
江苏	1.83	2.04	2.62	2.84	2.94	3.06	3.44	3.71	4.04	4.11	124.59	8.43
河北	1.62	1.55	2.12	2.51	2.68	3.01	3.17	3.43	3.49	3.67	126.54	8.52
浙江	3.03	3.30	4.57	3.95	4.28	5.21	5.05	5.57	5.37	5.63	85.81	6.39
海南	2.84	3.34	3.79	4.05	4.00	3.65	3.79	4.33	4.85	10.19	258.80	13.63
福建	1.90	2.31	2.87	2.88	3.33	3.12	3.37	3.69	3.67	3.84	102.11	7.29
辽宁	2.11	2.39	3.31	4.37	3.40	3.38	6.26	4.36	7.63	4.88	131.28	8.75
安徽	1.54	1.98	2.59	3.98	3.29	2.85	2.94	3.27	3.41	5.86	280.52	14.30
山西	2.81	2.43	3.15	3.62	3.53	4.25	4.07	5.73	8.00	5.77	105.34	7.46
江西	1.90	1.75	2.64	2.26	2.78	2.63	2.95	3.48	4.24	4.34	128.42	8.61
河南	2.57	2.50	3.22	2.95	2.63	2.69	2.75	3.45	4.87	4.09	59.14	4.76
湖北	2.01	1.99	2.29	2.17	2.40	2.47	2.85	3.51	4.22	3.66	82.09	6.18
湖南	1.07	1.52	2.05	1.80	2.43	2.46	3.24	3.46	4.45	3.34	212.15	12.06
吉林	2.37	3.64	2.98	6.10	3.43	4.44	7.26	4.07	4.44	4.41	86.08	6.41
黑龙江	1.20	1.58	2.31	2.93	2.95	2.93	3.65	3.93	3.61	3.58	198.33	11.55
云南	1.73	2.14	2.35	2.36	2.80	2.82	2.92	3.21	3.46	3.74	116.18	8.01
内蒙古	1.70	2.13	3.72	2.77	4.54	5.17	7.74	4.67	3.50	4.29	152.35	9.70
四川	1.79	2.13	3.05	3.20	3.11	3.18	3.19	4.94	4.47	3.97	121.79	8.29
宁夏	2.44	8.41	5.40	8.73	4.29	4.53	3.80	4.34	5.04	5.04	106.56	7.52
广西	1.85	1.65	4.34	2.33	2.40	2.63	2.96	3.72	6.31	5.84	215.68	12.18
新疆	1.71	2.23	2.87	5.04	3.62	2.94	3.15	3.60	3.84	3.79	121.64	8.28
甘肃	1.77	2.69	3.40	3.73	3.88	5.68	5.61	5.20	4.72	4.52	155.37	9.83
贵州	1.57	2.05	2.45	3.10	3.36	3.37	4.15	4.02	4.30	4.46	184.08	11.01
重庆	2.47	2.70	3.18	2.71	2.76	3.03	3.33	3.71	4.00	3.75	51.82	4.26
陕西	1.62	1.94	2.58	2.09	2.87	3.93	3.63	4.90	4.58	5.25	224.07	12.48
青海	3.82	10.50	5.66	5.86	4.82	3.90	4.40	4.03	4.40	3.74	-2.09	-0.21
东部	3.14	3.82	4.52	4.49	4.42	4.43	5.10	5.01	5.39	5.79	84.20	6.30

表4-7(续)

区域	2013 年	2014 年	2015 年	2016 年	2017 年	2018 年	2019 年	2020 年	2021 年	2022 年	总增速/%	年均复合增速/%
中部	1.93	2.17	2.65	3.23	2.93	3.09	3.71	3.86	4.66	4.38	126.57	8.52
西部	2.04	3.51	3.55	3.81	3.50	3.74	4.08	4.21	4.42	4.40	115.35	7.97
全国	2.42	3.26	3.66	3.90	3.69	3.82	4.36	4.41	4.84	4.90	102.90	7.33

为呈现中国科创金融生态系统金融市场环境指数的动态演变轨迹，本书基于指数测度结果构建可视化图表，清晰展现 2013—2022 年该指数的时序变化特征及其演进态势（详见图 4-8）。

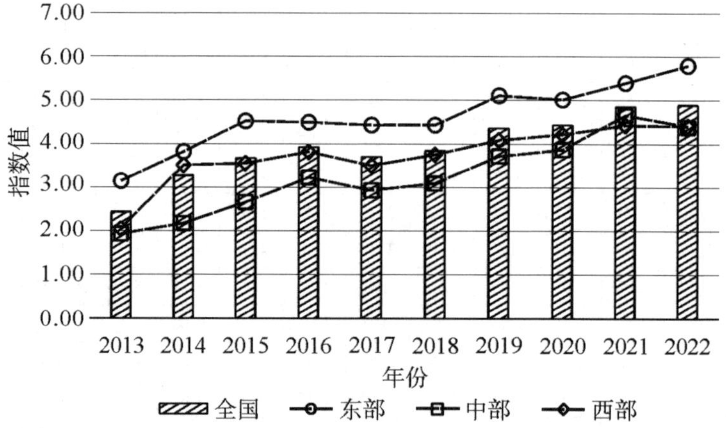

图 4-8　2013—2022 年中国科创金融生态系统金融市场环境指数动态变化

全国金融市场环境指数呈现稳健增长态势，由基准期的 2.41 提升至观测期末的 4.90，累计增幅达 102.8%，年均复合增长率为 7.33%，其中 2019 年后增速显著提升至年均 10.3%。区域分析显示，东部地区持续保持领先地位，2022 年指数值攀升至 5.78，超出全国均值 0.88，但年均增速处于最低水平，印证了成熟市场增速边际递减规律。中部地区在中期发展阶段增长态势稳健，2021 年达到阶段性峰值 4.65 后，2022 年出现小幅回调至 4.38，低于全国均值 0.52，十年之间累计增速 126.8%，与全国整体水平基本持平。西部地区表现尤为突出，2014 年度增幅达 71.7%，观测期内累计增长 115.5%，2022 年以 4.39 的指数值与中部地区持平，成为推动全国金融市场均衡化发展的关键力量。

综合研究结果表明，2013—2022 年，中国科创金融生态系统金融市场环境指数形成鲜明的梯度特征：东部地区保持领跑优势，西部与中部形成梯度跃迁格局。值得关注的是，中部地区在增速指标与年均增长率维度异军突起，其快速的增长势能预示着科创金融生态系统政策环境有望实现跨越式提升。反观东部地区，尽管其绝对数值维持在高位，但增长率曲线趋缓的特征明显，这折射出我国科创金融生态系统金融市场环境指数的区域差异正在经历渐进式收敛过程。

表 4-8 呈现了我国各省份在科创金融生态系统金融市场环境指数方面的具体表现及其排名变动。分析这一数据，可以观察到显著的时空演变特征。2013 年，全国范围内共有 10 个省份的科创金融生态系统金融市场环境指数超越了全国平均水平，这些省份按指数由高到低排序依次为北京、上海、青海、浙江、海南、山西、天津、河南、重庆及宁夏。其中，东部地区省份占据主导地位，共 5 个，中部有 2 个省份、西部地区有 3 个省份表现优异。2017 年，尽管高于全国平均水平的省份总数保持为 10 个，但具体省份及其排名发生了变动。这些省份按照科创金融生态系统金融市场环境指数由高到低排列依次为北京、上海、青海、内蒙古、宁夏、浙江、天津、广东、海南和甘肃。在区域分布上，东部地区省份为 6 个，西部地区省份则增加至 4 个，而中部地区省份均低于全国均值，这反映出西部地区在科创金融生态系统金融市场环境建设方面的加速追赶和成效显现。2022 年，科创金融生态系统金融市场环境质量提升呈现积极态势。此时，高于全国平均水平的省份数量小幅增加至 11 个，分别为海南、北京、上海、安徽、广西、山西、浙江、广东、陕西、宁夏和天津。区域分布类似于 2013 年，东部地区省份仍为 6 个，但中部地区省份增至 2 个，西部地区省份也达到 3 个，表明这些区域在科创金融生态系统金融市场环境改善方面取得了积极进展。综上所述，2013—2022 年，我国科创金融生态系统金融市场环境质量整体呈现提升态势，且区域差异与动态变化明显。特别是中部和西部地区省份显著进步，缩小了与东部地区的差距。

表 4-8 省域科创金融生态系统金融市场环境指数及其排名

排名	2013 年		2017 年		2022 年	
	省份	指数值	省份	指数值	省份	指数值
1	北京	9.92	北京	10.97	海南	10.19
2	上海	4.57	上海	6.36	北京	9.55
3	青海	3.82	青海	4.82	上海	6.89

表4-8(续)

排名	2013 年		2017 年		2022 年	
	省份	指数值	省份	指数值	省份	指数值
4	浙江	3.03	内蒙古	4.54	安徽	5.86
5	海南	2.84	宁夏	4.29	广西	5.84
6	山西	2.81	浙江	4.28	山西	5.77
7	天津	2.78	天津	4.01	浙江	5.63
8	河南	2.57	广东	4.01	广东	5.35
9	重庆	2.47	海南	4.00	陕西	5.25
10	宁夏	2.44	甘肃	3.88	宁夏	5.04
11	吉林	2.37	新疆	3.62	天津	4.95
12	广东	2.36	山西	3.53	辽宁	4.88
13	辽宁	2.11	吉林	3.43	山东	4.58
14	湖北	2.01	辽宁	3.40	甘肃	4.52
15	福建	1.90	贵州	3.36	贵州	4.46
16	江西	1.90	福建	3.33	吉林	4.41
17	广西	1.85	安徽	3.29	江西	4.34
18	江苏	1.83	四川	3.11	内蒙古	4.29
19	四川	1.79	黑龙江	2.95	江苏	4.11
20	甘肃	1.77	江苏	2.94	河南	4.09
21	云南	1.73	陕西	2.87	四川	3.97
22	新疆	1.71	云南	2.80	福建	3.84
23	内蒙古	1.70	江西	2.78	新疆	3.79
24	河北	1.62	重庆	2.76	重庆	3.75
25	陕西	1.62	山东	2.69	青海	3.74
26	山东	1.59	河北	2.68	云南	3.74
27	贵州	1.57	河南	2.63	河北	3.67
28	安徽	1.54	湖南	2.43	湖北	3.66
29	黑龙江	1.20	湖北	2.40	黑龙江	3.58

表4-8(续)

排名	2013 年		2017 年		2022 年	
	省份	指数值	省份	指数值	省份	指数值
30	湖南	1. 07	广西	2. 40	湖南	3. 34
全国		2. 42		3. 69		4. 90

为揭示中国省域科创金融生态系统金融市场环境的空间分布及其演变规律，我们选取 2013 年、2017 年和 2022 年省域科创金融生态系统法律环境指数数据，以审图号为 GS【2024】0650 号的中国省级行政区划图作为空间分析底板，利用 ArcGIS 软件进行数据可视化处理。同时，通过聚类分析方法对各省份金融市场环境指数进行系统分类，最终以表 4-9 的形式，直观呈现中国省域科创金融生态系统金融市场环境的空间分布特征及其动态演变趋势。

表 4-9　中国省域科创金融生态系统金融市场环境指数分类结果

等级	2013 年	2017 年	2022 年
高水平	北京	北京、上海	海南、北京、上海
中高水平	上海	青海、内蒙古、宁夏、浙江、天津、广东、海南	安徽、广西、山西、浙江、广东、陕西、宁夏、天津、辽宁、山东、甘肃、贵州、吉林、江西、内蒙古、江苏、河南
中低水平	青海、浙江	甘肃、新疆、山西、吉林、辽宁、贵州、福建、安徽、四川	四川、福建、新疆、重庆、青海、云南、河北、湖北、黑龙江、湖南
低水平	海南、山西、天津、河南、重庆、宁夏、吉林、广东、辽宁、湖北、福建、江西、广西、江苏、四川、甘肃、云南、新疆、内蒙古、河北、陕西、山东、贵州、安徽、黑龙江、湖南	黑龙江、江苏、陕西、云南、江西、重庆、山东、河北、河南、湖南、湖北、广西	

中国省域科创金融生态系统金融市场环境指数呈现显著的动态演变特征，其时空分异规律通过表 4-9 的协同分析得以系统揭示。从时间纵向观察，2013 年指数分布呈现典型右偏分布特征，映射出全国科创金融生态系统的初级发展阶段特征。彼时仅有北京和上海两大核心城市构成高值极核，分别作为国家科技创新中枢和国际金融枢纽引领发展，而 78.1%的省份尚处低水平区间，凸显区域发展失衡的严峻态势。2017 年空间格局显现梯度跃迁态势，中高水平及以上省份增至 6 个，其中青海、内蒙古等西部省域突破性入围，标志着“胡焕庸线”东西分异格局的首次松动。从横向对比分析，2022 年指数空间重构呈现三大突破性特征：其一，高水平集群形成“一核多极”格局，北京保持创新极核地位，上海、海南分别依托金融中心能级提升和自由贸易港政策优势形成新兴增长极；其二，中高水平阵营实现全域覆盖，17 个省份形成“6+5+6”的东、中、西均衡分布格局，特别是宁夏通过绿色金融创新、湖北借力长江经济带建设实现跨越式发展；其三，质量跃升伴随着结构优化，中高水平组别省份较 2013 年增长 16 倍，但仍有 12.5%的省份处于发展洼地。这些演变既印证了西部大开发战略的实质成效，也揭示了金融供给侧结构性改革催生的创新扩散效应。典型案例分析显示，北京依托“三城一区”科技创新布局持续领跑，上海通过科创板注册制改革实现金融能级迭代，海南则借势自由贸易港跨境投融资便利化政策实现超常规发展。尤为值得关注的是，中高水平省份的扩展轨迹呈现出政策驱动与市场演进的双重逻辑——青海依托清洁能源产业基金实现产融结合突破，浙江借力数字金融创新构建科技信贷生态，反映出差异化发展路径的有效性。进一步观察可以发现，指数跃升省份普遍存在“政策试点—要素集聚—生态形成”的演进规律，但部分中西部省份仍面临金融基础设施薄弱与风险补偿机制缺失的双重制约，这为其后续政策优化提供了重点方向。

4.2.3.3　信用环境指数

2013—2022 年中国科创金融生态系统信用环境指数及其总增长速度和年均复合增长率计算结果如表 4-10 所示。

表 4-10　2013—2022 年科创金融生态金信用环境指数及其增速

区域	2013 年	2014 年	2015 年	2016 年	2017 年	2018 年	2019 年	2020 年	2021 年	2022 年	总增速/%	年均复合增速/%
上海	3.27	3.31	3.36	3.60	3.82	3.70	3.56	3.57	3.56	3.56	8.87	0.85

表4-10(续)

区域	2013年	2014年	2015年	2016年	2017年	2018年	2019年	2020年	2021年	2022年	总增速/%	年均复合增速/%
北京	3.71	3.75	3.79	4.12	4.43	4.14	3.83	3.84	3.83	3.83	3.23	0.32
天津	2.28	2.19	2.08	2.18	2.27	2.26	2.27	2.25	2.30	2.33	2.19	0.22
山东	1.22	1.09	0.95	0.90	0.84	1.09	1.40	1.41	1.47	1.48	21.31	1.95
广东	1.22	1.04	0.85	0.94	1.02	1.17	1.33	1.32	1.34	1.33	9.02	0.87
江苏	1.57	1.34	1.10	0.98	0.86	1.20	1.55	1.55	1.57	1.55	-1.27	-0.13
河北	1.35	1.15	0.94	0.88	0.84	0.82	0.82	0.79	0.81	0.81	-40.00	-4.98
浙江	1.78	1.51	1.22	1.14	1.07	1.40	1.72	1.72	1.73	1.73	-2.81	-0.28
海南	2.01	1.83	1.65	1.61	1.57	1.72	1.62	1.73	1.62	1.75	-12.94	-1.38
福建	1.43	1.27	1.11	0.99	0.90	1.10	1.30	1.28	1.31	1.30	-9.09	-0.95
辽宁	1.35	1.15	0.95	0.76	0.54	0.63	0.76	0.74	0.70	0.72	-46.67	-6.09
安徽	1.28	1.15	1.00	0.91	0.81	1.04	1.29	1.28	1.30	1.32	3.13	0.31
山西	0.98	0.74	0.50	0.45	0.43	0.49	0.56	0.53	0.56	0.58	-40.82	-5.11
江西	0.96	0.82	0.67	0.53	0.40	0.49	0.63	0.60	0.65	0.65	-32.29	-3.82
河南	0.75	0.72	0.68	0.63	0.60	0.71	0.86	0.85	0.92	0.92	22.67	2.06
湖北	1.13	1.01	0.89	0.85	0.81	1.01	1.21	1.20	1.20	1.21	7.08	0.69
湖南	1.04	0.89	0.72	0.54	0.35	0.52	0.69	0.68	0.70	0.71	-31.73	-3.75
吉林	0.89	0.72	0.54	0.37	0.23	0.26	0.30	0.26	0.30	0.29	-67.42	-10.61
黑龙江	0.95	0.84	0.75	0.53	0.30	0.33	0.36	0.34	0.35	0.35	-63.16	-9.50
云南	1.17	1.05	0.90	0.61	0.36	0.45	0.56	0.51	0.57	0.58	-50.43	-6.78
内蒙古	1.30	1.04	0.77	0.74	0.70	0.78	0.80	0.78	0.85	0.93	-28.46	-3.29
四川	1.14	1.00	0.86	0.65	0.45	0.52	0.59	0.56	0.56	0.56	-50.88	-6.86
宁夏	1.48	1.28	1.08	0.94	0.82	0.71	0.68	0.65	0.68	0.68	-54.05	-7.48
广西	1.05	0.88	0.68	0.47	0.27	0.44	0.62	0.60	0.61	0.60	-42.86	-5.44
新疆	1.16	1.02	0.86	0.82	0.80	1.05	1.30	1.29	1.31	1.31	12.93	1.22
甘肃	1.24	1.10	0.93	0.66	0.34	0.30	0.20	0.21	0.24	0.31	-75.00	-12.94
贵州	1.48	1.38	1.28	0.91	0.48	0.64	0.79	0.75	0.80	0.79	-46.62	-6.08
重庆	1.97	2.11	2.23	2.06	1.91	2.16	2.41	2.39	2.41	2.40	21.83	1.99
陕西	0.76	0.69	0.59	0.50	0.43	0.60	0.76	0.73	0.73	0.74	-2.63	-0.27
青海	2.08	1.91	1.72	1.44	0.46	0.87	1.04	1.12	1.27	1.28	-38.46	-4.74
东部	1.93	1.78	1.64	1.65	1.65	1.75	1.83	1.84	1.84	1.85	-3.78	-0.38
中部	1.00	0.86	0.72	0.60	0.49	0.61	0.74	0.72	0.75	0.75	-24.44	-2.76
西部	1.35	1.22	1.08	0.89	0.64	0.77	0.89	0.87	0.91	0.93	-31.36	-3.69
全国	1.47	1.33	1.19	1.09	0.97	1.09	1.19	1.18	1.21	1.22	-16.82	-1.82

为呈现中国科技创新金融生态系统信用环境指数的动态变化特征，本

书采用统计图表对2013—2022年信用环境指数测度值进行可视化分析，直观揭示该时期指数演变态势（见图4-9）。

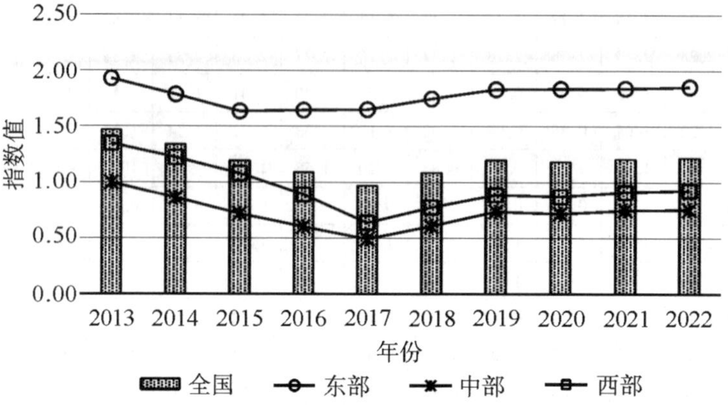

图4-9　2013—2022年中国科创金融生态系统信用环境指数动态变化

全国信用环境指数呈现显著V形复苏态势，2013年基准值1.46经历五年下行周期后，于2017年探至历史低位0.97，随后开启五年修复进程，至2022年回升至1.22，十年累计降幅仍达16.8%。区域信用格局显现三大典型特征：东部地区信用体系凸显韧性，长期稳定运行于1.6~1.9高位区间，持续高于全国基准30%~45%。在2017年信用低谷期仍维持了1.63的信用水平，较全国均值高出67%，风险抵御能力显著；中部地区经历深度信用调整，2017年信用水平急剧下降至0.49，仅为同期全国均值的50.5%，虽在2017—2022年实现53.3%的累计增长，但2022年0.75的终值仍低于全国平均水平38.5%，区域信用建设存在显著结构性失衡；西部地区信用体系波动剧烈，2016—2017年发生系统性衰退，信用指数由1.34急剧下跌至0.64，降幅达52.2%，2022年虽恢复至0.93，仍较全国平均水平低23.8%，反映出风险缓释机制存在系统性缺陷。需特别关注的是，东部信用体系区间振幅仅为8.3个百分点，展现出显著的稳定性优势，而西部地区在2017年经历44.7%的断崖式下跌后，信用修复进程呈现明显滞后特征。

综上所述，中国科创金融生态系统信用环境指数在2013—2022年呈现出明显的区域梯度特征，即东部地区表现最优，西部次之，中部则相对滞后。从年均降速的视角审视，西部地区降速最快，中部次之，东部最慢。这一现象表明，中国科创金融生态系统信用环境的区域差距有扩大之势。

表 4-11 呈现了各省份科创金融生态系统信用环境指数及其相应的排名情况，通过省域层面的分析，揭示了中国科创金融生态系统信用环境的地域差异与动态变化。2013 年，共有 10 个省份的科创金融生态系统信用环境指数超越了全国平均水平，这些省份按分值从高到低排列依次为北京、上海、天津、青海、海南、重庆、浙江、江苏、宁夏和贵州。在这一时期，东部地区省份占据了主导地位，共有 6 个省份位列其中，而西部地区则分别有 4 个省份表现突出，中部无一省份入围，整体呈现出以东、西部省份为主的分布格局。2017 年，尽管高于全国平均水平的省份数量略有减少至 7 个，但省份的排名与分布模式未发生根本性变化。北京、上海、天津、重庆、海南、浙江、广东这些省份依然保持领先，其中东部地区省份依旧占据 6 席，西部地区则占 1 席，仍无中部省份身影。这表明，尽管存在轻微波动，但科创金融生态系统信用环境增效能力强的省份地域分布格局在该时期内保持了相对稳定。2022 年，高于全国科创金融生态系统信用环境平均水平的省份数量进一步上升至 13 个，按分值从高到低排列分别为北京、上海、重庆、天津、海南、浙江、江苏、山东、广东、安徽、新疆、福建和青海。尽管具体省份有所变动，但区域分布特征依旧显著：东部地区省份依旧占据绝大多数（9 个），中部地区省份增加至 1 个，而西部地区省份有 2 个。这一趋势再次印证了东部地区在推动科创金融生态系统信用环境转型过程中的核心地位，同时也反映出全国范围内科创金融生态系统信用环境发展的不均衡性。

表 4-11　省域科创金融生态系统信用环境指数及其排名

排名	2013 年		2017 年		2022 年	
	省份	指数值	省份	指数值	省份	指数值
1	北京	3.71	北京	4.43	北京	3.83
2	上海	3.27	上海	3.82	上海	3.56
3	天津	2.28	天津	2.27	重庆	2.40
4	青海	2.08	重庆	1.91	天津	2.33
5	海南	2.01	海南	1.57	海南	1.75
6	重庆	1.97	浙江	1.07	浙江	1.73
7	浙江	1.78	广东	1.02	江苏	1.55

表4-11(续)

排名	2013 年		2017 年		2022 年	
	省份	指数值	省份	指数值	省份	指数值
8	江苏	1.57	福建	0.90	山东	1.48
9	宁夏	1.48	江苏	0.86	广东	1.33
10	贵州	1.48	河北	0.84	安徽	1.32
11	福建	1.43	山东	0.84	新疆	1.31
12	河北	1.35	宁夏	0.82	福建	1.30
13	辽宁	1.35	安徽	0.81	青海	1.28
14	内蒙古	1.30	湖北	0.81	湖北	1.21
15	安徽	1.28	新疆	0.80	内蒙古	0.93
16	甘肃	1.24	内蒙古	0.70	河南	0.92
17	山东	1.22	河南	0.60	河北	0.81
18	广东	1.22	辽宁	0.54	贵州	0.79
19	云南	1.17	贵州	0.48	陕西	0.74
20	新疆	1.16	青海	0.46	辽宁	0.72
21	四川	1.14	四川	0.45	湖南	0.71
22	湖北	1.13	山西	0.43	宁夏	0.68
23	广西	1.05	陕西	0.43	江西	0.65
24	湖南	1.04	江西	0.40	广西	0.60
25	山西	0.98	云南	0.36	山西	0.58
26	江西	0.96	湖南	0.35	云南	0.58
27	黑龙江	0.95	甘肃	0.34	四川	0.56
28	吉林	0.89	黑龙江	0.30	黑龙江	0.35
29	陕西	0.76	广西	0.27	甘肃	0.31
30	河南	0.75	吉林	0.23	吉林	0.29
全国		1.47		0.97		1.22

聚焦中国省域科创金融生态系统信用环境的空间演化，本书选取 2013 年、2017 年、2022 年三个关键时间节点的省域信用环境指数数据，以经国

家审核（审图号：GS【2024】0650号）的中国省级行政区划图作为地理信息载体，运用ArcGIS空间分析技术进行可视化制图。通过聚类分析方法，我们从时空维度揭示省域科创金融信用环境的分布格局与演变特征，相关成果以表4-12的形式呈现。

表4-12 中国省域科创金融生态系统信用环境指数分类结果

等级	2013年	2017年	2022年
高水平	北京、上海	北京、上海	北京、上海
中高水平	天津、青海、海南	天津	重庆、天津
中低水平	重庆、浙江、江苏、宁夏、贵州、福建、河北、辽宁、内蒙古、安徽、甘肃、山东、广东、云南、新疆、四川、湖北、广西、湖南	重庆、海南、浙江、广东	海南、浙江、江苏、山东、广东、安徽、新疆、福建、青海、湖北
低水平	山西、江西、黑龙江、吉林、陕西、河南	福建、江苏、河北、山东、宁夏、安徽、湖北、新疆、内蒙古、河南、辽宁、贵州、青海、四川、山西、陕西、江西、云南、湖南、甘肃、黑龙江、广西、吉林	内蒙古、河南、河北、贵州、陕西、辽宁、湖南、宁夏、江西、广西、山西、云南、四川、黑龙江、甘肃、吉林

中国科创金融生态系统信用环境指数呈现持续下行态势。2013—2022年监测数据显示，高水平组长期由北京、上海双城构成，未出现新增成员。中高水平组呈现“扩张—收缩—回升”的波动轨迹，从2013年天津、青海、海南等10省份缩减至2017年仅天津1市，2022年回升至重庆、天津双城结构。中低水平组演变更为剧烈：其构成省份从2013年的19个锐减至2017年的4个（重庆、海南、浙江、广州），2022年恢复至10个（东部6个省份、中西部各2个省份）；低水平组则从2013年的6个省份持续扩张至2017年的23个省份，2022年小幅回落至16个省份且集中在中西部地区。值得注意的是，在指数整体重心下移过程中，西部地区省份信用环境质量始终落后于东部地区，形成稳定性东西梯度差。

值得注意的是，部分经济强省在中低水平区间的反复暴露出发展不平衡问题。广东、浙江等省份在2017年首次跌入中低水平，暴露了其庞大经济规模背后科创金融生态的短板，例如中小型科创企业融资渠道受限、知识产权质押融资覆盖率不足等。而2022年江苏、山东等东部省份的加入，进一步凸显了区域内部量与质的脱节，这些地区亟须通过完善数字化征信体系、加强金融监管标准化来弥补信用环境短板。低水平区域则呈现出固化特征，东北三省及西部省份长期处于末端。吉林、黑龙江等地的困境与其传统产业结构紧密相关，资源型经济转型缓慢导致科创企业基数薄弱，叠加金融机构数字化转型滞后、信用担保机制缺失等问题，形成恶性循环。值得注意的是，陕西、河南等人口大省在十年之间从中低水平反复滑落至低水平，反映出政策落地效能不足，例如科技贷款贴息未能有效渗透至基层创新主体。从区域联动视角来看，三大城市群的对比尤为明显。在京津冀地区，北京作为“强核”与天津、河北形成梯度落差；长三角地区虽整体占优，但浙江、安徽的波动表明区域金融协同尚未突破行政壁垒；而成渝地区双城经济圈中重庆的逆势上升，则印证了国家发展战略对区域信用环境的拉动效应。这种分化趋势提示，未来需通过跨区域信用数据共享、风险共担机制等打破地域割裂，例如建立长三角地区征信信息互通平台，或针对东北地区设立科创金融风险补偿基金。总体而言，中国科创金融生态系统信用环境的优化既需要顶层设计的全局统筹，也离不开区域特色化改革的精准发力。

4.2.3.4 法律环境指数

2013—2022年中国科创金融生态系统法律环境指数及其总增长速度和年均复合增长率计算结果如表4-13所示。

表4-13 2013—2022年科创金融生态金法律环境指数及其增速

区域	2013年	2014年	2015年	2016年	2017年	2018年	2019年	2020年	2021年	2022年	总增速/%	年均复合增速/%
上海	2.09	2.12	2.05	1.52	1.71	1.90	1.69	1.72	2.14	2.20	5.26	0.51
北京	1.97	1.98	1.78	1.48	1.64	1.58	1.80	1.50	2.17	2.21	12.18	1.16
天津	1.23	1.04	1.10	1.07	1.27	1.35	1.17	1.19	1.88	1.97	60.16	4.82
山东	2.08	1.92	2.03	1.56	1.52	1.66	1.52	1.72	2.14	2.22	6.73	0.65
广东	2.40	2.35	2.28	1.81	1.92	1.90	1.88	1.99	2.25	2.34	−2.50	−0.25
江苏	2.16	2.21	2.04	1.72	1.76	1.88	1.66	1.90	2.14	2.21	2.31	0.23
河北	1.28	1.54	1.31	1.13	1.13	1.40	1.42	0.81	1.69	1.67	30.47	2.70
浙江	2.31	2.18	2.20	1.65	1.63	1.71	1.73	1.63	2.02	2.11	−8.66	−0.90
海南	0.84	0.62	0.70	0.76	0.76	0.85	0.73	0.66	1.54	1.71	103.57	7.37

表4-13(续)

区域	2013 年	2014 年	2015 年	2016 年	2017 年	2018 年	2019 年	2020 年	2021 年	2022 年	总增速/%	年均复合增速/%
福建	2.05	1.80	1.96	1.47	1.55	1.71	1.37	1.52	2.01	2.06	0.49	0.05
辽宁	1.41	1.21	1.11	0.91	1.07	1.32	1.14	0.83	1.83	1.92	36.17	3.14
安徽	1.51	1.56	1.67	1.40	1.47	1.68	1.50	1.40	2.03	2.04	35.10	3.05
山西	0.82	0.75	0.93	0.79	0.87	1.13	0.67	0.63	1.70	1.74	112.20	7.81
江西	0.99	0.95	1.16	0.93	0.99	1.25	1.15	0.94	1.83	1.86	87.88	6.51
河南	1.82	1.72	1.75	1.07	1.24	1.40	1.27	0.95	1.93	1.99	9.34	0.90
湖北	2.03	1.92	1.73	1.42	1.40	1.53	1.21	1.08	1.79	1.92	-5.42	-0.56
湖南	1.38	1.34	1.39	1.13	1.26	1.35	1.21	1.21	1.94	1.95	41.30	3.52
吉林	0.86	0.82	0.87	0.58	0.84	0.89	0.84	0.81	1.71	1.75	103.49	7.36
黑龙江	1.06	1.02	0.94	0.74	0.87	0.80	0.82	0.75	1.89	1.91	80.19	6.07
云南	1.16	1.23	1.10	0.91	1.04	1.20	0.92	0.63	1.73	1.79	54.31	4.43
内蒙古	0.91	0.90	0.86	0.60	0.77	0.96	0.92	0.60	1.65	1.69	85.71	6.39
四川	1.55	1.68	1.52	1.23	1.33	1.57	1.26	1.20	1.96	2.03	30.97	2.73
宁夏	0.53	0.54	0.54	0.85	0.77	0.93	0.94	0.67	1.47	1.47	177.36	10.74
广西	1.21	1.21	1.10	0.76	0.86	0.88	0.82	0.71	1.75	1.85	52.89	4.34
新疆	1.02	1.01	0.99	0.74	0.65	0.76	0.69	0.68	1.83	1.87	83.33	6.25
甘肃	0.86	0.89	0.90	0.83	0.78	1.00	1.05	0.64	1.76	1.81	110.47	7.73
贵州	0.97	0.92	0.93	0.87	0.90	1.17	0.98	0.78	1.71	1.88	93.81	6.84
重庆	1.24	1.22	1.24	1.21	1.26	1.32	1.39	1.16	1.85	1.91	54.03	4.41
陕西	1.07	1.04	0.96	1.10	1.06	1.28	1.17	0.88	1.84	1.95	82.24	6.19
青海	0.38	0.48	0.43	0.53	0.59	0.90	0.91	0.70	1.56	1.62	326.32	15.60
东部	1.80	1.72	1.69	1.37	1.45	1.57	1.46	1.41	1.98	2.06	14.13	1.33
中部	1.31	1.26	1.31	1.01	1.12	1.25	1.08	0.97	1.85	1.90	44.79	3.77
西部	0.99	1.01	0.96	0.88	0.91	1.09	1.00	0.79	1.74	1.81	82.29	6.19
全国	1.37	1.34	1.32	1.09	1.16	1.31	1.19	1.06	1.86	1.92	39.96	3.42

我们基于科创金融生态系统法律环境指数测度值绘制成统计图，以直观反映中国科创金融生态系统法律环境指数变化情况，结果如图 4-10 所示。2021 年，中国法律环境指数呈现显著回升态势，年度同比增幅达 74.8%，指数值由基准年的 1.06 跃升至 1.85。纵向数据显示，该指数十年之间实现了 39.9%的累计增长，年均复合增长率 3.42%，但前七年持续下行趋势揭示出系统性制约因素。区域发展格局呈现差异化特征：东部地区表现出“高基数低增速”特征，长期维持在 1.4～1.6 区间波动。2021 年该区域以 1.98 的绝对优势继续保持领先地位，在深化司法体制改革推动下

实现41%的年度增幅，十年之间年均增长率稳定在1.4%，制度创新效能持续释放。中部地区展现突出的政策执行效率，2021年增速达90.7%，指数值从0.97快速提升至1.85，实现区域排位跃升，十年累计增幅44.8%，法治建设的追赶效应显著。西部地区虽以120.8%的增长率创下0.79~1.74的最大增幅记录，但2022年的指数值1.81仍低于全国均值0.11个单位，反映出法治基础设施存量不足与制度性历史欠账仍需系统补强。特别需要指出的是，前七年制约指数增长的系统性瓶颈在近三年改革中取得突破性进展，区域法治发展格局正从非均衡的“东强西弱”模式向协调型均衡结构转型。

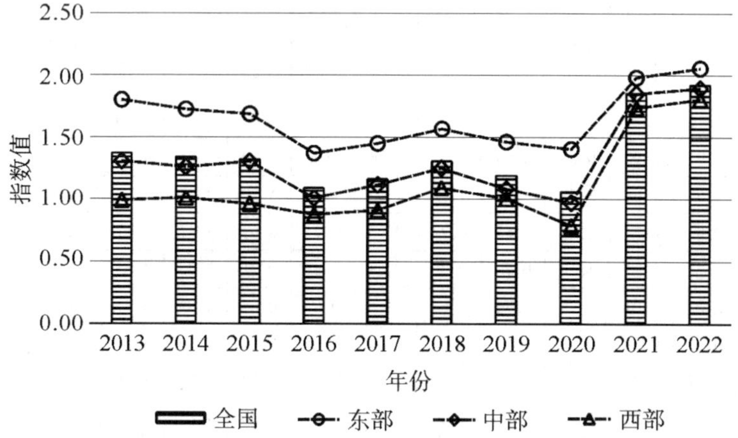

图4-10　2013—2022年中国科创金融生态系统法律环境指数动态变化

研究表明，2013—2022年中国科创金融生态系统法律环境指数呈现出鲜明的区域梯度特征，形成“东部领跑—中部跟进—西部追赶”的阶梯式发展格局。值得注意的是，西部地区在增长幅度与年均增长率两项关键指标上异军突起，其强劲动能昭示着该区域科创金融生态系统法律环境具备显著提升空间。反观东部地区，尽管维持着绝对优势地位，但增速呈现边际递减趋势，这客观印证了区域间梯度差异正在发生收敛性演变。

表4-14中的2013年度数据显示，全国13个省级行政区的科创金融生态系统法律环境指数超过全国均值。按得分从高到低排序依次为广东、浙江、江苏、上海、山东、福建、湖北、北京、河南、四川、安徽、辽宁及湖南。地域构成呈现“8+4+1”格局，即东部8个省份、中部4个省份和西部1个省份组成的优势省份群体，彰显东部与中部地区的政策建设优势。至2017年，达标省份增至14个，从高到低排名调整为广东、江苏、上海、

北京、浙江、福建、山东、安徽、湖北、四川、天津、湖南、重庆和河南。该阶段西部地区的法律优化效应显现，四川与重庆两省（市）跻身全国前列，东部8个省份与中部4个省份持续领跑，延续原有地域分布特征。在2022年评估周期内，达标省份数量上升至15个，核心成员保持高度稳定，广东、山东、江苏等传统优势省份继续领衔，配合9个东部省份与4个中部省份构成的“9+4”主力阵营，印证了区域法律建设的持续性。值得关注的是，虽然个别省份位次微调，但东部沿海与中部地区在科创金融生态系统法律环境建设中的核心地位始终未发生根本性改变。

表4-14 省域科创金融生态系统法律环境指数及其排名

排名	2013年		2017年		2022年	
	省份	指数值	省份	指数值	省份	指数值
1	广东	2.40	广东	1.92	广东	2.34
2	浙江	2.31	江苏	1.76	山东	2.22
3	江苏	2.16	上海	1.71	江苏	2.21
4	上海	2.09	北京	1.64	北京	2.21
5	山东	2.08	浙江	1.63	上海	2.20
6	福建	2.05	福建	1.55	浙江	2.11
7	湖北	2.03	山东	1.52	福建	2.06
8	北京	1.97	安徽	1.47	安徽	2.04
9	河南	1.82	湖北	1.40	四川	2.03
10	四川	1.55	四川	1.33	河南	1.99
11	安徽	1.51	天津	1.27	天津	1.97
12	辽宁	1.41	湖南	1.26	湖南	1.95
13	湖南	1.38	重庆	1.26	陕西	1.95
14	河北	1.28	河南	1.24	湖北	1.92
15	重庆	1.24	河北	1.13	辽宁	1.92
16	天津	1.23	辽宁	1.07	重庆	1.91
17	广西	1.21	陕西	1.06	黑龙江	1.91
18	云南	1.16	云南	1.04	贵州	1.88
19	陕西	1.07	江西	0.99	新疆	1.87

表4-14(续)

排名	2013 年		2017 年		2022 年	
	省份	指数值	省份	指数值	省份	指数值
20	黑龙江	1.06	贵州	0.90	江西	1.86
21	新疆	1.02	黑龙江	0.87	广西	1.85
22	江西	0.99	山西	0.87	甘肃	1.81
23	贵州	0.97	广西	0.86	云南	1.79
24	内蒙古	0.91	吉林	0.84	吉林	1.75
25	吉林	0.86	甘肃	0.78	山西	1.74
26	甘肃	0.86	内蒙古	0.77	海南	1.71
27	海南	0.84	宁夏	0.77	内蒙古	1.69
28	山西	0.82	海南	0.76	河北	1.67
29	宁夏	0.53	新疆	0.65	青海	1.62
30	青海	0.38	青海	0.59	宁夏	1.47
全国		1.37		1.16		1.92

为深度剖析中国省域科创金融生态系统法律环境的空间演变特征，本书选取 2013 年、2017 年及 2022 年省域科创金融生态系统法律环境指数值，以审图号为 GS【2024】0650 号的中国省级行政区划图为基础底图，借助 ArcGIS 软件绘制空间分布图，并开展聚类分析，最终形成省域统计（表 4-15），直观呈现其空间分布规律。

表 4-15　中国省域科创金融生态系统法律环境指数分类结果

等级	2013 年	2017 年	2022 年
高水平	广东、浙江、江苏、上海、山东、福建、湖北		广东、山东、江苏、北京、上海、浙江、福建、安徽、四川
中高水平	北京、河南、四川、安徽	广东、江苏、上海、北京、浙江、福建、山东	河南、天津、湖南、陕西、湖北、辽宁、重庆、黑龙江、贵州、新疆、江西、广西、甘肃、云南、吉林、山西、海南、内蒙古、河北、青海

表4-15(续)

等级	2013 年	2017 年	2022 年
中低水平	辽宁、湖南、河北、重庆、天津、广西、云南、陕西、黑龙江、新疆	安徽、湖北、四川、天津、湖南、重庆、河南、河北、辽宁、陕西、云南	四川、福建、新疆、重庆、青海、云南、河北、湖北、黑龙江、湖南
低水平	江西、贵州、内蒙古、吉林、甘肃、海南、山西、宁夏、青海	江西、贵州、黑龙江、山西、广西、吉林、甘肃、内蒙古、宁夏、海南、新疆、青海	宁夏

中国省域科创金融生态系统法律环境指数呈现显著的动态演进特征，表 4-15 的时序数据分析表明：2013 年指数分布呈现右偏特征，反映科创金融法治基础整体薄弱。在高水平组 7 个省份中，东部地区占据 6 席（广东、浙江、江苏、上海、山东、福建），仅湖北属中部地区；中高水平组形成“东部 1+中部 2+西部 1”的过渡形态，而中低及低水平组覆盖全国 61.3%的省级行政单位。2017 年指数均值下降 12.5%，区域失衡加剧：高水平组空缺，中高水平组完全由东部 7 个省份构成，中低与低水平组省份数量较 2013 年增长 41.2%，中西部占比达 87.5%。至 2022 年，指数均值较基期增长 38.6%，高水平组扩容至 9 个省份，安徽、四川首次入围打破区域垄断；中高水平组形成“东部 4+中部 8+西部 8”的均衡分布，覆盖范围较 2013 年扩大 5 倍，印证东、中、西部梯度差收敛态势。需特别指出的是，当前仍有 8 个省份处于中低水平组，揭示质量提升与均衡发展仍面临制度性障碍。数据演变表明，科创金融生态系统法律环境的区域协同发展机制已初步形成，但需通过差异化政策供给破解存量矛盾，构建可持续的制度优化路径。

4.2.3.5 人才环境指数

2013—2022 年中国科创金融生态系统人才环境指数及其总增长速度和年均复合增长率计算结果如表 4-16 所示。

表 4-16 2013—2022 年科创金融生态人才环境指数及其增速

区域	2013 年	2014 年	2015 年	2016 年	2017 年	2018 年	2019 年	2020 年	2021 年	2022 年	总增速/%	年均复合增速/%
上海	5.76	6.48	6.95	7.39	7.43	7.21	7.35	7.80	7.59	8.80	52.78	4.33
北京	5.66	6.64	7.30	8.14	8.48	9.23	10.49	10.98	10.60	12.32	117.67	8.09
天津	4.36	5.08	5.23	5.13	5.01	5.04	4.76	4.65	4.99	5.09	16.74	1.56

表4-16(续)

区域	2013 年	2014 年	2015 年	2016 年	2017 年	2018 年	2019 年	2020 年	2021 年	2022 年	总增速/%	年均复合增速/%
山东	6.36	8.27	9.09	9.38	9.26	9.30	9.44	10.08	11.46	13.14	106.60	7.53
广东	15.93	16.66	19.24	22.03	22.48	23.75	24.10	26.23	27.51	30.03	88.51	6.55
江苏	13.84	16.21	18.14	18.05	19.65	20.60	21.69	22.70	23.91	24.89	79.84	6.04
河北	2.49	2.56	2.70	3.06	3.37	3.35	3.82	4.29	4.57	4.99	100.40	7.20
浙江	6.83	8.54	11.77	12.72	14.43	15.70	17.46	18.13	16.36	17.75	159.88	10.02
海南	0.65	0.63	0.63	0.64	0.63	0.66	0.74	0.82	0.91	1.00	53.85	4.40
福建	3.63	3.74	3.88	3.86	4.00	4.37	4.50	4.76	5.30	5.79	59.50	4.78
辽宁	3.02	3.92	3.75	3.51	3.09	3.55	4.15	4.49	5.51	4.73	56.62	4.59
安徽	3.37	3.82	4.11	4.39	4.61	4.83	5.11	5.38	6.63	6.49	92.58	6.77
山西	2.07	2.18	2.17	2.29	2.43	2.49	2.55	2.80	3.25	3.23	56.04	4.55
江西	2.29	2.45	2.82	3.01	3.30	3.58	4.07	4.56	4.78	5.07	121.40	8.27
河南	4.46	5.04	5.35	5.63	5.61	5.71	6.28	6.67	7.41	7.40	65.92	5.19
湖北	5.48	6.41	7.10	6.55	6.85	7.24	8.01	8.58	9.43	9.14	66.79	5.25
湖南	3.37	3.46	3.64	3.68	3.87	4.18	4.43	4.82	5.50	5.64	67.36	5.28
吉林	1.68	1.87	2.82	2.70	2.65	2.45	2.70	3.00	3.14	3.21	91.07	6.69
黑龙江	2.22	1.94	2.60	2.02	2.00	2.00	2.06	2.35	2.86	3.43	54.50	4.45
云南	1.06	1.14	1.40	1.34	1.48	1.54	1.92	1.99	2.35	2.59	144.34	9.35
内蒙古	1.00	1.49	1.61	1.50	1.75	1.63	1.70	1.67	1.69	1.78	78.00	5.94
四川	3.58	6.13	5.37	5.49	5.52	5.61	6.44	7.35	7.75	8.49	137.15	9.02
宁夏	0.83	0.70	0.90	0.74	0.77	0.81	0.88	0.97	1.10	1.10	32.53	2.86
广西	1.40	1.52	1.48	1.60	1.68	1.85	2.03	2.42	2.62	3.05	117.86	8.10
新疆	0.58	0.72	1.23	0.70	0.71	0.86	0.92	1.14	1.42	1.75	201.72	11.68
甘肃	1.32	1.48	1.63	1.37	1.50	1.60	2.20	1.98	2.14	2.34	77.27	5.89
贵州	0.69	0.80	0.92	1.09	1.26	1.39	1.51	1.66	1.69	1.71	147.83	9.50
重庆	3.09	2.98	2.93	3.33	3.54	3.60	3.94	4.04	4.50	4.67	51.13	4.22
陕西	3.89	4.48	5.05	5.35	5.83	6.03	6.10	6.49	6.82	7.46	91.77	6.73
青海	0.40	0.62	0.67	0.73	0.97	1.23	1.31	1.26	1.24	1.41	252.50	13.43
东部	6.23	7.16	8.06	8.54	8.89	9.34	9.86	10.45	10.79	11.68	87.55	6.49
中部	3.12	3.40	3.83	3.78	3.92	4.06	4.40	4.77	5.38	5.45	74.86	5.75
西部	1.62	2.01	2.11	2.11	2.27	2.38	2.63	2.82	3.03	3.30	103.76	7.38
全国	3.71	4.27	4.75	4.91	5.14	5.38	5.76	6.14	6.50	6.95	87.31	6.48

我们绘制了科创金融生态系统人才环境指数变化图，以呈现中国科创金融生态系统人才环境指数的动态演变轨迹，详见图4-11。

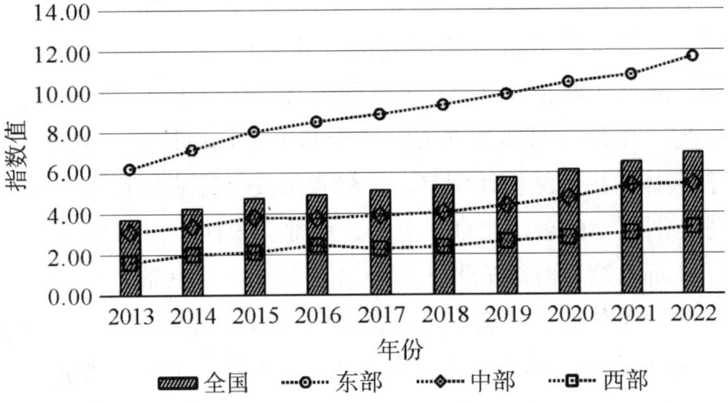

图 4-11　2013—2022 年中国科创金融生态系统人才环境指数动态变化

2013—2022 年，全国人才环境指数呈现持续增长态势，累计增幅达 87.3%，年均复合增长率达 6.48%，其中 2020 年后增速提升至年均 9.2%，但伴随着显著的区域异质性特征。东部地区呈现出显著的虹吸效应，其人才环境指数从基准期的 6.23 跃升至 11.68，累计增幅 87.5%，至 2022 年区域差异系数扩大至 4.73，头部区域优势格局趋于固化。中部地区展现稳步追赶态势，十年之间实现 74.86%的累计增长，年均复合增速 5.75%，特别是 2021 年 12.9%的同比增速凸显政策倾斜效应，但 2022 年 5.45 的指数值仍低于全国均值 1.50 个指数单位。值得关注的是，西部地区初始基数显著偏低，2013 年指数仅 1.62，虽在观测期内实现 103.8%的累计增幅，但至 2022 年其 3.30 的指数值仍与东部地区存在 3.5 倍的量级差距，实证研究表明该区域面临显著的人才逆流动阻滞效应。

研究数据表明，2013—2022 年中国科创金融生态系统人才环境指数呈现鲜明的阶梯式分布格局：东部地区占据显著优势，中部地区次之，西部地区相对薄弱。值得关注的是，西部地区在复合增长指标维度异军突起，其年均增长率与绝对增幅均领跑三大区域，折射出区域政策环境的优化前景，但受制于显著的基数效应制约，与东部地区发展差距的收敛曲线尚未形成明确拐点。反观中部地区，其增长动能呈现疲软态势，与东部区域的指数级差持续扩大，形成鲜明的发展“剪刀差”。

表 4-17 系统呈现了我国各省份科创金融生态系统人才环境指数的空间分布特征及其动态演进规律。数据分析表明，尽管三个观测年度中达到全国平均水平的省份数量稳定维持在 10 个，但其地理分布格局呈现显著的

空间重构特征。2013 年度数据显示，科创金融生态系统人才环境指数超越全国均值的省份按指数得分从高到低排列依次为广东、江苏、浙江、山东、上海、北京、湖北、河南、天津和陕西，其中东部省份占据主导地位（共计 7 个），中部与西部分别贡献 2 个和 1 个优质样本。值得注意的是，2017 年排名体系出现结构性调整，优势省份按得分从高到低排列更迭为广东、江苏、浙江、山东、北京、上海、湖北、陕西、河南和四川，区域分布呈现“东部收缩、西部扩张”态势（东部 6 个，中部 2 个，西部 2 个），标志着西部地区在人才环境建设方面取得突破性进展。进一步观察可见，至 2022 年优势省份名单稳定为广东、江苏、浙江、山东、北京、湖北、上海、四川、陕西和河南，区域分布延续“6+2+2”格局，但内部排序发生微调。纵向对比显示，2013—2022 年我国科创金融生态系统人才环境指数呈现空间锁定效应，省域竞争格局已形成稳定的核心—边缘结构。

表 4-17　省域科创金融生态系统人才环境指数及其排名

排名	2013 年		2017 年		2022 年	
	省份	指数值	省份	指数值	省份	指数值
1	广东	15.93	广东	22.48	广东	30.03
2	江苏	13.84	江苏	19.65	江苏	24.89
3	浙江	6.83	浙江	14.43	浙江	17.75
4	山东	6.36	山东	9.26	山东	13.14
5	上海	5.76	北京	8.48	北京	12.32
6	北京	5.66	上海	7.43	湖北	9.14
7	湖北	5.48	湖北	6.85	上海	8.80
8	河南	4.46	陕西	5.83	四川	8.49
9	天津	4.36	河南	5.61	陕西	7.46
10	陕西	3.89	四川	5.52	河南	7.40
11	福建	3.63	天津	5.01	安徽	6.49
12	四川	3.58	安徽	4.61	福建	5.79
13	安徽	3.37	福建	4.00	湖南	5.64
14	湖南	3.37	湖南	3.87	天津	5.09
15	重庆	3.09	重庆	3.54	江西	5.07

表4-17(续)

排名	2013 年		2017 年		2022 年	
	省份	指数值	省份	指数值	省份	指数值
16	辽宁	3.02	河北	3.37	河北	4.99
17	河北	2.49	江西	3.30	辽宁	4.73
18	江西	2.29	辽宁	3.09	重庆	4.67
19	黑龙江	2.22	吉林	2.65	黑龙江	3.43
20	山西	2.07	山西	2.43	山西	3.23
21	吉林	1.68	黑龙江	2.00	吉林	3.21
22	广西	1.40	内蒙古	1.75	广西	3.05
23	甘肃	1.32	广西	1.68	云南	2.59
24	云南	1.06	甘肃	1.50	甘肃	2.34
25	内蒙古	1.00	云南	1.48	内蒙古	1.78
26	宁夏	0.83	贵州	1.26	新疆	1.75
27	贵州	0.69	青海	0.97	贵州	1.71
28	海南	0.65	宁夏	0.77	青海	1.41
29	新疆	0.58	新疆	0.71	宁夏	1.10
30	青海	0.40	海南	0.63	海南	1.00
全国		3.71		5.14		6.95

本书选取2013年、2017年和2022年中国省级行政区的科创金融生态系统人才环境指数数据，基于国家审图号GS【2024】0650版行政区划底图，运用ArcGIS空间分析技术对人才环境指标进行空间可视化呈现，通过绘制人才环境指数分布热力图与实施聚类分析，系统揭示我国省域科创金融生态系统人才环境的空间演变特征及其集聚规律。具体分析结果详见表4-18。

表4-18　中国省域科创金融生态系统人才环境指数分类结果

等级	2013 年	2017 年	2022 年
高水平	广东、江苏、	广东、江苏、浙江	广东、江苏、浙江、山东、北京

表4-1(续)

等级	2013 年	2017 年	2022 年
中高水平	浙江、山东、上海、北京、湖北	山东、北京、上海、湖北、陕西、河南、四川、天津	湖北、上海、四川、陕西、河南、安徽、福建、湖南、天津、江西
中低水平	河南、天津、陕西、福建、四川、安徽、湖南、重庆、辽宁、河北、江西、黑龙江、山西	安徽、福建、湖南、重庆、河北、江西、辽宁、吉林、山西、黑龙江	河北、辽宁、重庆、黑龙江、山西、吉林、广西、云南、甘肃
低水平	吉林、广西、甘肃、云南、内蒙古、宁夏、贵州、海南、新疆、青海	内蒙古、广西、甘肃、云南、贵州、青海、宁夏、新疆、海南	内蒙古、新疆、贵州、青海、宁夏、海南

中国省域科创金融生态系统人才环境指数的时空演变研究显示，区域发展呈现显著的分层特征与动态演进规律。从地域分布来看，东、中、西部呈现梯度差异格局：2013 年高水平及中高水平人才环境指数集中于东部省份，广东、江苏凭借开放型经济与产业集群优势稳居第一梯队；中西部省份普遍处于中低水平区间，区域差距显著。至 2017 年出现局部突破，陕西、河南、四川等中西部省份通过“强省会”战略（如成渝地区双城经济圈建设）推动指数攀升，安徽依托合肥综合性国家科学中心实现从“中低”到“中高”的跨越。2022 年区域格局呈现新特征，浙江、山东、北京相继跻身高水平行列，中高水平省份数量较 2013 年翻倍至 10 个，覆盖范围向中西部延伸，但低水平区域（内蒙古、新疆等）仍呈现固化态势，边疆省份受制于地理条件与产业基础，人才环境改善有限。

区域差异的驱动机制呈现多元特征。东部沿海通过“人才—产业”良性循环持续领跑，如苏南国家自主创新示范区形成产学研融合生态；中西部呈现分化发展，湖北、河南借力高铁网络缩短人才流动壁垒，而山西等资源型省份受传统产业桎梏转型滞后。值得注意的是，政策效能差异显著，浙江的数字经济转型与山东的新旧动能转换形成对比性成功案例，但东北地区受人才外流影响难以突破中低水平瓶颈，天津则因京津冀协同发展的虹吸效应出现增速波动。

面向未来发展，优化路径需构建差异化协同机制。高水平区域应深化跨区合作，通过“飞地经济”促进技术溢出；中西部需聚焦比较优势定向突破，如内蒙古可围绕新能源产业链实施专项人才计划。针对低水平区域，应创新“人才飞地”机制并强化基础设施投入，避免政策同质化陷阱。全国层面需完善科创金融市场化生态，通过税收优惠和股权激励激活民营企业活力，推动区域发展模式从“单极引领”向“多元协同”转型，最终建立开放型、多层次的人才生态系统。

4.2.3.6　中介服务环境指数

2013—2022 年中国科创金融生态系统中介服务环境指数及其总增长速度和年均复合增长率计算结果如表 4-19 所示。

表 4-19　2013—2022 年科创金融生态中介服务环境指数及其增速

区域	2013 年	2014 年	2015 年	2016 年	2017 年	2018 年	2019 年	2020 年	2021 年	2022 年	总增速/%	年均复合增速/%
上海	3.32	4.11	4.50	4.63	4.84	4.80	4.94	5.22	5.29	5.42	63.25	5.02
北京	5.38	6.72	6.93	7.06	7.18	7.21	7.67	7.46	7.21	7.27	35.13	3.06
天津	2.50	2.81	3.04	3.08	2.98	3.04	3.07	3.24	3.38	3.44	37.60	3.24
山东	2.85	4.80	5.21	5.45	5.71	5.77	6.05	6.13	6.21	6.21	117.89	8.10
广东	3.29	5.03	5.54	6.13	6.87	6.88	8.19	8.83	9.49	9.60	191.79	11.30
江苏	5.30	7.76	8.20	8.82	9.24	9.26	10.62	11.31	12.12	12.19	130.00	8.69
河北	1.21	1.81	2.08	2.17	2.27	2.41	3.03	3.45	3.64	3.85	218.18	12.27
浙江	3.49	4.58	5.00	5.12	5.33	5.36	5.72	6.22	6.59	6.86	96.56	6.99
海南	0.40	0.38	0.19	0.24	0.18	0.25	0.60	0.75	0.89	1.04	160.00	10.03
福建	1.61	2.06	2.15	2.15	2.20	2.22	2.55	2.78	2.87	3.12	93.79	6.84
辽宁	2.36	2.77	2.74	2.79	2.76	2.78	3.10	3.21	3.30	3.31	40.25	3.44
安徽	1.63	2.37	2.18	2.30	2.49	2.52	3.01	3.44	4.03	4.40	169.94	10.44
山西	0.69	0.95	1.10	1.16	1.28	1.38	1.65	1.79	1.87	1.86	169.57	10.42
江西	0.67	1.04	1.38	1.58	1.66	1.75	2.08	2.31	2.47	2.62	291.04	14.61
河南	1.20	1.56	1.87	2.05	2.15	2.30	2.66	2.99	3.43	3.64	203.33	11.74
湖北	2.13	2.94	3.14	3.30	3.29	3.41	4.14	4.54	4.90	4.37	105.16	7.45
湖南	1.19	1.72	1.86	1.88	1.84	1.91	2.33	2.51	2.69	2.65	122.69	8.34
吉林	1.01	1.68	1.96	1.98	2.05	2.09	2.29	2.42	2.58	2.67	164.36	10.21
黑龙江	1.58	1.83	1.90	1.92	2.05	2.06	2.15	2.39	2.35	2.55	61.39	4.90
云南	0.77	1.02	1.03	1.06	1.11	1.16	1.73	1.84	2.02	2.18	183.12	10.97
内蒙古	0.38	0.48	0.52	0.67	0.67	0.73	0.97	1.03	1.00	1.04	173.68	10.59
四川	1.59	2.96	3.14	3.24	3.37	3.38	3.78	4.10	4.41	4.56	186.79	11.11
宁夏	0.14	0.41	0.39	0.51	0.70	0.81	1.01	0.52	0.26	0.26	85.71	6.39
广西	0.86	1.18	1.20	1.28	1.33	1.40	1.75	2.01	2.25	2.43	182.56	10.95
新疆	0.53	0.85	1.05	1.03	1.13	1.16	1.62	1.74	2.14	2.25	324.53	15.56

表4-19(续)

区域	2013 年	2014 年	2015 年	2016 年	2017 年	2018 年	2019 年	2020 年	2021 年	2022 年	总增速/%	年均复合增速/%
甘肃	0.58	0.91	1.13	1.31	1.56	1.71	1.84	2.06	2.20	2.41	315.52	15.31
贵州	0.33	0.36	0.37	0.40	0.53	0.66	1.24	1.58	1.98	2.49	654.55	22.40
重庆	1.41	1.79	1.83	1.87	1.92	1.96	2.46	2.75	3.08	3.33	136.17	8.97
陕西	2.24	3.03	3.15	3.28	3.39	3.41	3.60	3.78	3.75	4.10	83.04	6.23
青海	0.21	0.31	0.35	0.40	0.44	0.56	1.06	1.28	1.51	1.79	752.38	23.90
东部	2.88	3.89	4.14	4.33	4.51	4.54	5.05	5.33	5.54	5.66	96.50	6.99
中部	1.26	1.76	1.92	2.02	2.10	2.18	2.54	2.80	3.04	3.10	145.15	9.38
西部	0.82	1.21	1.29	1.37	1.47	1.54	1.91	2.06	2.24	2.44	196.90	11.50
全国	1.70	2.34	2.50	2.63	2.75	2.81	3.23	3.46	3.66	3.80	124.01	8.40

为反映中国科创金融生态系统中介服务环境指数变化情况，我们将科创金融生态系统中介服务环境指数测度值绘制成统计图，见图4-12。

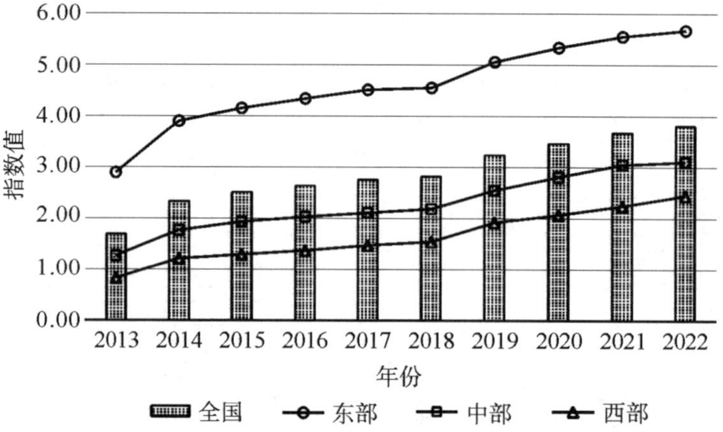

图4-12　2013—2022年中国科创金融生态系统中介服务环境指数动态变化

全国中介服务指数呈现持续增长态势，十年累计增幅达124.01%，年均复合增长率8.4%，其中2019年后增速显著提升至年均12.5%，彰显服务业经济转型成效。区域发展呈现显著的异质性特征：东部地区依托专业化服务生态体系实现主导性发展，指数值从基准期的2.88跃升至5.66，累计增幅96.5%，年均复合增长率6.99%。2022年该区域差异值扩大至1.87。值得注意的是，该区域会计、法律及管理咨询等知识密集型服务业占比突破65%，但增速为全国最低水平。中部地区呈现U形复苏曲线，2016—2019年陷入2~2.5增长平台期，经政策刺激后2020年起恢复增长动能，2019—2022 年实现 14.2%的增速（2.54→3.10），十年累计增幅达 145.1%。然而其内部产业结构性失衡问题突出，生产性服务业占比仍低于 40%。西部地区展现爆发式增长特征，自 2019 年突破 2.0 阈值后进入加速通道，十年累计增幅 196.9%。至 2022 年指数值已达 2.44，相当于中部地区 2018 年发展水平，其中物流仓储、电子商务等基础性服务业占比高达 78%，成为区域经济新增长极。

表 4-20 系统展示了 2013—2022 年各省份科创金融生态系统中介服务环境指数及其排名演变，清晰揭示了该系统的空间分异特征与演进规律。2013 年，在科创金融生态系统中介服务环境指数超过全国平均水平的 10 个省份中，北京以显著优势领跑全国，江苏、浙江等东部沿海省份形成强势集群，与上海、广东共同构成前十强主力，其中东部地区占据八席，中西部仅湖北、陕西入围，呈现出"东强西弱"的典型分布。至 2017 年，优势阵营微调扩容，科创金融生态系统中介服务环境指数超过全国平均水平的省份增加至 11 个，四川新晋入榜形成东西联动格局，东部 8 省持续领跑，西部省份增至 2 个，初步展现出区域协调发展的态势。值得注意的是，2022 年科创金融生态系统中介服务环境指数超过全国平均水平的省份虽维持在 11 个，但呈现出结构性变化：安徽、河北异军突起取代天津、辽宁，区域分布更趋均衡——东部仍以 7 个省份主导，中部实现席位倍增，西部维持 2 个省份优势。这种"东部引领，中西部追赶"的梯度发展模式，既彰显了长三角地区、珠三角地区等经济极的辐射效应，也暴露出内陆省份在金融中介服务体系建设中的提质空间。

表 4-20 省域科创金融生态系统中介服务环境指数及其排名

排名	2013 年		2017 年		2022 年	
	省份	指数值	省份	指数值	省份	指数值
1	北京	5.38	江苏	9.24	江苏	12.19
2	江苏	5.30	北京	7.18	广东	9.60
3	浙江	3.49	广东	6.87	北京	7.27
4	上海	3.32	山东	5.71	浙江	6.86
5	广东	3.29	浙江	5.33	山东	6.21
6	山东	2.85	上海	4.84	上海	5.42
7	天津	2.50	陕西	3.39	四川	4.56

表4-20(续)

排名	2013 年		2017 年		2022 年	
	省份	指数值	省份	指数值	省份	指数值
8	辽宁	2.36	四川	3.37	安徽	4.40
9	陕西	2.24	湖北	3.29	湖北	4.37
10	湖北	2.13	天津	2.98	陕西	4.10
11	安徽	1.63	辽宁	2.76	河北	3.85
12	福建	1.61	安徽	2.49	河南	3.64
13	四川	1.59	河北	2.27	天津	3.44
14	黑龙江	1.58	福建	2.20	重庆	3.33
15	重庆	1.41	河南	2.15	辽宁	3.31
16	河北	1.21	黑龙江	2.05	福建	3.12
17	河南	1.20	吉林	2.05	吉林	2.67
18	湖南	1.19	重庆	1.92	湖南	2.65
19	吉林	1.01	湖南	1.84	江西	2.62
20	广西	0.86	江西	1.66	黑龙江	2.55
21	云南	0.77	甘肃	1.56	贵州	2.49
22	山西	0.69	广西	1.33	广西	2.43
23	江西	0.67	山西	1.28	甘肃	2.41
24	甘肃	0.58	新疆	1.13	新疆	2.25
25	新疆	0.53	云南	1.11	云南	2.18
26	海南	0.40	宁夏	0.70	山西	1.86
27	内蒙古	0.38	内蒙古	0.67	青海	1.79
28	贵州	0.33	贵州	0.53	内蒙古	1.04
29	青海	0.21	青海	0.44	海南	1.04
30	宁夏	0.14	海南	0.18	宁夏	0.26
全国		1.70		2.75		3.80

本书选取2013年、2017年和2022年三个时间断面中国省域科创金融生态系统中介服务环境指标数据，以国家基础地理信息中心审定的省级行

政区划图（GS【2024】0650 号）为空间基底，运用 ArcGIS 软件刻画中介服务环境的空间分布状况并进行聚类分析，进而揭示其时空演化规律与梯度扩散效应。相关空间分布格局及聚类分析结果详见表 4-21。

表 4-21　中国省域科创金融生态系统中介服务环境指数分类结果

等级	2013 年	2017 年	2022 年
高水平	北京、江苏	江苏、北京、广东、山东、浙江	江苏、广东、北京、浙江、山东、上海
中高水平	浙江、上海、广东、山东、天津、辽宁、陕西、湖北	上海、陕西、四川、湖北、天津、辽宁、安徽、河北、福建、河南、黑龙江、吉林	四川、安徽、湖北、陕西、河北、河南、天津、重庆、辽宁、福建、吉林、湖南、江西、黑龙江、贵州、广西、甘肃、新疆、云南
中低水平	安徽、福建、四川、黑龙江、重庆、河北、河南、湖南、吉林	重庆、湖南、江西、甘肃、广西、山西、新疆、云南	云南、山西、青海、内蒙古、海南
低水平	广西、云南、山西、江西、甘肃、新疆、海南、内蒙古、贵州、青海、宁夏	宁夏、内蒙古、贵州、青海、海南	宁夏

根据 2013 年、2017 年和 2022 年中国省域科创金融生态系统中介服务环境指数的聚类结果，中国省域科创金融生态系统中介服务环境指数呈现出显著的地域差异，具体表现为东部省份指数较高，而中西部省份则相对较低。2013 年，高水平组为北京和江苏两地，中高水平及以上中介服务环境指数除陕西、湖北外，均为东部省份，如浙江、上海、广东、山东等；中西部省份则普遍归属于中低水平或低水平组，彰显了区域中介服务环境的显著差异。2017 年，该态势出现了一定程度的调整。尽管高水平组仍集中为江苏、北京、广东、山东、浙江等 5 个东部城市，但值得注意的是，四川、安徽及河南等中西部省份的人才环境指数有所攀升，标志着这些地区在科创金融生态系统的中介服务环境建设领域取得了积极进展。然而，从全局视角审视，大部分中西部省份依然处于低水平区域，揭示出中西部地区与东部地区之间的能力鸿沟依然存在。2022 年，高水平组再添东部上海一城市；中高水平组出现了大幅度扩容，由 2017 年的 12 个增加到了 19 个，其中，西部省份 8 个、中部省份 7 个、东部省份 4 个；中低水平以下

区域仍以西部省份为主。由此可知，尽管部分省份的中介服务环境指数排名出现了动态变化，但东部省份优势显著、中西部省份相对滞后的总体格局并未发生根本性逆转。这一现象表明，尽管中西部地区在中介服务环境质量上实现了一定程度的提升，但与东部地区在中介服务环境上的深层次差距尚未得到根本性的弥合。综上所述，中国省域科创金融生态系统中介服务环境指数的地域分布特征依然鲜明，呈现出东部高、中西部低的典型态势。尽管中西部地区在推动中介服务环境改善上有所作为，但与东部地区的明显差距仍亟待通过进一步的策略与努力来逐步缩小。

5　科创金融生态环境影响科技创新的实证检验

5.1　微观机理：动态演化博弈模型

5.1.1　科创金融生态系统的动态演化博弈模型适用性分析

在科创金融生态系统中，政府、金融机构与科创企业构成相互依存、动态演化的协同网络。政府作为政策引导者，通过财政补贴、税收优惠和风险补偿等工具调节市场；金融机构作为资金供给方，需平衡科创企业的高风险与长期收益；科创企业则依赖外部资源实现技术突破与产业化。三者的利益诉求既存在推动创新增长等一致性目标，又存在风险分担与收益分配等短期冲突，因此，可基于演化博弈理论的群体策略动态调整框架展开分析，具体适用性可从以下三个方面进行阐述。

5.1.1.1　科创金融生态具有强不确定性与适应性

技术研发周期长、市场前景模糊等特性，使得三方策略需随技术成熟度、政策调整及市场反馈不断迭代。例如，政府可能根据早期企业存活率动态调整补贴力度，金融机构依据阶段性研发成果逐步放宽信贷条件，企业则基于资金可得性调整研发投入强度。

5.1.1.2　三方互动存在策略依存与反馈回路

政府的监管强度影响金融机构的风险偏好，金融机构的融资条款制约企业的创新节奏，而企业的创新绩效又会反向塑造政策工具的有效性评估标准，形成非线性相互作用。动态演化博弈通过复制者动态方程等工具，能刻画策略选择的渐进调适过程。

5.1.1.3 主体的有限理性与学习机制更贴近现实

相较于传统博弈论的完全理性假设，演化博弈强调主体通过试错学习、模仿优势策略实现行为优化，这更符合政府政策试点的渐进性、金融机构的风险认知滞后性以及科创企业的决策试错特征。例如，金融机构可能从同行成功案例中学习“投贷联动”模式，政府通过区域性试点优化政策组合，企业则模仿行业领先者的融资策略。

因此，本部分通过构建包含策略空间、收益矩阵与演化路径的博弈模型，可揭示三者博弈的稳定均衡条件及相变阈值的变化。例如，当政府风险补偿比例超过临界值时，金融机构的“惜贷”倾向将显著降低；而企业研发成功率与知识产权质押制度的协同优化，可能触发系统向“高投入—高支持”均衡跃迁。这种分析方法为设计激励相容机制、破解“市场失灵”与“政策滞后”矛盾提供了微观理论基础。

5.1.2 科创金融生态系统的主体博弈策略空间界定

博弈三方主体分别为：地方政府(G)、金融机构(F)、科创企业(E)。

在科技创新活动中，地方政府面临“高支持”和“低支持”两种策略选择，即地方政府的策略集为 $S_G=\{$高支持(H_G)，低支持$(L_G)\}$。其中，“高支持”指地方政府对科技创新主动作为，积极出台支持政策，改善科创环境，如为企业的科技创新活动直接提供高额研发补贴（θ_H）、减免税收（α），建全金融机构支持科创活动的风险共担机制（ρ_H），以及重视技术孵化、加强知识产权保护、提升研发成功率等；“低支持”指地方政府被动响应，不出台专项制度，仅提供常规的基础补贴（θ_L），对金融机构的科技创新活动支持不进行风险补偿等。地方政府的策略比例为 x（$x\in[0,1]$），其中，选择“高支持”比例为 x，选择“低支持”比例为 $1-x$。

在科技创新活动中，金融机构面临“积极投资”和“保守投资”两种策略选择，即金融机构的策略集为 $S_F=\{$积极投资(A_F)，保守投资$(C_F)\}$。其中，“积极投资”指金融机构加大对企业科创活动的金融支持力度，放宽科创企业融资条件，如执行低利率政策（r_A）、提供高授信额度（Q_A），同时参与“投贷联动”，进行股权投资（γ）；“保守投资”指考虑到自身投资偏好与科创企业特点不匹配以及政策落实不到位等因素，金融机构对科创金融业务消极对待，不创新科创金融产品、不提供科创金融服务，同时还提高科创企业融资门槛，如实施高利率（r_C）、降低授信额度（Q_C）、提高抵押要求等。金融机构的策略比例为y（$y\in[0, 1]$），其中，选择“积极投资”比例为y，选择“保守投资”比例为$1-y$。

在科技创新活动中，科创企业面临“高研发投入”和“低研发投入”两种策略选择，即科创企业的策略集为$S_E=\{$高研发投入(H_E)，低研发投入$(L_E)\}$。其中“高研发投入”指科创企业愿意承担高风险、投入大（β_H）、主动选择周期长的突破性创新项目，获得技术垄断成为行业领袖，在实现自身发展壮大的同时推动区域创新能力提升、产业结构升级及经济高质量发展，符合地方政府制定科创战略的初衷；“低研发投入”指企业选择维持生存性的研发投入规模，仅愿意选择投入少（β_L）、变现快、低风险的创新项目。科创企业的策略比例为z（$z\in[0, 1]$），其中，选择“高研发投入”策略比例为z，“低研发投入”策略比例为$1-z$。

三方博弈主体的目的是达到最优均衡。利益三方需要搜集、甄别并使用大量信息来判断其他利益方的策略选择，并通过不断调整自己的策略选择，最终经过多次博弈实现最优均衡。根据博弈三方策略选择的影响因素，定义动态演化博弈模型中参数符号和含义，见表5-1。

表5-1 三方动态演化博弈模型中参数符号和含义

参数	符号	说明
政府高支持补贴	θ_H	企业高研发时的政府补贴
政府低支持补贴	θ_L	企业低研发时的政府补贴
税收比例	α	企业成功时政府税收比例
风险补偿比例	ρ_H	政府高支持时补偿金融机构损失的比例
积极贷款利率	r_A	金融机构积极投资时的利率
保守贷款利率	r_C	金融机构保守投资时的利率
积极贷款额度	Q_A	金融机构积极投资时的授信额度
保守贷款额度	Q_C	金融机构保守投资时的授信额度
参股比例	γ	金融机构积极投资时的投贷联动参股比例
企业高研发投入	β_H	企业选择高研发时的资金投入
企业低研发投入	β_L	企业选择低研发时的资金投入

表5-1(续)

参数	符号	说明
高研发成功率	$1-\delta_H$	企业高研发成功的概率
低研发成功率	$1-\delta_L$	企业低研发成功的概率
企业收益	V_E	创新成功时企业价值增值
创新收益乘数	η	企业成功时收益为研发投入的倍数

假设三方策略组合为（s_G，s_F，s_E），每个主体有两种策略选择，总共有 8 种策略组合，每种策略组合及其解释如表 5-2 所示。

表 5-2　三方动态演化博弈模型中的策略组合

策略组合	说明
（H_G，A_F，H_E）	政府高支持、金融机构积极投资、企业高研发投入
（H_G，A_F，L_E）	政府高支持、金融机构积极投资、企业低研发投入
（H_G，C_F，H_E）	政府高支持、金融机构保守投资、企业高研发投入
（H_G，C_F，L_E）	政府高支持、金融机构保守投资、企业低研发投入
（L_G，A_F，H_E）	政府低支持、金融机构积极投资、企业高研发投入
（L_G，A_F，L_E）	政府低支持、金融机构积极投资、企业低研发投入
（L_G，C_F，H_E）	政府低支持、金融机构保守投资、企业高研发投入
（L_G，C_F，L_E）	政府低支持、金融机构保守投资、企业低研发投入

5.1.3　博弈主体收益矩阵

5.1.3.1　主体收益函数构造

在构造三方博弈主体收益函数的过程中，必须综合考量政策效应、风险共担与创新收益之间的平衡。本书将分别对政府收益、金融机构收益以及科创企业收益进行阐释。

鉴于科技创新的重要性，政府采取财政补贴或承担创新失败风险的措施是必要的，这些措施可视为政府的创新成本。政府的直接收益主要体现在企业成功后的税收收入增长，以及就业率提升、经济增长等间接效益。本书采用政府直接收益与创新成本之间的差额来衡量政府的创新收益（π_G），如式

（5-1）所示。

$$\pi_G(s_G, s_F, s_E) = \begin{cases} T \cdot (1 - \delta_E) - C_G & (\text{企业成功}) \\ -C_G & (\text{企业失败}) \end{cases} \tag{5-1}$$

其中，T 为企业创新成功为政府带来的税收，$T = \alpha \cdot V_E$（V_E 为企业价值）；C_G为政府的创新成本，涵盖了补贴和承担的潜在损失，$C_G = \theta + \rho \cdot L_F$（$L_F$ 为金融机构潜在损失）。

同理，金融机构的直接收益（π_F）可以表示为贷款利息收入与股权增值之和减去贷款损失［见式（5-2）］。当企业创新成功时，金融机构不仅能收回贷款本金，还能获得利息收入和股权增值；而当企业创新失败时，金融机构则面临贷款无法回收的风险。因此，金融机构在参与科创活动时，也会权衡贷款损失与潜在收益，从而制定合理的贷款策略和投贷联动策略。

$$\pi_F(s_G, s_F, s_E) = \begin{cases} r \cdot Q + \gamma \cdot V_E - L_F & (\text{企业成功}) \\ -L_F + \rho \cdot L_F & [\text{企业失败(含政府补偿)}] \end{cases} \tag{5-2}$$

其中，$r \cdot Q$ 代表金融机构通过贷款业务获得的利息收入；$\gamma \cdot V_E$ 为金融机构参与投贷联动时实现的股权增值；L_F 为坏账损失，$L_F = Q \cdot \delta_E$。

科创企业的直接收益（π_E），即企业通过创新活动获得的经济利益，可以具体地表示为创新成功所带来的市场收益与企业在研发过程中所投入的成本之间的差额，具体如式（5-3）所示。

$$\pi_E(s_G, s_F, s_E) = \begin{cases} V_E - C_E & (\text{企业成功}) \\ -C_E & (\text{企业失败}) \end{cases} \tag{5-3}$$

其中，V_E 为科创企业创新成功后的经济回报，计算方法为 $V_E = \eta \cdot \beta$；C_E 为科创企业研发成本，包括自主的研发投入和必须支付的贷款利息，计算方法为 $C_E = \beta + r \cdot Q - \theta$。

5.1.3.2 各策略组合下主体收益计算

针对每一策略组合，通过代入各参与主体的收益函数［见式（5-1）、式（5-2）、式（5-3）］进行三方收益的计算。以企业收益（π_F）为例，本书详细阐述其计算步骤。具体地，首先，将式（5-3）中的 V_E、C_E 以相关参数进行替换，替换后如式（5-4）所示。

$$\pi_E(s_G, s_F, s_E) = \begin{cases} \eta \cdot \beta - (\beta + r \cdot Q) & [\text{成功概率}(1 - \delta)] \\ -(\beta + r \cdot Q - \theta) & (\text{失败概率 } \delta) \end{cases} \tag{5-4}$$

其中，参数取值取决于策略选择：若企业选择“高研发投入”策略 H_E，则 $\beta=\beta_H$、$\delta=\delta_H$；若金融机构选择“积极投资”策略 A_F，则 $r=r_A$、$Q=Q_A$；若政府选择“高支持”策略 H_G，企业可能获得补贴 θ_H，需在成本项中扣除，即 $C_E=\beta+r\cdot Q-\theta_H$。

接着，本书选取策略组合（H_G，A_F，H_E）作为分析对象，以计算在该策略框架下企业的收益 $\pi_E(H_G, A_F, H_E)$。在此策略中，政府采取了“高支持”策略、金融机构实施了“积极投资”策略、企业采纳了“高研发投入”策略，因此，$\theta=\theta_H$、$r=r_A$、$Q=Q_A$、$\beta=\beta_H$、$\delta=\delta_H$。将这些参数代入模型，即可求得该策略下的企业收益。

$$V_E=\eta\beta_H$$

$$C_E=\beta_H+r_A Q_A-\theta_H$$

$$\begin{aligned}\pi_E(H_G, A_F, H_E)&=[V_E-(\beta_H+r_A Q_A-\theta_H)]\cdot(1-\delta_H)+\\&\quad[-(\beta_H+r_A Q_A-\theta_H)]\cdot\delta_H\\&=\eta\beta_H(1-\delta_H)-(\beta_H+r_A Q_A-\theta_H)\end{aligned}\tag{5-5}$$

参照上述方法，我们可以计算出每个策略下的三方主体收益，形成三方利益相关者博弈的收益矩阵，如表 5-3 所示。

表 5-3　三方利益相关者博弈的收益矩阵

策略组合	企业收益（π_E）	金融机构收益（π_F）	政府收益（π_G）
(H_G, A_F, H_E)	$\eta\beta_H(1-\delta_H)-(\beta_H+r_A Q_A-\theta_H)$	$r_A Q_A(1-\delta_H)+\gamma\eta\beta_H(1-\delta_H)-Q_A\delta_H(1-\rho_H)$	$\alpha\eta\beta_H(1-\delta_H)-(\theta_H+\rho_H Q_A\delta_H)$
(H_G, A_F, L_E)	$\eta\beta_L(1-\delta_L)-(\beta_L+r_A Q_A-\theta_L)$	$r_A Q_A(1-\delta_L)+\gamma\eta\beta_L(1-\delta_L)-Q_A\delta_L(1-\rho_H)$	$\alpha\eta\beta_L(1-\delta_L)-(\theta_L+\rho_H Q_A\delta_L)$
(H_G, C_F, H_E)	$\eta\beta_H(1-\delta_H)-(\beta_H+r_C Q_C-\theta_H)$	$r_C Q_C(1-\delta_H)+\gamma\eta\beta_H(1-\delta_H)-Q_C\delta_H(1-\rho_H)$	$\alpha\eta\beta_H(1-\delta_H)-(\theta_H+\rho_H Q_C\delta_H)$
(H_G, C_F, L_E)	$\eta\beta_L(1-\delta_L)-(\beta_L+r_C Q_C-\theta_L)$	$r_C Q_C(1-\delta_L)+\gamma\eta\beta_L(1-\delta_L)-Q_C\delta_L(1-\rho_H)$	$\alpha\eta\beta_L(1-\delta_L)-(\theta_L+\rho_H Q_C\delta_L)$
(L_G, A_F, H_E)	$\eta\beta_H(1-\delta_H)-(\beta_H+r_A Q_A-\theta_L)$	$r_A Q_A(1-\delta_H)+\gamma\eta\beta_H(1-\delta_H)-Q_A\delta_H$	$\alpha\eta\beta_H(1-\delta_H)-\theta_L$
(L_G, A_F, L_E)	$\eta\beta_L(1-\delta_L)-(\beta_L+r_A Q_A-\theta_L)$	$r_A Q_A(1-\delta_L)+\gamma\eta\beta_L(1-\delta_L)-Q_A\delta_L$	$\alpha\eta\beta_L(1-\delta_L)-\theta_L$
(L_G, C_F, H_E)	$\eta\beta_H(1-\delta_H)-(\beta_H+r_C Q_C-\theta_L)$	$r_C Q_C(1-\delta_H)+\gamma\eta\beta_H(1-\delta_H)-Q_C\delta_H$	$\alpha\eta\beta_H(1-\delta_H)-\theta_L$

表5-3(续)

策略组合	企业收益（π_E）	金融机构收益（π_F）	政府收益（π_G）
(L_G, C_F, L_E)	$\eta\beta_L(1-\delta_L)-(\beta_L+r_C Q_C-\theta_L)$	$r_C Q_C(1-\delta_L)+\gamma\eta\beta_L(1-\delta_L)-Q_C\delta_L$	$\alpha\eta\beta_L(1-\delta_L)-\theta_L$

5.1.3.2 三方主体策略期望收益计算

在动态演化博弈模型中，政府、金融机构与科创企业的策略期望收益由其在所有可能策略组合下的期望收益决定。通过表5-3可进一步计算出政府、金融机构和科创企业的策略期望收益及其平均策略期望收益。

（1）计算政府策略期望收益

政府选择“高支持”策略时，遍历金融机构与企业策略组合，加权计算其期望收益，并命名为“高支持策略期望收益”，用f_{H_G}表示。

$$f_{H_G}=y\cdot z\cdot\pi_G(H_G, A_F, H_E)+y\cdot(1-z)\cdot\pi_G(H_G, A_F, L_E)+(1-y)\cdot z\cdot\pi_G(H_G, C_F, H_E)+(1-y)\cdot(1-z)\cdot\pi_G(H_G, C_F, L_E) \tag{5-6}$$

进一步带入$\pi_G(H_G, A_F, H_E)$、$\pi_G(H_G, A_F, L_E)$、$\pi_G(H_G, C_F, H_E)$、$\pi_G(H_G, C_F, L_E)$的收益表达式，即可得到f_{H_G}的最终结果：

$$\begin{aligned}f_{H_G}=&y\cdot z\cdot[\alpha\eta\beta_H(1-\delta_H)-(\theta_H+\rho_H Q_A\delta_H)]\\&+y\cdot(1-z)\cdot[\alpha\eta\beta_L(1-\delta_L)-(\theta_L+\rho_H Q_A\delta_L)]\\&+(1-y)\cdot z\cdot[\alpha\eta\beta_H(1-\delta_H)-(\theta_H+\rho_H Q_C\delta_H)]\\&+(1-y)\cdot(1-z)\cdot[\alpha\eta\beta_L(1-\delta_L)-(\theta_L+\rho_H Q_C\delta_L)]\end{aligned} \tag{5-7}$$

相应地，政府选择“低支持”策略时，遍历金融机构与企业策略组合，加权计算其期望收益，并命名为“低支持策略期望收益”，用f_{L_G}表示。

$$\begin{aligned}f_{L_G}=&y\cdot z\cdot[\alpha\eta\beta_H(1-\delta_H)-\theta_L]\\&+y\cdot(1-z)\cdot[\alpha\eta\beta_L(1-\delta_L)-\theta_L]\\&+(1-y)\cdot z\cdot[\alpha\eta\beta_H(1-\delta_H)-\theta_L]\\&+(1-y)\cdot(1-z)\cdot[\alpha\eta\beta_L(1-\delta_L)-\theta_L]\end{aligned} \tag{5-8}$$

在此基础上，政府平均策略期望收益（$\bar{f}_G$）为：

$$\bar{f}_G=x\cdot f_{H_G}+(1-x)\cdot f_{L_G} \tag{5-9}$$

（2）计算金融机构策略期望收益

参照上述方法，可计算得出金融机构“积极投资策略期望收益（

f_{A_F}）”“保守投资期望收益（f_{C_F}）”以及金融机构“平均策略期望收益（$\bar{f}_F$）”如式（5-10）、式（5-11）、式（5-12）所示。

$$\begin{aligned} f_{A_F} = & x \cdot z \cdot [r_A Q_A(1-\delta_H) + \gamma\eta\beta_H(1-\delta_H) - Q_A\delta_H(1-\rho_H)] \\ & + x \cdot (1-z) \cdot [r_A Q_A(1-\delta_L) + \gamma\eta\beta_L(1-\delta_L) - Q_A\delta_L(1-\rho_H)] \\ & + (1-x) \cdot z \cdot [r_A Q_A(1-\delta_H) + \gamma\eta\beta_H(1-\delta_H) - Q_A\delta_H] \\ & + (1-x) \cdot (1-z) \cdot [r_A Q_A(1-\delta_L) + \gamma\eta\beta_L(1-\delta_L) - Q_A\delta_L] \end{aligned} \tag{5-10}$$

$$\begin{aligned} f_{C_F} = & x \cdot z \cdot [r_C Q_C(1-\delta_H) + \gamma\eta\beta_H(1-\delta_H) - Q_C\delta_H(1-\rho_H)] \\ & + x \cdot (1-z) \cdot [r_C Q_C(1-\delta_L) + \gamma\eta\beta_L(1-\delta_L) - Q_C\delta_L(1-\rho_H)] \\ & + (1-x) \cdot z \cdot [r_C Q_C(1-\delta_H) + \gamma\eta\beta_H(1-\delta_H) - Q_C\delta_H] \\ & + (1-x) \cdot (1-z) \cdot [r_C Q_C(1-\delta_L) + \gamma\eta\beta_L(1-\delta_L) - Q_C\delta_L] \end{aligned} \tag{5-11}$$

$$\bar{f}_F = y \cdot f_{A_F} + (1-y) \cdot f_{C_F} \tag{5-12}$$

（3）计算科创企业策略期望收益

运用上述方法，科创企业“高研发投入策略期望收益（f_{H_E}）”“低研发投入期望收益（f_{L_E}）”以及科创企业平均策略期望收益（$\bar{f}_E$）分别见式（5-13）、式（5-14）、式（5-15）。

$$\begin{aligned} f_{H_E} = & x \cdot y \cdot [\eta\beta_H(1-\delta_H) - (\beta_H + r_A Q_A - \theta_H)] \\ & + x \cdot (1-y) \cdot [\eta\beta_H(1-\delta_H) - (\beta_H + r_C Q_C - \theta_H)] \\ & + (1-x) \cdot y \cdot [\eta\beta_H(1-\delta_H) - (\beta_H + r_A Q_A - \theta_L)] \\ & + (1-x) \cdot (1-y) \cdot [\eta\beta_H(1-\delta_H) - (\beta_H + r_C Q_C - \theta_L)] \end{aligned} \tag{5-13}$$

$$\begin{aligned} f_{L_E} = & x \cdot y \cdot [\eta\beta_L(1-\delta_L) - (\beta_L + r_A Q_A - \theta_L)] \\ & + x \cdot (1-y) \cdot [\eta\beta_L(1-\delta_L) - (\beta_L + r_C Q_C - \theta_L)] \\ & + (1-x) \cdot y \cdot [\eta\beta_L(1-\delta_L) - (\beta_L + r_C Q_C - \theta_L)] \\ & + (1-x) \cdot (1-y) \cdot [\eta\beta_L(1-\delta_L) - (\beta_L + r_C Q_C - \theta_L)] \end{aligned} \tag{5-14}$$

$$\bar{f}_E = z \cdot f_{H_E} + (1-z) \cdot f_{L_E} \tag{5-15}$$

5.1.4 动态演化建模

5.1.4.1 复制动态方程

本书以政府选择“高支持”策略（H_G）、金融机构选择“积极投资”

策略（A_F）、科创企业选择“高研发投入”策略（H_E）为例，构建复制动态方程。三方主体选择前述策略的比例 x 、y 和 z 随时间演化的动态方程如下：

$$\begin{cases} \dot{x} = \frac{dx}{dt} = x \cdot (f_{H_G} - \bar{f}_G) = x(1-x) \cdot (f_{H_G} - f_{L_G}) \\ \dot{y} = \frac{dy}{dt} = y \cdot (f_{A_F} - \bar{f}_F) = y(1-y) \cdot (f_{A_F} - f_{C_F}) \\ \dot{z} = \frac{dz}{dt} = z \cdot (f_{H_E} - \bar{f}_E) = z(1-z) \cdot (f_{H_E} - f_{L_E}) \end{cases} \tag{5-16}$$

5.1.4.2　求解均衡点

均衡点是策略比例（x，y，z）不再随时间变化的点，即满足 $\frac{dx}{dt}=\frac{dy}{dt}=\frac{dz}{dt}=0$。复制动态方程：

$$\begin{cases} \dot{x} = \frac{dx}{dt} = x \cdot (f_{H_G} - \bar{f}_G) = x(1-x) \cdot (f_{H_G} - f_{L_G}) = 0 \\ \dot{y} = \frac{dy}{dt} = y \cdot (f_{A_F} - \bar{f}_F) = y(1-y) \cdot (f_{A_F} - f_{C_F}) = 0 \\ \dot{z} = \frac{dz}{dt} = z \cdot (f_{H_E} - \bar{f}_E) = z(1-z) \cdot (f_{H_E} - f_{L_E}) = 0 \end{cases} \tag{5-17}$$

由式（5-17）结果可知，当所有主体选择单一策略，策略比例 x，y，$z \in \{0, 1\}$ 时，存在 8 个纯策略均衡点：E_1（0，0，0）、E_2（1，0，0）、E_3（0，1，0）、E_4（0，0，1）、E_5（1，0，1）、E_6（1，1，0）、E_7（0，1，1）和 E_8（1，1，1）。此外，若至少有一个主体策略的比例 x，y，$z \in (0, 1)$，需通过求解非线性方程组获得混合策略均衡点。由于方程非线性，混合均衡的解析解可能难以直接求出，需借助数值方法或简化假设。

5.1.4.3　判断稳定性

为了达到演化稳定策略（ESS），就要使均衡点趋于系统的渐近稳定点，此时要求三方复制动态方程同时满足严格纳什均衡策略和纯策略纳什均衡，因此有 8 个纯策略纳什均衡点需要分析其稳定性。在动态演化博弈中，均衡点的稳定性由雅可比矩阵特征值的符号决定。若所有特征值的实部为负，则该均衡点为演化稳定策略（ESS）；否则，不稳定。三方复制动态系统的雅可比矩阵如下：

$$\boldsymbol{J}=\begin{bmatrix}\frac{\partial\dot{x}}{\partial x} & \frac{\partial\dot{x}}{\partial y} & \frac{\partial\dot{x}}{\partial z}\\ \frac{\partial\dot{y}}{\partial x} & \frac{\partial\dot{y}}{\partial y} & \frac{\partial\dot{y}}{\partial z}\\ \frac{\partial\dot{z}}{\partial x} & \frac{\partial\dot{z}}{\partial y} & \frac{\partial\dot{z}}{\partial z}\end{bmatrix}=\begin{bmatrix}J_{11} & J_{12} & J_{13}\\ J_{21} & J_{22} & J_{23}\\ J_{31} & J_{32} & J_{33}\end{bmatrix} \tag{5-18}$$

$J_{11}=(1-2x)(f_{H_G}-f_{L_G})=(1-2x)\{yz[\pi_G(H_G,\ A_F,\ H_E)-\pi_G(L_G,\ A_F,\ H_E)]+y(1-z)[\pi_G(H_G,\ A_F,\ L_E)-\pi_G(L_G,\ A_F,\ L_E)]+(1-y)z[\pi_G(H_G,\ C_F,\ H_E)-\pi_G(L_G,\ C_F,\ H_E)]+(1-y)(1-z)[\pi_G(H_G,\ C_F,\ L_E)-\pi_G(L_G,\ C_F,\ L_E)]\}$

$J_{12}=x(1-x)\left(\frac{\partial f_{H_G}}{\partial y}-\frac{\partial f_{L_G}}{\partial y}\right)=x(1-x)\{z\pi_G(H_G,\ A_F,\ H_E)+(1-z)\pi_G(H_G,\ A_F,\ L_E)-z\pi_G(H_G,\ C_F,\ H_E)-(1-z)\pi_G(H_G,\ C_F,\ L_E)-[z\pi_G(L_G,\ A_F,\ H_E)+(1-z)\pi_G(L_G,\ A_F,\ L_E)-z\pi_G(L_G,\ C_F,\ H_E)-(1-z)\pi_G(L_G,\ C_F,\ L_E)]\}$

$J_{13}=x(1-x)\left(\frac{\partial f_{H_G}}{\partial z}-\frac{\partial f_{L_G}}{\partial z}\right)=x(1-x)\{y\pi_G(H_G,\ A_F,\ H_E)+(1-y)\pi_G(H_G,\ C_F,\ H_E)-y\pi_G(H_G,\ A_F,\ L_E)-(1-y)\pi_G(H_G,\ C_F,\ L_E)-[y\pi_G(L_G,\ A_F,\ H_E)+(1-y)\pi_G(L_G,\ C_F,\ H_E)-y\pi_G(L_G,\ A_F,\ L_E)-(1-y)\pi_G(L_G,\ C_F,\ L_E)]\}$

$J_{21}=y(1-y)\left(\frac{\partial f_{A_F}}{\partial x}-\frac{\partial f_{C_F}}{\partial x}\right)=y(1-y)\{z\pi_F(H_G,\ A_F,\ H_E)+(1-z)\pi_F(H_G,\ A_F,\ L_E)-z\pi_F(L_G,\ A_F,\ H_E)-(1-z)\pi_F(L_G,\ A_F,\ L_E)-[z\pi_F(H_G,\ C_F,\ H_E)+(1-z)\pi_F(H_G,\ C_F,\ L_E)-z\pi_F(L_G,\ C_F,\ H_E)-(1-z)\pi_F(L_G,\ C_F,\ L_E)]\}$

$J_{22}=(1-2y)(f_{A_F}-f_{C_F})=(1-2y)\{xz[\pi_F(A_F,\ H_G,\ H_E)-\pi_F(C_F,\ H_G,\ H_E)]+x(1-z)[\pi_F(A_F,\ H_G,\ L_E)-\pi_F(C_F,\ H_G,\ L_E)]+(1-x)z[\pi_F(A_F,\ L_G,\ H_E)-\pi_F(C_F,\ L_G,\ H_E)]+(1-x)(1-z)[\pi_F(A_F,\ L_G,\ L_E)-\pi_F(C_F,\ L_G,\ L_E)]\}$

$J_{23}=y(1-y)\left(\frac{\partial f_{A_F}}{\partial z}-\frac{\partial f_{C_F}}{\partial z}\right)=y(1-y)\{x\pi_F(H_G,\ A_F,\ H_E)+(1-x)\pi_F(L_G,\ A_F,\ H_E)-x\pi_F(H_G,\ A_F,\ L_E)-(1-x)\pi_F(L_G,\ A_F,\ L_E)-[x$

$\pi_F(H_G, C_F, H_E) + (1-x)\pi_F(L_G, C_F, H_E) - x\pi_F(H_G, C_F, L_E) - (1-x)\pi_F(L_G, C_F, L_E)]\}$

$J_{31} = z(1-z)\left(\frac{\partial f_{H_E}}{\partial x} - \frac{\partial f_{L_E}}{\partial x}\right) = z(1-z)\{y\pi_E(H_G, A_F, H_E) + (1-y)\pi_E(H_G, C_F, H_E) - y\pi_E(L_G, A_F, H_E) - (1-y)\pi_E(L_G, C_F, H_E) - [y\pi_E(H_G, A_F, L_E) + (1-y)\pi_E(H_G, C_F, L_E) - y\pi_E(L_G, A_F, L_E) - (1-y)\pi_E(L_G, C_F, L_E)]\}$

$J_{32} = z(1-z)\left(\frac{\partial f_{H_E}}{\partial y} - \frac{\partial f_{L_E}}{\partial y}\right) = z(1-z)\{x\pi_E(H_G, A_F, H_E) + (1-x)\pi_E(L_G, A_F, H_E) - x\pi_E(H_G, C_F, H_E) - (1-x)\pi_E(L_G, C_F, H_E) - [x\pi_E(H_G, A_F, L_E) + (1-x)\pi_E(L_G, A_F, L_E) - x\pi_E(H_G, C_F, L_E) - (1-x)\pi_E(L_G, C_F, L_E)]\}$

$J_{33} = (1-2z)(f_{H_E} - f_{L_E}) = (1-2z)\{xy[\pi_E(H_G, A_F, H_E) - \pi_E(H_G, A_F, L_E)] + x(1-y)[\pi_E(H_G, C_F, H_E) - \pi_E(H_G, C_F, L_E)] + (1-x)y[\pi_E(L_G, A_F, H_E) - \pi_E(L_G, A_F, L_E)] + (1-x)(1-y)[\pi_E(L_G, C_F, H_E) - \pi_E(L_G, C_F, L_E)]\}$ (5-19)

式（5-19）中将8个纯策略纳什均衡点代入复制动态系统的雅可比矩阵，所得特征值见表5-4。

表5-4　雅可比矩阵特征值

均衡点	特征值1	特征值2	特征值3
E_1 (0, 0, 0)	$\theta_L - \theta_H - \rho_H Q_C \delta_L$	$[r_A Q_A(1-\delta_L) - Q_A\delta_L] - [r_C Q_C(1-\delta_L) - Q_C\delta_L]$	$[\eta\beta_H(1-\delta_H) - (\beta_H + r_C Q_C - \theta_L)] - [\eta\beta_L(1-\delta_L) - (\beta_L + r_C Q_C - \theta_L)]$
E_2 (0, 0, 1)	$\theta_L - \theta_H - \rho_H Q_C \delta_H$	$[r_A Q_A(1-\delta_H) - Q_A\delta_H] - [r_C Q_C(1-\delta_H) - Q_C\delta_H]$	$[\eta\beta_L(1-\delta_L) - (\beta_L + r_C Q_C - \theta_L)] - [\eta\beta_H(1-\delta_H) - (\beta_H + r_C Q_C - \theta_L)]$
E_3 (0, 1, 0)	$\theta_L - \theta_H - \rho_H Q_A \delta_L$	$[r_C Q_C(1-\delta_L) - Q_C\delta_L] - [r_A Q_A(1-\delta_L) - Q_A\delta_L]$	$[\eta\beta_H(1-\delta_H) - (\beta_H + r_A Q_A - \theta_L)] - [\eta\beta_L(1-\delta_L) - (\beta_L + r_A Q_A - \theta_L)]$
E_4 (0, 1, 1)	$\theta_L - \theta_H - \rho_H Q_A \delta_H$	$[r_C Q_C(1-\delta_H) - Q_C\delta_H] - [r_A Q_A(1-\delta_H) - Q_A\delta_H]$	$[\eta\beta_L(1-\delta_L) - (\beta_L + r_A Q_A - \theta_L)] - [\eta\beta_H(1-\delta_H) - (\beta_H + r_A Q_A - \theta_L)]$
E_5 (1, 0, 0)	$\theta_H + \rho_H Q_C \delta_L - \theta_L$	$[r_A Q_A(1-\delta_L) - Q_A\delta_L(1-\rho_H)] - [r_C Q_C(1-\delta_L) - Q_C\delta_L(1-\rho_H)]$	$[\eta\beta_H(1-\delta_H) - (\beta_H + r_C Q_C - \theta_H)] - [\eta\beta_L(1-\delta_L) - (\beta_L + r_C Q_C - \theta_H)]$
E_6 (1, 0, 1)	$\theta_H + \rho_H Q_C \delta_H - \theta_L$	$[r_A Q_A(1-\delta_H) - Q_A\delta_H(1-\rho_H)] - [r_C Q_C(1-\delta_H) - Q_C\delta_H(1-\rho_H)]$	$[\eta\beta_L(1-\delta_L) - (\beta_L + r_C Q_C - \theta_H)] - [\eta\beta_H(1-\delta_H) - (\beta_H + r_C Q_C - \theta_H)]$
E_7 (1, 1, 0)	$\theta_H + \rho_H Q_A \delta_L - \theta_L$	$[r_C Q_C(1-\delta_L) - Q_C\delta_L(1-\rho_H)] - [r_A Q_A(1-\delta_L) - Q_A\delta_L(1-\rho_H)]$	$[\eta\beta_H(1-\delta_H) - (\beta_H + r_A Q_A - \theta_H)] - [\eta\beta_L(1-\delta_L) - (\beta_L + r_A Q_A - \theta_H)]$
E_8 (1, 1, 1)	$\theta_H + \rho_H Q_A \delta_H - \theta_L$	$[r_C Q_C(1-\delta_H) - Q_C\delta_H(1-\rho_H)] - [r_A Q_A(1-\delta_H) - Q_A\delta_H(1-\rho_H)]$	$[\eta\beta_L(1-\delta_L) - (\beta_L + r_A Q_A - \theta_H)] - [\eta\beta_H(1-\delta_H) - (\beta_H + r_A Q_A - \theta_H)]$

由判定条件可知，在均衡点 E_2（0，0，1），三方策略组合为（低支持 L_G，保守投资 C_F，高研发 H_E）；此时，企业高研发状态不可持续，原因在于政府低支持（θ_H 不足）和金融机构保守投资（高利率 r_C）导致企业融资成本过高（$\beta_H + r_C Q_C - \theta_L$），即使高研发成功概率 $1-\delta_H$ 较高，也难以覆盖成本。最终企业转向低研发（$\lambda_3>0$）。在均衡点 E_3（0，1，0），三方策略组合为（低支持 L_G、积极投资 A_F、低研发 L_E）；此时，金融机构积极投资无效，原因在于企业因低研发（β_L）无法产生高价值（$V_E=\eta\beta_L$），金融机构的积极投资（低利率 r_A）导致坏账风险积累（$Q_A\delta_L$），最终转向保守（$\lambda_2>0$）。在均衡点 E_4（0，1，1），三方策略组合为（低支持 L_G、积极投资 A_F、高研发 H_E）；此时，政府缺位导致系统性风险，金融机构积极投资支持高研发企业，但政府低支持（θ_H 不足）无法补偿坏账（$\rho_H Q_A \delta_H$），金融机构最终因损失退出（$\lambda_2>0$）。在均衡点 E_5（1，0，0），三方策略组合为（高支持 H_G、保守投资 C_F、低研发 L_E）；此时，政府资源出现错配，政府高支持（θ_H）流向低研发企业（β_L），无法转化为高税收（$\alpha\eta\beta_L$），长期财政不可持续（$\lambda_1>0$）。在均衡点 E_6（1，0，1），三方策略组合为（高支持 H_G、保守投资 C_F、高研发 H_E）；此时，企业融资成本过高，原因在于金融机构保守投资（高利率 r_C）导致企业融资成本（$\beta_H + r_C Q_C - \theta_H$）超过高研发收益 $[\eta\beta_H(1-\delta_H)]$，企业被迫转向低研发（$\lambda_3>0$）。在均衡点 E_7（1，1，0），三方策略组合为（高支持 H_G、积极投资 A_F、低研发 L_E）；此时，创新激励不足，政府与金融机构的投入被低研发企业占用，高研发企业因缺乏支持无法竞争（$\lambda_3<0$），最终系统退化为全保守状态。综上可知，均衡点 E_2（0，0，1）、E_3（0，1，0）、E_4（0，1，1）、E_5（1，0，0）、E_6（1，0，1）、E_7（1，1，0）在任何条件下都不可能是复制动态系统的演化稳定策略（ESS）。而当参数满足一定的条件时，均衡点 E_1（0，0，0）和 E_8（1，1，1）可能成为系统的演化稳定策略（ESS）。基于此，2 个可能的演化稳定策略（ESS）的稳定性条件见表 5-5。在均衡点 E_1（0，0，0），低支持成本（θ_L）极低，且无风险补偿（$\rho_H=0$），使 $\lambda_1<0$；金融机构选择保守投资（高利率、低坏账）收益高于积极投资，使 $\lambda_2<0$；企业进行低研发投入，虽存活率（$1-\delta_L$）极低，但成本（β_L）也极低，使 $\lambda_3<0$。此时，整个系统陷入低创新陷阱，需设法打破僵局。

表 5-5 2 个均衡点的稳定性条件

均衡点	稳定性条件
E_1（0，0，0）	$\theta_L - \theta_H - \rho_H Q_C \delta_L < 0$
	$[r_A Q_A(1-\delta_L) - Q_A \delta_L] - [r_C Q_C(1-\delta_L) - Q_C \delta_L] < 0$
	$[\eta \beta_H(1-\delta_H) - (\beta_H + r_C Q_C - \theta_L)] - [\eta \beta_L(1-\delta_L) - (\beta_L + r_C Q_C - \theta_L)] < 0$
E_8（1，1，1）	$-(\theta_H + \rho_H Q_A \delta_H - \theta_L) < 0$
	$[r_C Q_C(1-\delta_H) - Q_C \delta_H(1-\rho_H)] - [r_A Q_A(1-\delta_H) - Q_A \delta_H(1-\rho_H)] < 0$
	$[\eta \beta_L(1-\delta_L) - (\beta_L + r_A Q_A - \theta_H)] - [\eta \beta_H(1-\delta_H) - (\beta_H + r_A Q_A - \theta_H)] < 0$

综合分析表明，演化稳定策略（ESS）的均衡点位于 E_8（1，1，1）。在此状态下，政府倾向于采纳“高支持”策略以实现经济发展目标；企业则偏好“高研发投入”策略，旨在获取政府的高额补贴，降低研发成本，并通过政府提供的技术孵化支持与知识产权保护降低研发失败的风险，提高创新乘数，进而增强企业价值；金融机构则倾向于采取“积极投资”策略，以利用政策性担保降低风险，从而实现高收益。金融机构的“积极投资”行为进一步拓展了企业的融资渠道，增加了融资规模，降低了融资成本，促进了企业持续的高创新投入。

5.2 实证研究：科创金融生态环境对科技创新的影响效应

5.2.1 研究假说

由前文分析可知，区域创新需要科创金融生态环境特别是政府政策的牵引、金融市场的支持以及创新资源的支撑。从理论上来说，科创金融生态环境可以通过资源集聚、激励与风险分担以及市场竞争实现上述条件。首先，良好的科创金融生态环境能够吸引企业、人才、资金和项目等创新资源向地区集聚，形成创新的“磁场效应”，为创新活动提供了丰富的土壤和环境；其次，科创金融生态环境的改善往往伴随着政府的政策支持和激励机制，如税收优惠、研发补贴、政府创新基金等，这些措施的实施在直接增加区域创新研发投入的同时，也带动了更多社会资本对创新领域的投入，共同降低创新主体资金成本，提高创新回报；再次，科创金融生态环境的改善还通过深化“放管服”改革，建立透明的信息披露机制、信用体系和监管框架，缓解政府、研发机构、金融机构以及创新主体等之间的信息不对称，进一步降低创新活动的不确定性和各方主体的创新风险，激发区域创新活力和动力；最后，科创金融生态环境改善形成的开放竞争的市场环境，能够引导创新活动更加贴近市场需求，提高创新的针对性和有效性，提升区域创新绩效。此外，系统性改善科创金融生态环境还可以通过竞争效应和知识溢出效应，在增强区域内创新能力的同时，推动邻近区域改善科创金融生态环境，实现与邻近区域创新能力的协同提升。基于此，本书提出假设 H1：科创金融生态环境优化可以显著提升区域科技创新能力。

创新活动通常涉及新技术、新市场或新业务模式的开发，需要人才、设备、技术等大量的前期研发和后期市场推广投入，且面临未来的高度不确定性；而风险投资通过专业的风险评估和管理，可为高风险的创新活动提供持续不断的资金支持和资源对接。研发和市场推广具有长期性，创新活动的投资回报通常需要较长时间才能实现；而风险投资自身的长期资本和耐心资本属性，恰好适合创新活动从研发到市场化的长期投入和培育过程。另外，创新活动成功后可能带来的巨大市场价值和利润潜力也符合风险投资实现高额回报的投资目标，尤其是风险投资特有的项目筛选、投资组合等结构设计进一步保证了高额投资回报率的实现。总之，从作用机制来看，风险投资能够精准匹配创新活动高风险、高投入、高回报、长周期的“三高一长”特征，可通过发挥资金支持、技术筛选、风险定价、科技成果转化等功能，提升区域创新能力。就风险投资自身来看，风险投资是一种高风险、高回报、长期且权益性投资，其丰富的资金来源、精准的投资决策支持和高效的退出机制有赖于良好的科创金融生态环境。从实践观察来看，优越的金融生态环境也为京津冀、长三角、珠三角等地区带来了全国 80%的风险投资额，风险投资活动在东部地区呈现出明显的集聚现象，而西部地区则成为风险投资“洼地”。由此可以看出，科创金融生态环境与风险投资密切相关，并且在一定程度上能带动风险投资者进入。基于此，本书提出假设 H2：科创金融生态环境通过提升区域风险投资水平促进区域科技创新能力。

5.2.2 研究设计

5.2.2.1 模型构建

本书设定基准面板模型探究科创金融生态环境对科技创新的影响，并构建中介效应模型进一步检验科创金融生态环境影响科技创新的风险投资机制。具体模型如下：

$$PIN_{it} = \lambda_1 + \nu_1 IFE_{it} + \varphi_1 CRO_{it} + \mu_{1i} + \omega_{1t} + \varepsilon_{1it}$$

$$PVC_{it} = \lambda_2 + \nu_2 IFE_{it} + \varphi_2 CRO_{it} + \mu_{2i} + \omega_{2t} + \varepsilon_{2it}$$

$$PIN_{it} = \lambda_3 + \nu_3 IFE_{it} + \chi_1 PVC_{it} + \varphi_3 CRO_{it} + \mu_{3i} + \omega_{3t} + \varepsilon_{3it}$$

其中，PIN_{it} 表示科技创新，是被解释变量；IFE_{it} 表示科创金融生态环境，是解释变量；PVC_{it} 表示风险投资，是科创金融的代理变量，同时也是中介机制变量；CRO_{it}表示一系列控制变量；λ 为常数项；i 表示城市；t 表示年份；μ_i 表示个体固定效应；ω_t 表示时间固定效应；ε_{it} 为随机误差项，$\varepsilon \sim (0, \sigma^2)$。$\nu_1$ 是科创金融生态环境对区域创新的总影响系数，ν_2 是科创金融环境对风险投资的影响系数，ν_3 、χ_1 分别是科创金融生态环境、风险投资对区域创新的影响系数。若 ν_1 、ν_2 、ν_3 和χ_1 都显著，且 $|\nu_3|$ 小于 $|\nu_1|$ 可得出具有部分中介效应；若 ν_1 、ν_2 和χ_1 都显著，但 ν_3 不显著，可证明具有完全中介效应；否则，无中介效应。

5.2.2.2 数据来源

本书以我国省级行政区域为研究对象，选择 2013—2022 年我国 30 个省级行政区（不包含西藏及港、澳、台地区，后同）的面板数据为研究样本。被解释变量来源于中国科学院大学发布的《中国区域创新能力评价报告》系列报告；解释变量为前文测算的“科创金融生态环境指数”；中介变量及控制变量等均来源于国家统计局、wind 数据库、清科数据库及各省统计局公布的数据。

5.2.2.3 变量选取

（1）被解释变量

本书被解释变量是区域创新（PIN），采用《中国区域创新能力评价报告》中的“中国区域创新能力综合效用值”作为代理变量，使用时将其取对数。作为科技部支持下的“国家创新调查制度系列报告”，《中国区域创新能力评价报告》由中国科学院大学中国创新创业管理研究中心联合中国科技发展战略研究小组共同编制，自 1999 年开始每年发布一期，最新发布的是《中国区域创新能力评价报告（2024）》。目前，该报告是国内衡量区域创新的权威报告，被多数学者采纳用于学术研究。

（2）核心解释变量

本书核心解释变量为科创金融生态环境指数（IFE），选择政策环境、金融市场环境、信用环境、法律环境、人才环境以及科技中介服务环境6大维度的23个指标构建科创金融生态环境指标体系，运用熵值法计算权重，最终获得30个省份的科创金融生态环境指数。

（3）中介变量

中介变量为风险投资（PVC），通过整理清科数据库中投资机构投资事件中的风险投资数据，加总计算得到研究期间各省份的风险投资金额，作为风险投资的代理变量，在使用时进行了对数化处理。

（4）控制变量

为了精准评估科创金融生态环境对城市创新的影响，控制可能对区域创新产生影响的其他因素，参考已有关于区域创新影响因素的研究文献，本书选取控制变量为产业结构（IND）、城市化水平（URB）、信息化水平（TEC）以及对外开放程度（OPE）。其中，产业结构选择了产业结构升级指数指标；城市化水平采用人口密度的对数形式；信息化水平用每百人互联网用户数的对数形式表示；对外开放程度用外商直接投资占地区GDP比值衡量。

5.2.2.4 描述性统计

依据表5-6所呈现的描述性统计分析结果，科技创新指标的最大值为4.182，最小值为2.759，平均值为3.313，可见不同省份的创新水平存在着差异性，且整体处于较低水平；进一步分析科创金融生态环境指数，其最大值达到53.85，最小值为5.659，平均值为17.41，表明科创金融生态环境省域非均衡性特征也较为突出，且科创金融生态环境建设有待进一步加强，再次验证了前文结论；在风险投资方面，最大值为13.16，最小值为4.094，指标均值为9.115，由此可以看出风险投资存在着严重的区域不平衡性，且整体发展较为缓慢。

表5-6 变量描述性统计结果

变量	变量符号	样本数/个	均值	方差	最小值	最大值
科技创新	LnPIN	300	3.313	0.322	2.759	4.182

表5-6(续)

变量	变量符号	样本数/个	均值	方差	最小值	最大值
科创金融生态环境	IFE	300	17.41	10.52	5.659	53.85
风险投资	LnPVC	300	9.115	1.612	4.094	13.16
对外开放	OPE	300	0.019 0	0.019 4	0	0.121
产业结构	IND	300	2.413	0.118	2.132	2.836
城市化	LnURB	300	5.477	1.292	2.067	8.275
信息化	LnTEC	300	3.188	0.446	2.025	3.957

5.2.3　实证结果分析

5.2.3.1　基本回归结果

本书采用 OLS 回归实证检验科创金融生态环境对区域创新的影响。本书通过构建检验混合效应模型、随机效应模型、固定效应模型等多种计量模型来筛选适用模型。从 *F* 检验、LM 检验以及 Hausman 检验结果来看，固定效应模型为本书最理想的计量模型。从表 5-7 可以看出，列（1）至列（5）回归结果均显示了科创金融生态环境改善对区域创新能力的促进作用。进一步，列（5）双重固定效应模型拟合优度 R^2 数值最大，解释力度更强，因此本书选择双重固定效应模型作为解释科创金融生态环境影响区域创新的计量模型。

表 5-7 中列（5）显示，科创金融生态环境对区域创新的回归系数在 1%显著性水平上为正，表明科创金融生态环境越好，则区域创新能力越强。由此可见，科创金融生态环境的改善有利于提升区域创新能力，本书假设 H1 得到了有效验证。此外，从表 5-7 中列（5）中还可以看出，控制变量产业结构（IND）、城市化水平（URB）、信息化水平（TEC）等对区域创新的回归系数均通过了 1%或 10%的显著性检验，且总体上有利于区域创新能力的提升，这与多数学者的研究结论一致。

表 5-7　基本回归结果

变量	被解释变量（Ln*PIN*）				
	ME （1）	RE （2）	FE （3）	FE （4）	FE （5）
IFE	0. 022*** （25. 71）	0. 011*** （7. 67）	0. 018*** （15. 25）	0. 003** （2. 33）	0. 021*** （30. 58）
OPE	1. 277*** （7. 65）	1. 707*** （4. 49）	1. 431*** （5. 01）	1. 796*** （5. 23）	1. 228*** （5. 79）
IND	0. 137 （1. 44）	-0. 345** （-2. 53）	0. 313** （2. 14）	-1. 082*** （-7. 13）	0. 204* （1. 91）
LnURB	0. 065*** （5. 51）	0. 134*** （8. 85）	0. 043*** （4. 92）	0. 063 （0. 32）	0. 053*** （5. 03）
LnTEC	-0. 086** （-2. 79）	-0. 007 （-0. 43）	0. 097*** （7. 32）	0. 086*** （5. 45）	0. 126*** （10. 84）
常数项	2. 495*** （12. 88）	3. 206*** （11. 18）	4. 512*** （7. 91）	5. 209*** （4. 88）	1. 741*** （10. 51）
时间固定效应	不控制	不控制	控制	不控制	控制
个体固定效应	不控制	不控制	不控制	控制	控制
样本数/个	300	300	300	300	300
R^2	0. 871	0. 808	0. 872	0. 265	0. 899

注：***、**、*分别表示在1%、5%、10%的统计水平下显著。参数估计括号内数值为 t 统计值。下文同。

表 5-7 中列（1）至列（5）的结果并未考虑估计结果可能存在的内生性问题。事实上，科创金融生态环境的优化在促进区域创新的同时，也可能因为区域创新水平越高的区域其科创金融生态环境相对更好，因此二者可能存在双向因果关系，由此导致回归模型的内生性问题；此外，模型还可能遗漏其他影响区域创新的重要变量，如文化观念等因素。为解决内生性问题，本书借鉴李春涛等（2024）的做法，以该省份所有交界省份科创金融生态环境年度均值（M_ IFE）作为工具变量，使用 IV-2SLS 模型进行估计。一方面，我国运用梯度开发理论将地理位置邻近省份划分在相同经济带，给予特定优惠政策推动其发展，因此同一经济带中省份的经济发展水平及科创金融生态环境具有同质性，满足相关性条件；另一方面，受制于不同省份之间的行政体制分割及市场壁垒等原因，邻近省份的科创金融生态环境难以直接影响当地的创新活动，满足外生性条件。表 5-8 中显

示了内生性检验的回归结果。其中，列（1）显示，一阶段 F 统计量 22.03 大于临界值 10，说明工具变量有效；进一步检验发现，Cragg-Donald Wald 统计量 35.64 大于 10%偏误下临界值 16.38、Kleibergen-Paap rk LM 统计量 10.004 且 P 值 0.001，再次证明了工具变量的可靠性；同时，工具变量省份科创金融生态环境均值的回归系数在 1%水平上显著为正，符合上述设想；从列（2）二阶段回归数据来看，科创金融生态环境正向影响区域创新的结论仍旧通过了 1%的显著性水平检验。可见，在排除内生性影响以后，科创金融生态环境的优化对区域创新的提升均具有明显的促进作用。

表 5-8 内生性检验结果

变量	*IFE*	Ln*PIN*
	(1)	(2)
IFE		0.019 8*** (14.21)
M_ IFE	0.364*** (4.51)	
OPE	1.522*** (5.01)	2.313** (2.51)
IND	0.634** (2.14)	0.082 (0.11)
LnURB	0.172* (1.92)	0.285** (2.12)
LnTEC	0.067*** (7.32)	0.002 (0.05)
常数项	2.121*** (7.91)	2.002 (0.95)
时间固定效应	控制	控制
个体固定效应	控制	控制
样本数/个	300	300
R^2	0.743	0.886
F 值	22.03	
弱 IV 检验	35.64 (16.38)	
IV 可识别检验	10.004 (0.001)	

5.2.3.2 稳健性检验

考虑到其他因素对回归结果的影响，本书选择替换被解释变量、解释变量方法进行稳健性检验，结果如表 5-9 所示。表 5-9 中（1）~（2）列为替换“科技创新”代理变量的回归结果。其中，列（1）参考孙萍等的做法，使用每万人专利申请受理数量作为区域创新的代理变量来衡量区域科技创新水平，具体是用国内发明专利申请受理量除以年度常住人口总数，然后再取对数。列（2）根据瞿茜等的研究方法，以政府工作报告中出现的与创新有关词汇的频率作为区域创新水平的度量，在使用时进行对数化处理。从（1）~（2）列的结果可以看出，替换代理变量后，区域创新回归系数仍显著为正。表 5-9 中（3）~（4）列为替换解释变量的回归结果。列（3）是参照杨仁发等（2021）的做法构建的营商环境指数，作为科创金融生态环境的代理变量，记作 IFE_ B；列（4）是借鉴周泽将等的做法，用王小鲁等编制的市场化指数作为科创金融生态环境的另一种度量方式，记作 IFE_ S。（3）~（4）列的结果表明，替换解释变量后，科创金融环境仍旧能够显著正向影响科技创新。由此可以看出，本书的基准回归结果是稳健的。

表 5-9 稳健性检验结果

变量	替换被解释变量		替换解释变量	
	国内授权专利数量（1）	创新词频（2）	营商环境（3）	市场化指数（4）
IFE	0.013* （1.77）	0.007* （1.82）		
IFE_ B			0.014* （1.93）	
IFE_ S				0.178** （2.15）
OPE	3.24** （2.68）	−0.45 （−0.52）	1.908*** （4.91）	1.729*** （6.06）
IND	−1.135 （−1.02）	1.847** （2.18）	−0.492 （−1.23）	−0.420 （−1.07）
LnURB	0.863 （0.61）	−1.106 （−1.28）	0.189 （0.76）	0.145 （0.63）
LnTEC	0.472*** （2.79）	−0.159 （−0.96）	0.064 （1.15）	0.037 （0.62）

表5-9(续)

变量	替换被解释变量		替换解释变量	
	国内授权专利数量 (1)	创新词频 (2)	营商环境 (3)	市场化指数 (4)
常数项	6.549 (0.84)	6.477 (1.32)	3.253* (1.92)	3.045* (1.89)
R^2	0.925	0.393	0.364	0.583
样本数/个	300	300	300	300

5.2.3.3 中介效应检验

为考察科创金融生态环境对科技创新的影响机制，本书对风险投资分别运用中介效应模型（2）和模型（3）进行回归，并将回归结果与模型（1）一起放在表5-10中进行比较分析。从表5-10中可以看出，模型（1）中的科创金融生态环境对科技创新回归系数ν_1、模型（2）中科创金融生态环境对风险投资回归系数ν_2、引入风险投资变量后的模型（3）中的科创金融生态环境对科技创新回归系数ν_3和风险投资对科技创新回归系数χ_1均分别在5%或10%水平上显著。其中，列（2）中ν_2为0.031，表明科创金融生态环境的改善能够促进风险投资的发展；列（3）中χ_1为0.011，表明风险投资规模的增加可促进科技创新能力的提升；同时，模型（3）中的科创金融生态环境系数ν_3为0.004，小于模型（1）中的科创金融生态环境系数ν_1的0.021，表明风险投资发挥了部分中介效应，也即科创金融生态环境通过吸引增加风险投资规模，进而促进科技创新。

表5-10 中介效应检验结果

变量	LnPIN 模型（1）	LnPVC 模型（2）	LnPIN 模型（3）
IFE	0.021*** (30.58)	0.031** (2.06)	0.011** (2.44)
LnPVC			0.004* (1.79)
OPE	1.228*** (5.79)	2.544 (1.12)	1.897*** (4.61)
IND	0.204* (1.91)	6.105** (2.28)	-0.491 (-1.32)

表5-10(续)

变量	LnPIN 模型（1）	LnPVC 模型（2）	LnPIN 模型（3）
LnURB	0.053*** (5.03)	-0.477 (-0.22)	0.167 (0.67)
LnTEC	0.126*** (10.84)	-0.331 (-0.94)	0.067 (1.21)
常数项	1.741*** (10.51)	-3.026 (-0.21)	3.389* (1.93)
R^2	0.899	0.892	0.866
样本数/个	300	300	300

5.2.3.4　异质性检验

鉴于我国东、中、西部各区域之间在资源禀赋、经济发展、基础设施等方面存在着显著差异，本书对科创金融生态环境创新效应的区域异质性展开进一步的分析。依据国家统计局三大经济带划分方法，将30个省份划分为东部、中部、西部三个地区进行分析，回归结果如表5-11所示。从表5-11的结果可知，东、中、西三个地区的科创金融生态环境回归系数在5%或10%的水平上均显著为正；从系数的大小来看，东、中、西地区的回归系数分别为0.011 0、0.009 0、0.000 8，呈递减趋势，说明科创金融生态环境对创新的影响效应按照东、中、西依次减弱。分析其原因，东部地区依托其雄厚的经济基础、便利的基础设施以及宽松的市场政策等优势，聚集了大量人才、资金及技术等创新要素，科创金融生态环境的改善进一步优化了该地区的创新要素配置，有效发挥了各要素之间的协同互动作用，提高了创新效率，从而更有利于东部地区创新水平的提升。

表5-11　异质性检验结果

变量	东部	中部	西部
	(1)	(2)	(3)
IFE	0.011 0** (3.39)	0.009 0* (1.84)	0.000 8* (1.77)
OPE	1.356** (2.29)	2.365* (2.21)	5.176 (1.81)
IND	-0.448 (-0.49)	-0.205 (-0.89)	-0.869 (-1.38)

表5-11(续)

变量	东部	中部	西部
	(1)	(2)	(3)
LnURB	0. 848 (1. 35)	0. 453 (1. 51)	0. 713 (0. 93)
LnTEC	0. 154** (2. 57)	0. 019 3 (0. 35)	0. 072 6 (0. 59)
常数项	-0. 392 (-0. 13)	1. 072 (0. 73)	1. 815 (0. 46)
R^2	110	80	110
样本数/个	0. 533	0. 694	0. 393

综上所述，本书以 2013—2022 年我国 30 个省级行政区的面板数据为样本，实证检验了科创金融生态环境对区域科技创新的影响，并对其可能的影响机理及区域异质性效应进行深入探讨，得到如下的结论：

一是科创金融生态环境改善能够显著促进科技创新能力的提升。替换“科创金融生态环境”“区域创新”代理变量后，进行稳健性检验的结果仍然支持以上结论。同时，产业结构、对外开放等因素，均对科技创新产生了显著的正向影响。

二是科创金融生态环境的改善通过吸引风险投资进入进而影响科技创新。科创金融生态环境的优化改善，能够显著增加风险投资规模，而风险投资的增加，除提供科技创新资金支持外，还通过知识外溢等进一步有效地提升了科技创新能力。

三是科创金融生态环境对区域创新的影响，存在明显的区域异质性效应，东、中、西科创金融生态环境正向促进效应呈递减趋势。

6 科创金融生态系统建设的国际比较与启示

6.1 美国模式：市场驱动型生态系统范式

美国科创金融生态系统的构建历经数十年发展，形成了以市场驱动为核心、政策法规为支撑、多元主体协同参与的独特模式，成为全球科技创新与金融资本深度融合的典范。其核心优势体现在多层次资本市场架构、成熟的风险投资机制、政策法规的精准扶持、产学研深度融合以及创新型融资工具的应用等多个维度，共同构筑了全球领先的科创金融生态系统。

6.1.1 多层次资本市场的金字塔式支撑

美国资本市场的层级化设计为科创企业全创业周期提供了适配的融资渠道。其金字塔结构涵盖主板市场（NYSE、AMEX）、二板市场（NASDAQ）、场外交易市场（OTC）及私募市场，形成风险分散与融资效率并重的格局。其中，纳斯达克市场凭借低上市门槛和灵活机制，成为中小型科创企业成长的摇篮，培育了苹果、微软等科技巨头；场外交易市场则通过高收益债券、可转换债券等工具满足初创企业的多样化需求。据统计，美国直接融资占比超过80%，债券融资占据企业直接融资的大半份额。这种以资本市场为主导的融资模式显著降低了科创企业对传统信贷的依赖程度，加速了技术成果的资本化进程。

6.1.2 风险投资市场的成熟化与专业化

风险投资（venture capital，VC）作为美国科创金融生态系统的核心引擎，其历史可追溯至20世纪40年代，经过70余年发展已形成高度专业化与分工明确的体系。其中，有限合伙人（limited partner，LP）成为主流组织形式，有效解决了代理问题，同时资金来源实现了多元化，涵盖养老金、捐赠基金、金融机构及外资等。美国风险资本集中于成长期与扩张期企业，重点布局信息技术、生物医药等高增长领域，并通过IPO、并购、股权转让等多样化退出渠道实现了资本良性循环。数据显示，美国近50年上市企业有43%曾获风险投资支持，这一比例凸显了风险投资对科技创新的催化作用。硅谷作为风险投资聚集地，更以"投早、投小、投硬科技"著称，其早期基金通过行业人脉与赋能能力深度介入明星企业的孵化，如Coinbase、Zoom等均受益于此。

6.1.3　政策法规的系统性支持与制度创新

美国政府通过立法与政策工具为科创金融生态提供了坚实的制度保障。《美国小企业法》强制要求政府采购向中小型企业倾斜，《美国税改法案》将资本利得税降至零并实施长期持股优惠，极大地激发了私人资本参与风险投资的积极性。《JOBS法案》则简化了科创企业IPO流程，允许直接上市与SPAC等创新模式，降低了企业的公开融资门槛。此外，美国小企业管理局（SBA）构建了覆盖全国的三级信用担保体系，通过贷款担保、技术转移计划等直接支持中小型企业研发。政策与市场的协同作用在硅谷表现得尤为显著："冷战"时期联邦政府对斯坦福大学的科研投入奠定了技术基础，而持续放宽监管限制如允许银行混业经营等措施则催生了投贷联动等金融创新。

6.1.4　产学研深度融合与人才供给机制

大学在美国科创金融生态系统中扮演着"创新引擎"与"人才枢纽"的双重角色。斯坦福大学通过制度突破，如允许教授创业、学生休学保留学籍等，打破了学术与商业的壁垒，其工程学院被誉为"硅谷心脏"，直接孵化了惠普、谷歌等企业。这种接地气的人才培养模式不仅加速了科研成果商业化，还形成了"教授—创业者—投资人"的闭环生态。在硅谷1.5万名科技银行家与天使投资人中，多数具有科技公司任职背景，其经验与行业洞察力为初创企业提供了远超资金的战略赋能，实现了"资本"与"知本"的双向增值。

6.1.5 中介服务与生态网络的协同效应

硅谷的科创金融生态系统不仅依赖资本与政策，更得益于高度专业化的中介服务体系。咨询、会计、法律等服务机构以创新为导向，适应科创企业快速迭代需求，提供定制化解决方案。例如，知识产权评估机构与专利质押贷款产品的结合，解决了技术型企业的融资痛点；孵化器从“硬件支持”转向“软服务”，构建了以天使投资为核心的投融资网络。这种“资本+服务”的生态网络，使得资源能够以市场化的方式高效配置，形成“创新—融资—退出—再创新”的正向循环。

6.1.6 模式反思与挑战

美国科创金融生态系统的成功，本质上是市场机制、政策设计、专业分工与创新文化协同作用的结果。其多层次资本市场架构为科创企业提供了全创业周期融资支持，风险投资与投贷联动的创新模式打破了传统金融的局限性，而政策法规的持续优化则为生态繁荣提供了制度韧性。然而，这一模式亦面临信息不对称、道德风险与周期性波动的挑战，尤其是在宏观经济下行时，投贷联动的风险放大效应可能引发系统性隐患。

6.2 以色列模式：政府引导与军民融合的开放创新

以色列科创金融生态系统建设以其独特的政府引导机制、风险资本联动体系及军民融合路径，形成了全球瞩目的创新驱动模式。有着“硅溪”之称的特拉维夫，是全球初创企业密度最高的城市之一，其每平方千米的初创企业达到13家，凭借其高效的科创金融生态系统成为仅次于硅谷的全球创新中心。其成功的背后，是以色列政府通过制度设计与资本运作构建的“风险共担、收益共享”机制，以及高度开放的国际资源整合能力。具体而言，以色列科创金融生态系统的特点和优势可归纳为以下四个方面：

6.2.1 政府引导基金的杠杆效应与风险分担机制

以色列开创了“政府劣后+市场优先”的资本撬动模式，以YOZMA基金为代表，政府通过少量出资（通常占子基金的40%）吸引国际资本参与，形成1∶8的杠杆比例。YOZMA基金在1992年启动时投入1亿美元作为劣后资本，强制要求每只子基金必须引入境外机构与本土金融机构合作，成功带动风险投资规模十年之间增长23倍。政府在此过程中承担早期风险，但通过明确的退出机制，如协议回购或IPO后出售股权，实现高效资本循环。数据显示，1998年，以色列风险投资基金规模已达35亿美元，其中政府资金占比不足10%，但撬动了90%的私人资本投入高科技产业。此外，政府通过《天使投资法》（2011）为个人投资者提供最高150万美元的税收抵免，进一步激活了民间资本活力。这种“以退为进”的策略不仅降低了市场准入门槛，还通过制度设计确保了政策干预与市场机制的动态平衡。

6.2.2 多层次的科创金融支持体系与全创业周期覆盖

以色列构建了从种子期到成熟期的完整金融支持链条。在种子期，科技孵化器计划以“失败豁免、成功付费”原则降低试错成本，为高风险项目提供50万~80万美元的政府低息贷款，如失败无须偿还，如成功则需归还本金并支付3%~5%特许权使用费。此类孵化器多依托大学或工业集团运营，两年孵化期内政府投资占比高达85%。在成长期，YOZMA基金联合国际资本提供规模化融资，平均每家初创企业萌芽期融资额达50.9万美元，远超全球25.2万美元的平均水平。对于成熟企业，政府通过《促进产业研发法案》为研发项目提供20%~60%的预算补贴，并通过BIRD基金等双边基金推动跨国技术合作。例如，BIRD基金要求以美企业联合申请，提供最高50%的债权融资，仅在项目盈利后按100%~150%比例偿还，失败则豁免债务。这种全创业周期支持体系显著降低了创新试错成本，提升了以色列初创企业的存活率，例如网络安全领域的初创企业存活率可达78%。

6.2.3 军民融合技术溢出与国防研发转化

以色列将国防科技优势转化为民用创新动能，形成独特的“军事研发—衍生技术—风险投资”路径。国防研发经费转化率高达35%，8200部队孵化的网络安全企业贡献了GDP增长率的1.2个百分点。军方项目通过技术解密和专利授权向民用领域开放，吸引风险资本介入。例如，特拉维夫创新区依托国防实验室衍生技术，结合YOZMA基金支持，将技术孵化持股期压缩至

3~5年，加速了商业化进程。政府还通过税收优惠和出口担保降低军民融合项目的市场风险，如《资本投资鼓励法》对优先发展领域企业减免企业税和股息税。这种深度耦合的军民协同模式，不仅培育了CheckPoint等全球网络安全巨头，还使以色列在人工智能、生物医药等领域形成技术壁垒。

6.2.4 国际化资源整合与开放创新生态

以色列通过政策设计将本土创新网络嵌入全球价值链。一方面，跨国企业在以设立了237个研发中心，形成“技术许可—股权合作—并购退出”的价值闭环，苹果、谷歌等巨头通过收购以色列初创企业获取前沿技术；另一方面，政府推动建立国际双边产业研发基金，如以加、以新基金等，复制BIRD基金的成功经验。此外，特拉维夫通过全球创业大赛、透明化营商环境和高效行政程序吸引国际创业者，其风险投资中超过2/3来自境外。数据显示，2017年以色列公司退出交易额达230亿美元，其中60%通过跨国并购实现。这种“小国大开放”的战略，使以色列以仅占世界0.2%的人口，推动了纳斯达克上市企业超过100家，并占据了全球网络安全市场至少15%的份额。

6.2.5 模式反思与生态多样性不足

以色列科创金融生态系统的核心优势在于通过制度创新将政府角色精准定位于“风险分担者”和“市场催化剂”，而非直接干预者。其以YOZMA基金为枢纽的杠杆模式、全创业周期金融支持体系、军民融合技术转化及全球化资源整合能力，共同构建了高效可持续的创新生态系统。然而，这种高度依赖政策引导与国防技术溢出的模式也面临生态多样性不足、过度集中于单一领域（如注重网络安全领域）的挑战。

6.3 德国模式：全能银行与产研协同的双轨驱动

德国科创金融生态系统建设以多层次、协同化的制度设计为核心，形成了“政策引领、银行主导、风险共担、产研联动”的独特模式，为中小型企业科技创新提供了全创业周期的资金支持。其体系架构与运行机制呈现出以下鲜明特点与优势：

6.3.1 政策性银行的战略引领与制度保障

德国复兴信贷银行（KFW）作为唯一的全国性政策性金融机构，通过颁布《德国复兴信贷银行促进法》授权确立了其在科创金融生态中的核心地位。KFW的创新性在于构建了“转贷+股权+担保”组合工具：其一，通过转贷模式间接支持中小型企业，利用国家信用优势以低成本从资本市场融资，再以低息转贷给商业银行，既降低企业融资成本，又通过风险分层（转贷银行承担主要风险）激活商业机构参与积极性；其二，设立诸如高科技创业基金（HTGF）、欧洲复兴计划（ERP）等专项基金对高风险初创期科创企业进行股权投资，单笔投资规模覆盖50万至2 500万欧元，并通过联合风险投资机构形成资金杠杆效应。这种“政策性与市场化结合”的机制设计，有效弥补了市场失灵。2021年年底，KFW转贷业务已占中小型企业信贷市场的30%，成为科技金融网络的“主动脉”。

6.3.2 全能银行体系的服务纵深与协同效应

德国商业银行、储蓄银行与信用合作社构成“四支柱”银行体系，其混业经营特性（可从事信贷、证券、投资等全链条业务）为科创企业提供了差异化服务。储蓄银行与信用合作社作为区域性机构，聚焦本地中小型企业，依托共同评级系统与长期持有贷款资产的策略，建立了“伙伴型银企关系”，其市场份额占比达57%。大型商业银行则通过产品创新突破传统融资限制，如德意志银行推出10年期无息贷款，德国商业银行将票据融资门槛降至50万欧元。值得注意的是，德国银行业普遍采用“管家银行”模式，通过持股、代理投票权、投资咨询等方式深度介入企业治理，形成“融资+赋能”双重支持机制。数据显示，全能银行体系至少贡献了德国中小型企业信贷市场70%的份额，债权融资占比达58%，凸显了其作为科创金融主力军的支撑作用。

6.3.3 政府主导的风险分担与担保创新

德国构建了全球最成熟的担保银行体系，17家区域性担保银行通过“20%~80%”风险分担比例（商业银行与担保银行）与政府兜底机制（联邦与州政府承担65%~80%损失），显著优化了风险分布结构。担保银行依托动态信用评级技术将代偿率控制在3%以内，并通过税收优惠激励利润再投资于担保业务，形成可持续运营闭环。该体系每年覆盖全国50%的中小型企业信贷，在科创企业融资中的渗透率更高。政府还通过《高科技战略2025》实施税收递延政策，将研发补贴与银行贷款联动，进一步降低企业创新成本。这种“风险分散+政策激励”的双重保障，使得德国担保银行自成立以来至今未发生过破产事件，为科创金融生态系统提供了稳定器。

6.3.4 产学研协同的生态赋能与隐形冠军培育

德国科创金融生态系统的独特性还体现为技术转化与产业落地的深度融合。弗劳恩霍夫研究院作为全球顶尖的应用研究机构，通过搭建产学研融资平台，充当“风险过滤器”，为银行提供技术评估支持，降低信息不对称程度。中小型企业联盟形成的内部资金池与《中小型企业创新核心计划》（ZIM）的研发补贴机制，推动企业研发强度达4.9%，高于欧盟平均水平。双元制教育体系则为科创企业输送了63%的职业教育背景研发人员，降低了技术迭代的人力成本。这些制度安排共同培育出1 300余家“隐形冠军”，使德国在先进制造等领域保持了全球竞争力。

6.3.5 模式局限与数字化转型挑战

德国的科创金融生态系统通过政策性银行的战略引领、全能银行的深度服务、担保体系的风险缓释以及产学研的生态协同，构建了市场机制与政府干预的动态平衡。然而，面对人工智能等新经济形态的崛起，其体系也暴露出响应迟滞的局限性——2022年德国人工智能初创企业获投率仅为美国的28%。这一矛盾提示，即便在成熟的制度框架下，科创金融生态系统仍需持续迭代以适应技术范式变革的需要。

6.4 日本模式：政策引导下的间接融资创新

日本科创金融生态系统的构建，是二战后经济复兴与科技创新战略深度融合的产物。经过数十年政策迭代与制度创新，日本形成了以“政策引导、银行主导、信用担保、产融协同”为核心特征的科创金融生态系统，有效支撑了中小型科创企业的创新发展与产业升级，助力东京湾区成长为全球瞩目的科创中心。本节从政策框架、金融机构体系、信用担保机制、融资模式创新等维度，系统梳理日本科创金融生态系统的特点与优势。

6.4.1 战略导向与法律框架的协同设计

日本科创金融生态系统的基石在于其高度系统化的政策供给与法律保障。自20世纪50年代起，日本政府通过《关于产业结构的长期展望》等纲领性文件，明确将重化工业与科技创新作为国家发展战略方向，并通过外汇管制、低息贷款等政策引导资本向钢铁、机械等核心产业集聚。进入20世纪90年代后，其政策重心转向科技创新与中小型企业扶持，逐步构建起覆盖全创业周期的科技金融法律体系。1995年，《中小型企业创造活动促进法》首次确立了风险投资的法律地位，随后《天使税制》《产业竞争力强化法》等法规相继出台，通过税收优惠、风险补偿等措施激励社会资本参与科创投资。2013年出台的《产业竞争力强化法》进一步强化了政府对企业研发的税收支持，形成了“立法先行、政策协同”的制度优势。这一系列政策不仅为科创企业提供了稳定的预期，更通过“创新战略推进会议”等跨部门协调机制，实现了国家战略与市场需求的精准对接。

6.4.2 多层次政策性金融网络的风险缓释

为解决中小型科创企业融资难题，日本建立了以三大政策性金融机构为核心的多层次金融支持网络。国民生活金融公库专注于小微企业的短期周转资金需求，中小型科创企业金融公库则为成长期企业提供长期低息贷款，而商工合作社中央公库通过无担保贷款、票据贴现等特色服务覆盖行业协会成员。三者分工明确、互为补充，形成“小额—中额—专项”的梯度支持体系。此外，日本政府主导成立风险企业开发银行（1951年）和中小型企业基础设施建设机构，专门为高风险科创企业提供债务担保与资金注入。这一体系的关键在于政府角色的精准定位：既通过政策性机构直接填补市场失灵领域，又避免过度干预市场，确保金融资源配置效率。

6.4.3 信用担保机制的全球标杆意义

日本信用补全制度被誉为全球最完善的担保体系，其核心在于“两级风险共担”机制。第一级通过信用保证协会为中小型企业借款提供担保，第二级引入中小型企业信用保险制度，由保险公库对担保机构的潜在损失进行再保险。政府则作为最终风险承担者，通过中央与地方共担机制为担保体系兜底。1999 年年底，日本信用担保规模已超越美国，形成“银行敢贷、企业易借”的良性循环。这一制度设计巧妙平衡了市场风险与政策目标：银行因风险分散而扩大科创企业信贷规模，政府通过有限财政支出撬动社会资本，而企业则突破“抵押物不足”的融资瓶颈。尤为突出的是，日本率先将知识产权纳入担保范畴，允许企业以专利权、著作权作为融资抵押，极大地释放了轻资产科创企业的融资潜力。

6.4.5 间接融资主导与银企共生关系

日本科创金融生态系统以银行为核心的间接融资体系为其显著特征。在 20 世纪 90 年代进行金融改革后，日本打破了传统的分业经营限制，允许银行持股科创企业，开展资产证券化业务，并创新知识产权担保融资模式，银行与企业形成“长期共生关系”。在初创期，创业投资公司提供天使投资资金；在成长期，政策性银行与商业银行联合提供低息贷款；在成熟期，证券公司协助企业通过股市或债市直接融资。这种“全创业周期陪伴式”服务不仅缓解了信息不对称问题，更通过银行深度参与企业治理提升了融资效率。尽管直接融资市场（如 JASDAQ 创业板）发展相对滞后，但以知识产权证券化为代表的金融工具创新，仍为日本科创企业开辟了多元化融资渠道。

6.4.6 模式反思与适应性挑战

日本科创金融生态的核心优势体现在三个方面：其一，政策连续性与制度协同性，从国家战略到地方法规形成连贯支持链条；其二，风险分散机制创新，通过信用担保、保险与政府托底构建“安全网”；其三，银企深度绑定与融资工具灵活化，兼顾稳定性与创新性。这些特质使日本在间接融资主导的框架下，仍能高效解决中小型科创企业“融资难、融资贵”问题，推动东京湾区从制造中心向“研发—制造—金融”三位一体的创新枢纽转型。日本科创金融生态的实践经验，为后发国家破解科技创新与金融支持脱节难题提供了重要参考。然而，在全球数字经济浪潮与直接融资需求激增的背景下，其间接融资主导的框架显露出响应迟滞。努力提升直接融资活力，成为东京湾区向全球创新枢纽转型的关键。

6.5 全球视角下科创金融生态系统建设经验与启示

由前文的分析可知，科创金融生态系统的构建路径因各国制度环境、历史积淀与经济结构差异而呈现显著分化，其共性在于通过制度创新平衡风险与激励。美国、日本、德国与以色列分别代表了市场驱动、政策引导、双轨协同与开放创新四种典型范式。通过比较其制度逻辑、运行机制与实施效果，提炼出差异化经验与共性规律，可以为我国包括各省份构建和优化科创金融生态系统提供多维启示。

6.5.1 制度逻辑的差异化路径与共性规律

第一，市场驱动与政策干预的平衡抉择。美国模式以市场机制为核心，通过多层次资本市场与风险投资的专业化分工，实现资源的高效配置。其成功源于“市场主导、政策补位”的协同逻辑：政府通过立法保障市场公平（如《JOBS 法案》），但不直接干预资本流向；日本与德国则更强调政策引导的主动性，日本通过信用担保体系与银企共生关系降低融资摩擦，德国依托政策性银行（如 KFW）与担保银行体系构建“政府—市场”双轨风险分担机制；以色列虽以政府引导基金（如 YOZMA）为起点，但通过“劣后资本+市场优先”的设计，将政策干预限定为风险分担者角色。四国经验表明，无论何种制度起点，科技金融生态系统的可持续性均需实现市场活力与政策托底的动态平衡。

第二，融资结构与产业特征的适配。在融资结构差异与技术转化效率方面，直接融资与间接融资的权重差异深刻影响了技术转化路径。美国以直接融资主导（占比超过 80%），资本市场的高流动性加速了技术估值与资本退出，但过度依赖市场波动可能放大系统性风险；日本与德国以间接融资为主（债权融资占比分别达 58%与 70%），银行深度介入企业治理的模式虽增强了稳定性，却可能抑制高风险创新项目的融资可得性；以色列则通过全创业周期金融工具（如孵化器贷款、BIRD 基金）弥补直接融资短板，其初创企业存活率显著高于全球平均水平。可见，融资结构的适配性需与产业特征匹配：硬科技领域需长期资本支持（适合银行主导），而颠覆性创新更依赖风险投资的敏捷性。

第三，风险共担机制的创新。四国均通过制度设计优化风险分布，但工具选择各异。美国依赖多层次资本市场分散风险，NASDAQ 市场通过分层上市标准吸纳不同成长阶段的企业；日本构建“信用保证协会+保险公库”两级担保网，政府成为最终风险托底者；德国采用“担保银行+税收递延”组合，将代偿率控制在 3%以下；以色列则以“失败豁免”孵化器贷款与军民融合技术溢出降低试错成本。这些实践揭示，风险分散需多主体协同：政府承担早期风险以激活市场，金融机构通过专业化评估降低信息不对称程度，而企业需通过技术壁垒提升抗风险能力。

6.5.2 国际比较的多维启示

第一，分层设计与工具创新，构建适配性融资渠道。新兴经济体可借鉴美国多层次资本市场经验，但需避免简单复制。例如，在股权融资基础薄弱的地区，可优先发展区域性股权交易市场，引入“分层上市+转板机制”；针对轻资产型科创企业，推广知识产权证券化（可借鉴日本的做法）与投贷联动（可借鉴硅谷模式）。同时，需培育本土风险投资生态体系：通过税收优惠吸引社会资本（如以色列《天使投资法》），设立政府引导基金发挥杠杆效应（杠杆比例可设定为 1∶5 至 1∶10），并完善 IPO 与并购退出渠道。

第二，优化政策工具箱，提升政策精准性与协同性。政策设计需兼顾激励相容与风险防控。一是立法保障稳定性，如日本《产业竞争力强化法》将研发补贴制度化；二是构建“财政—金融”联动工具，如德国 KFW 的转贷模式可降低中小型企业融资成本；三是动态调整政策靶向，针对技术成熟度差异提供分阶段支持：种子期以无偿补贴与孵化器为主（参考以色列的做法），成长期可引入风险补偿基金，成熟期可推动跨境资本合作。此外，需建立跨部门协调机制（如日本“创新战略推进会议”），避免政策碎片化。

第三，强化产学研协同与人力资本积累。科技金融生态的竞争力最终取决于技术转化效率与人才供给。一方面，需打破“学术—产业”壁垒，借鉴美国斯坦福大学的教授创业制度与德国弗劳恩霍夫研究院的应用研究导向，建立“高校—企业—投资机构”三方利益共享机制；另一方面，完善职业教育体系（如德国双元制），培养兼具技术素养与商业意识的复合型人才。此外，可设立技术评估中介机构（如德国中小型企业联盟），降低银行对科创项目的认知偏差。

第四，嵌入全球价值链与开放创新体系。以色列的“小国大开放”战略为资源有限的经济体提供了范本。新兴经济体可通过双边研发基金（如BIRD基金）吸引跨国企业设立研发中心，利用技术许可与股权合作获取溢出效应；同时，需优化营商环境，简化行政审批流程，加强知识产权保护，建立国际化的争端解决机制。值得注意的是，开放创新需与本土产业基础协同，避免沦为技术附庸。例如，可划定优先领域（如数字经济、绿色科技），集中资源培育细分领域的“隐形冠军”（可借鉴德国经验）。

美、日、德、以四国科技金融生态的差异化实践，揭示了制度创新与资源禀赋的复杂互动关系。对新兴经济体而言，既需借鉴分层融资、政策协同、风险共担等共性经验，更需立足本土实际，在“市场—政府—社会”三元框架中探索适配性路径。未来，科技金融生态的竞争力将愈发取决于其应对技术范式变革与全球风险共振的敏捷性，这要求政策制定者兼具战略远见与迭代思维，在动态平衡中实现创新驱动发展的终极目标。

7　国内科创金融
生态系统建设的多元化实践

在全球科技创新竞争日趋激烈的背景下，中国科创金融生态系统的构建呈现出独特的“双重逻辑”：一方面，中央政策强力驱动，通过顶层设计引导资源向关键领域倾斜；另一方面，市场力量在区域差异化实践中不断演化，形成多元化发展路径。这种“政策—市场”的双轮驱动模式，既区别于欧美完全市场主导的创新体系，也不同于日韩的集中式产业政策，构成了中国科创金融生态系统的独特性。然而，地域发展的不均衡性正成为制约生态系统效能的关键矛盾——北京、长三角等先发地区集聚了全国60%的VC/PE资本和75%的科创板上市公司，而中西部区域科创企业融资成本普遍高出东部30%以上。在此背景下，需将各区域视为差异化功能模块，通过协同互补构建全国统一的生态。构建区域协同互补科创金融生态逻辑的紧迫性，植根于中国创新版图的资源错配困境、重复建设隐忧以及国际竞争压力三大现实挑战。在此情境下，下文选择具有战略代表性的五大样本区域进行深入分析：北京承载国家实验室体系与北京证券交易所枢纽功能，体现“国家战略中枢”定位；粤港澳大湾区依托跨境资本流动试点，打造“双循环”开放接口；长三角地区通过G60科创走廊实现全域协同，展现“超级聚合器”效能；济南作为黄河流域首个科创金融改革试验区，探索中小型科创企业融资破题路径；河南借势“空中丝路”枢纽经济，实践内陆省份“非对称赶超”。这些模块的有机拼合，既能规避“一刀切”政策带来的水土不服，又可破解“诸侯经济”导致的创新孤岛，最终指向统一大市场条件下的生态级竞争力。

7.1 北京模式：国家战略的“领头雁效应”

在全球科技创新格局加速重构的背景下，北京作为中国科创金融生态系统的“领头雁”，以国家战略中枢的定位，构建了“政策创新—资本集聚—生态闭环”三位一体的发展模式，成为全国科创金融的标杆。这一地位的奠定，既源于其独特的资源禀赋，也得益于系统性制度设计的突破。截至2023年年底，北京累计认定在有效期内的国家高新技术企业2.83万家，占全国总量的约18%；截至2024年7月底，北京科创板上市企业数量为75家，总市值约1.2万亿元，两项指标均居全国首位。这些数据的背后，是北京通过政策赋能、资本运作与生态协同形成的具有全球竞争力的科创金融系统。

7.1.1 定位：国家战略中枢与全球科创资源枢纽

北京依托中关村国家自主创新示范区的政策优势，以及北京证券交易所的资本市场枢纽功能，定位为服务国家重大科技战略的核心节点。其科创金融生态系统不仅服务于本地企业，还辐射全国，通过政策试点和资源整合，推动科技创新与金融资本深度融合。

北京科创金融生态系统的核心竞争力，在于其深度嵌入国家科技创新战略的能力。作为全国唯一同时拥有国家实验室、综合性国家科学中心和高水平研究型大学的城市，北京汇聚了全国近三分之一的国家重点实验室，145家顶尖科研平台覆盖量子信息、人工智能、生物医药等前沿领域，其中怀柔科学城已建成37个重大科技基础设施，支撑了全球首个100千米量子直接通信样机等突破性成果。在人才维度上，北京不仅坐拥全国49%的“两院”院士，更依托92所高校和9家新型研发机构形成梯度化人才供给体系，通过中关村“24条”人才改革政策破解体制束缚，使青年科研人员占比提升至37%。持续的研发投入强化了创新动能，2023年研发经费投入强度突破6%，2 947亿元资金中企业创新主体地位凸显，信息传输/软件业研发投入增速达14%，催生日均337家科创企业的新生浪潮。这种“硬核”的科研实力，通过金融工具的创新性嫁接，实现了从基础研究到产业化的价值闭环。

资本市场枢纽功能的强化，进一步放大了北京的引领效应。北京证券交易所自 2021 年创立以来，通过差异化的制度设计，构建起服务创新型中小企业的独特生态。其打破传统上市门槛，设立“研发投入占比≥5%”的硬性标准，并允许未盈利企业通过“市值+研发投入”组合条件上市，精准覆盖生物医药、新一代信息技术等“卡脖子”领域。数据显示，截至 2024 年 6 月底，72%的北京证券交易所上市公司集中于硬科技赛道，平均研发强度达 9.8%，显著高于沪深主板 3.2%的水平。通过“挂牌上市直通车”机制，企业上市周期压缩至 14 个月以内，2024 年新增上市公司平均融资 2.08 亿元，其中专精特新“小巨人”占比达 42%。其中，中科星图的遥感卫星数据处理系统、诺思兰德的基因治疗药物等项目，均通过北京证券交易所融资实现关键技术的产业化突破。未来随着公募 REITs 试点和跨区域协同深化，北京证券交易所将持续强化“硬科技+高成长”定位，成为国产替代浪潮下的创新资本枢纽。

7.1.2 实践特色

7.1.2.1 先行先试的顶层设计：政策工具箱的集成创新

北京中关村以《建设科创金融改革试验区实施方案》为核心，围绕“科技—产业—金融”良性循环目标，系统性推进 37 项重点任务，涵盖产品服务优化、市场体系完善、保险担保强化、基础设施夯实等七大方向。通过“京创通”“京创融”等政策性工具，以及 5 000 亿元科技创新再贷款等结构性货币政策工具，精准支持科创企业技术改造与设备更新，同时优化再贴现窗口功能，提升对早期项目的资金直达效率。作为改革“试验田”，中关村率先探索了“揭榜挂帅”机制、股债联动模式，并通过《促进科技金融深度融合发展支持资金管理办法》等政策，对私募基金落地、新三板挂牌、多层次资本市场服务等提供专项财政支持，形成“政策工具箱+资金引导”双轮驱动模式。

7.1.2.2 全创业周期金融服务：覆盖企业成长全链条

针对科创企业“四高一轻”（高技术、高成长、高风险、高收益、轻资产）特征，中关村构建了覆盖种子期到成熟期的全创业周期服务体系。对初创期企业，通过“积分卡审批”模式，将研发能力、技术优势、团队背景等非财务指标纳入评估，推出纯信用贷款（如中信银行科创 e 贷，最高额度 3 000 万元）和知识产权质押贷款（如南京银行鑫知贷）；对成长期企业，设计灵活信贷产品（如中国银行“惠如愿·专精特新贷”期限达36个月）并探索认股权贷款，实现“债权+股权”联动；对成熟期企业，则提供并购贷款、跨境融资等多元化服务。北京中关村银行作为全国首家科创民营银行，其科技贷款占比达70%，服务客户中70%为C轮前早期企业，形成“抓小、抓硬”的特色定位，通过“惠创贷”等产品实现户均贷款1 000万元，助力45%的客户成长为专精特新企业。

7.1.2.3　金融产品创新：突破传统信贷逻辑

中关村科创金融产品超市整合22家银行的72个专属产品，形成信用、抵押、质押三大类产品矩阵，并通过“银企对接系统”实现精准匹配。其创新亮点包括：①人才价值量化，如北京中关村银行以创业者学历、科研背景等维度构建“人才评分模型”，替代传统财务报表评估；②技术资产化，中国农业银行“科技易贷”通过知识产权质押将“知产”转化为“资产”，最高授信3 000万元；③未来收益证券化，如认股权贷款以企业未来股权增值收益对冲风险，形成风险与收益共享机制。此外，“京制通”再贴现产品定向支持制造业，而“耐心资本”机制则引导社保基金、保险资本等长期资本投入硬科技领域，以缓解研发周期长带来的融资断层。

7.1.2.4　风险控制机制：科技赋能与生态共担

针对科创企业高风险特性，中关村构建了“数据+场景+生态”的复合风险控制体系。一方面，通过政务大数据整合企业研发投入、知识产权、股权融资等动态信息，结合人工智能反欺诈技术提升评估精准度；另一方面，建立风险补偿机制，如政策性担保增信、贷款贴息等，降低金融机构风险敞口。北京中关村银行首创“走进实验室”尽职调查模式，深度绑定科学家团队，并通过股债联动实现风险与收益平衡，其不良贷款率显著低于行业平均水平。同时，中关村科创金融服务中心联合银行、保险、创业投资机构，形成风险共担联盟，为企业提供并购保险、研发中断险等定制化产品。

7.1.2.5　生态协同：构建“五链融合”创新网络

通过科创金融生态合作伙伴交流座谈会等平台，中关村推动创新链、产业链、资金链、信息链、人才链深度融合。温泉科技园等载体打造了“1+4”产业服务体系（新一代信息技术、新材料、智能制造、生物医药），吸引中国工商银行、国科嘉和基金等60余家机构入驻，形成“空间+资本+服务”一体化生态。北京中关村银行拓展超过400家生态伙伴，包括孵化器、券商及产业园区，通过资源对接会为玻色量子等企业引入产业链合作，探索“量子计算+制造”场景落地。此外，北京股权交易中心私募股权转让平台、北京知识产权交易中心等基础设施的完善，进一步打通了技术成果转化与资本退出通道。

7.1.2.6 国际化与前沿布局：引领全球科创金融范式

中关村积极融入全球创新网络，通过香港金融科技周、中关村论坛等国际平台，推动20余家企业出海，并与康奈尔大学、哥伦比亚大学等机构合作研究AI与量子计算对金融安全的冲击。数字人民币跨境支付试点、北京国际大数据交易所建设等举措，加快了金融科技标准国际化进程。在技术前沿领域，中关村率先部署抗量子加密技术，支持金融科创企业参与中央银行监管沙盒测试，培育出博雅正链等一批底层技术领军企业。

7.1.3 面临的挑战与破解路径

7.1.3.1 面临的挑战

北京科技创新金融体系的实践虽取得显著成效，但其深层次结构性矛盾仍需引起我们高度重视。

首先，矛盾体现为区域协同发展中的“虹吸效应”负外部性。根据2023年京津冀技术交易市场数据，北京市技术合同成交总额达8 536.9亿元，其中企业技术输出占比超过90%，但实际落地津冀地区的技术合同金额仅为748.7亿元，仅占北京对外输出总量的15.1%。这一量化指标表明，北京每实现100元的技术成果输出，仅有15元在津冀地区转化应用，其余85元则流向长三角、珠三角等经济发达区域，揭示出津、冀两地技术承接转化能力存在显著短板。这种区域技术转移的严重失衡导致京津冀协同创新陷入“极化效应”困境。正如雄安新区某生物医药产业园负责人在实地调研中指出的：“园区企业研发创新活动仍需高度依赖北京资源，本地金融配套体系尚难以充分满足A轮及后续阶段融资需求。”

其次，硬科技转化的“死亡谷”难题。尽管北京拥有全国顶尖的科研实力，但高校院所成果转化率仍徘徊在8%左右，与美国麻省理工学院等国际顶尖机构存在显著差距。究其根本，在于存在技术成熟度断层、转化机制梗阻、市场衔接错位的三重桎梏。科研院所成果多停留在TRL3-4级实验室阶段，而产业化需跨越至TRL7级以上的工程化层级，其间中试环节的资金缺口达单项目千万级，且专业共享平台数量仅为美国的1/5，导致78%的跨学科技术难以形成完整的解决方案。在转化机制层面，科研考核“唯论文”“唯专利”导向仍未根本扭转，而非市场需求匹配度，导致大量“纸面创新”难以获得资本认可；连接实验室与市场的专业化“技术经理人”群体不到美国麻省理工学院的1/10，国有资产管理制度下技术入股审批周期长达18个月，严重制约了创新活力释放。

最后，更为根本性的挑战在于制度创新的可持续性。当前北京科创金融生态系统高度依赖政策红利，如中关村企业享受的15%所得税优惠税率、北京证券交易所上市绿色通道等特殊待遇。这些政策在初期有效激发了市场活力，但也可能扭曲了要素配置：某硬科创企业为获取政策补贴，将注册地迁至中关村，但实际研发团队仍留在成本更低的成都，形成“政策套利”现象。

7.1.3.2 *破解路径*

针对上述系统性挑战，北京市亟须实现从“自我强化”向“系统赋能”的范式转换，重点聚焦三个战略维度进行制度创新：

第一，构建跨区域利益共享机制。建议参照深汕特别合作区GDP分成机制，探索中关村与雄安新区建立“创新飞地”共建模式，将技术输出产生的税收按比例返还输入地政府。同步推进北京证券交易所设立区域协同板，为津冀科创企业开辟IPO绿色通道，形成资本要素跨区域配置的制度载体。

第二，培育市场化成果转化主体。支持设立混合所有制技术转移机构，如北京协同创新研究院通过引入IDG资本等战略投资者，构建“科学家+投资人”双合伙人治理架构，建立市场化项目筛选机制。实证数据显示，在该机构2023年推进的45个产业化项目中，已有12项实现千万元级营业收入，验证了市场化运作的有效性。

第三，推进政策工具服务化转型。建议将财政直接补贴转化为创新券政策工具，重点支持企业购买技术评估、知识产权运营等专业服务。北京市科委试点的创新服务积分制显示，企业通过完成技术交易或融资对应累计服务积分，可有效降低专业服务采购成本。该政策已带动本地科技服务机构营业收入增长37%，形成良性服务生态。

实证研究表明，科创金融生态系统的构建具有显著的制度复杂性特征，其本质上是制度创新、要素重构与系统动力学的协同演化过程。作为国家科技创新中心，北京在持续强化原始创新策源功能的同时，更需要通过制度设计将创新势能转化为区域协同发展的动能机制。这种从“单极突进”向“群雁协同”的生态跃迁，不仅符合创新生态系统理论的发展规律，更为中国式现代化建设提供了可复制的制度创新样本。

7.2 粤港澳大湾区模式：“开放试验田”的跨境金融创新

粤港澳大湾区作为中国金融开放与科创融合的“试验田”，依托“一国两制”的独特制度优势，构建了跨境金融创新的全球标杆。在双循环格局下，粤港澳大湾区通过制度突破、产业联动与生态重构，不仅成为国际资本与科技资源流动的“超级接口”，更探索出金融支持实体经济与民生发展的新模式。截至2024年年底，粤港澳大湾区跨境人民币结算量占全国的总量超过了40%，跨境“理财通”累计交易额达994.74亿元，合格境外有限合伙人（QFLP）试点规模占全国近六成，展现出强大的制度创新活力。

7.2.1 定位：双循环格局下的国际科创金融门户

粤港澳大湾区以“跨境”为核心特色，承担着链接国内国际双循环的战略使命。一方面，依托香港国际金融中心与深圳科技创新中心的“双核驱动”，构建“广深港澳科创走廊”，形成“金融+科技+制造”的三角循环体系；另一方面，通过跨境资本流动、数据互通与规则衔接，为科创企业“走出去”和全球资源“引进来”提供通道。例如，前海深港国际金融城已集聚436家金融机构，其中港资、外资金融机构占比近30%，成为全国外资金融机构密度最高的区域之一。这一定位的实践基础，源于粤港澳大湾区独特的制度设计：通过跨境人民币贷款、双向发债、资金池、股权投资、资产转让、金融基础设施的“六个跨境”创新品牌，形成覆盖资金流、信息流、人才流的全要素流通网络。

7.2.2 实践特色

7.2.2.1 科创资源禀赋雄厚，创新要素高度集聚

粤港澳大湾区依托“9+2”城市群的协同效应，构建了全球领先的科创资源集聚网络。广东省拥有国家级高新技术企业7.6万多家，其中90%集中在粤港澳大湾区；深圳更以“创新之都”汇聚了全国最密集的高新技

术企业群体。粤港澳大湾区研发投入强度达 3.7%，PCT 国际专利申请量连续多年居全国首位，深圳—香港—广州创新集群连续五年位列全球第二。此外，粤港澳大湾区已形成“专精特新”企业集群，2024 年国家级“小巨人”企业累计超过 880 家，深圳独占半数，凸显其在硬科技领域的引领地位。这些数据不仅反映了粤港澳大湾区技术创新的内生动力，也为其科创金融生态系统建设提供了丰富的项目源和产业化场景。

7.2.2.2 多层次金融支持体系，覆盖全创业周期需求

粤港澳大湾区通过“股权+债权+保险+担保”的多元化金融工具组合，构建了覆盖科创企业全创业周期的支持体系。首先，在创业投资与资本市场联动方面，粤科金融集团等机构通过“母基金+子基金+直投基金”模式，2024 年管理规模达 353 亿元，市场化募资规模居全国首位，投资聚焦半导体、新材料等战略性产业。深圳证券交易所、香港联合交易所及广州期货交易所形成资本市场“铁三角”，“深港通”累计交易额破 57 万亿元，跨境“理财通”2.0 版上线，推动资本跨境高效配置。其次，在银行与普惠金融创新方面，商业银行推出“投贷联动”“科技支行”等产品，单列科技信贷计划并纳入考核，破解轻资产企业融资难题；粤普再贷等机构通过“投贷担租联动”服务中小微型企业，2024 年投放产业园区贷 1.5 亿元，惠及 14 个园区。最后，在风险分担机制完善方面，政府风险补偿资金池、知识产权质押融资及科技保险等工具，有效分散了创新风险。例如，前海、横琴试点“白名单”制度，优化科研货物通关及税收政策，降低跨境研发成本。综上所述，粤港澳大湾区通过这些措施，为科创企业提供了全方位的支持，促进了区域经济的快速发展。

7.2.2.3 跨境协同与制度创新，突破区域壁垒

粤港澳大湾区以“一国两制”为框架，通过规则衔接与机制对接，推动三地要素流动与制度红利释放。在金融互联互通方面，跨境“理财通”打通了境内外理财产品市场，FT（自由贸易）账户、QFLP（合格境外有限合伙人）/QDLP（合格境内有限合伙人）试点扩大了外资引入渠道，香港“双柜台模式”助推人民币国际化，南沙、横琴成为跨境资管枢纽。在科研协同深化方面，河套深港合作区“一区两园”集聚了 200 多个高端科研项目，实现了深港“联合政策包”与数据跨境流动试点；横琴“澳门监造”标志推动中医药国际化，琴澳一体化政策加速了产业协同。在人才与标准融合方面，54 项“湾区标准”发布，港澳工程人才职称互认，5 500 多名港澳专业人士在

粤执业，跨境救护车、药械通等民生领域突破彰显了软联通成效。

7.2.2.4 生态化服务能力，构建全链条创新网络

粤港澳大湾区科创金融生态系统正从单一资金供给转向全要素服务整合，形成了一个“技术+资本+产业+政策”的共生网络。首先，在平台化资源整合方面，粤科金融集团打造了“科技金融信息街”和“粤科发布”等平台，累计撮合项目超过 4 000 个，融资金额达到 240 亿元，有效加速了科技成果转化。南沙则通过国际金融论坛（IFF）等高端平台，吸引全球资本布局绿色金融与科技产业。其次，在产业链纵深布局方面，金融机构从“投项目”转向“投产业”，围绕新一代电子信息、生物医药等产业链进行延链补链。例如，在生物医药领域，通过“基金+团队+产业”的模式，匹配药物研发的长周期资金需求，缩短医疗器械的商业化路径。最后，在数字化赋能升级方面，粤港澳大湾区依托技术优势发展数字金融，2021 年金融业增加值占比达到 12.2%。区块链、隐私计算等技术助力跨境数据流动，数字人民币试点拓展跨境支付场景，为科创企业提供精准风险控制与融资支持。

7.2.2.5 政策创新与顶层设计，强化制度保障

政府通过一系列系统性政策供给，为科创金融生态系统建设提供了稳定预期。区域协同政策如横琴封关运行、前海的“全球服务商计划”和南沙的“金融 15 条”推动了自由贸易区的差异化发展，同时河套“科汇通”试点优化了科研物资通关，形成了“一点两地”战略支点。在风险容忍与激励方面，科技信贷不良率容忍度的提升、政府性担保机制的扩容以及 S 基金试点盘活私募份额，共同激发了市场活力。此外，通过财政资金与国有资本母基金引导社会资本“投早投小”，广东私募股权规模达到了 2.44 万亿元，居于全国前列，形成了“耐心资本”培育机制。

7.2.3 挑战解析与路径重构

7.2.3.1 挑战解析

尽管粤港澳大湾区跨境金融创新成效显著，但仍面临开放与风险平衡的三重矛盾：

（1）制度性差异引致的数据治理壁垒与监管框架碎片化

粤、港、澳三地分属大陆法系与普通法系两大法律体系，金融监管规则的系统性差异显著制约跨境金融业务效率。典型例证显示，香港特区

《个人资料（私隐）条例》与内地《个人信息保护法》在数据隐私保护标准方面的制度落差，致使“粤信融”平台仅能实现企业注册信息核验，而无法共享经营流水等核心商业数据。更为突出的是，三地在金融产品准入标准方面存在制度性落差：内地私募基金实施穿透式投资者核查机制，而香港采取专业投资者认证制度，这种监管差异直接导致粤港澳大湾区合格境内有限合伙人（QDLP）试点项目实际落地率不到40%。

（2）跨境风险传导机制中的周期性压力与结构性脆弱

在美联储加息周期背景下，跨境融资成本呈现显著上行压力，2024 年度粤港澳大湾区跨境资产转让规模同比降幅达 18 个百分点，其中工业地产类资产溢价率由 35%急剧收缩至 12%，境内金融机构面临显著的优质资产配置压力。与此同时，现行跨境支付清算系统日均处理能力仅相当于新加坡金融系统的 60%，叠加跨境征信信息共享机制的缺失，导致跨境融资尽职调查周期长达 45 个工作日，显著加剧金融体系的流动性风险敞口。

（3）国际金融中心竞争格局下的制度性套利挑战

新加坡通过实施 17%的企业所得税率及离岸基金免税等优惠政策，已吸引粤港澳大湾区 30%的家族办公室实施战略南迁。2025 年星展银行通过增资 88 亿元实现对深圳农村商业银行的控股，创新采用“新加坡总部—粤港澳大湾区特殊目的载体（SPV）”架构进行跨境套利操作，预计将引发年均 80 亿元规模的资本外流。此外，新加坡 ESG（环境、社会和公司治理）认证体系已全面覆盖航运、建筑等关键领域，而粤港澳大湾区绿色债券标准尚未实现与港澳地区的有效衔接，致使 43%的跨境绿色资产证券化项目选择在新加坡交易所挂牌交易。

7. 2. 3. 2　路径重构

（1）创建跨境金融基础设施互联互通机制，推进制度型开放

金融产品创新维度将重点拓展跨境“理财通”业务边界，将保险产品、REITs 及金融衍生品纳入业务范畴，同步探索“新股通”“碳排放权通”等创新通道，并着力引入人民币计价海外债券与 QDII（合格境内机构投资者）基金等全球化资产配置工具。企业资金管理维度试点深港双总部“资金通”模式，通过优化 FT（自由贸易）账户与 EF（境外机构）账户的功能整合，支持跨国企业实施跨境资金池统筹管理，重点突破跨境人民币再保险业务瓶颈。监管协同维度则借鉴欧盟“单一通行证”制度框架，建立数据分类分级管理标准，在保障数据安全的前提下实现特定场景脱敏

数据跨境流动，并推出粤、港、澳三地联合认证的“湾区金融产品白名单”机制，形成标准化产品互认体系。

(2) 构建多层级金融安全保障机制，完善风险防控体系

通过设立粤港澳大湾区跨境金融稳定基金与外汇风险共担资金池，建立系统性风险缓冲机制，同时针对关键基础设施实施外资持股比例动态管理，完善“负面清单+宏观审慎”双支柱监管框架。金融科技监管应用重点推进区块链技术在贸易融资、不良资产证券化等场景的深度应用，构建“监管链—业务链”双链协同架构，实现跨境交易全流程可追溯监管。在汇率风险管理创新方面，通过“境外不落地购汇”模式与人民币汇率期权等衍生工具试点，帮助企业构建对冲美元周期波动的立体化风险控制体系。

(3) 扩大大宗商品人民币计价范围，强化人民币国际化战略支点

大宗商品定价机制以前海联合交易中心为平台，在扩大农产品等传统品类的基础上，逐步向稀土、锂资源等战略资源领域延伸，构建“人民币+资源”复合定价体系。在绿色金融标准建设方面，联合香港金融管理局制定具有国际影响力的粤港澳大湾区转型金融分类目录，推动碳配额跨境互认交易机制实质性落地，同步培育离岸人民币绿色债券市场。离岸市场协同发展则依托香港离岸人民币枢纽优势，扩大前海、横琴离岸债券发行规模，试点“数字人民币+区块链”跨境结算系统，显著提升人民币在“一带一路”共建国家贸易结算中的占比，形成内外联动的货币循环体系。

粤港澳大湾区通过制度破壁、产业协同与生态重构，为中国科创金融的跨境整合提供了“湾区范式”。其核心经验在于：以规则衔接破解制度差异，以市场需求倒逼金融创新，以人民币国际化提升战略能级。未来，随着跨境“理财通”扩容、QFLP试点深化以及数字人民币跨境应用的拓展，粤港澳大湾区有望成为全球科创金融网络的关键节点，为中国科创金融生态系统建设贡献开放维度的核心模块。

7.3 长三角模式：“超级聚合器”的生态网络构建

长三角地区以占全国4%的国土面积，创造了全国24%的GDP和35%的科创板上市企业，其科创金融生态系统的独特之处在于通过深度协同与

网络化整合，实现了从“单点突破”到“全域共生”的系统性跃迁。作为中国产业链最完备、创新要素最密集的区域，长三角地区通过政策嵌套、资本联动与产业耦合，构建起覆盖“基础研究—中试转化—产业集群”的全域生态网络，成为全国科创金融的“超级聚合器”。2024 年年底，长三角地区科创企业贷款余额达 8.7 万亿元，占全国总量的 32%；科创板上市公司数量突破 260 家，总市值占比超过四成，展现出强大的资源整合能力。

7.3.1 定位：一体化战略下的全域科创共同体

长三角地区科创金融生态系统建设的核心逻辑在于突破行政壁垒，构建“创新要素自由流动、功能分工有序协同”的共同体。这一战略定位的实践根基源于三大结构性优势的深度耦合：首先，产业链的完备性为创新提供了底层支撑，区域内集成电路、生物医药、人工智能三大核心产业分别占据全国产能的 33%、40%和 50%，形成了涵盖材料研发、设备制造到场景落地的垂直生态体系；其次，资本的高效流动性激活了创新动能，依托上海国际金融中心的辐射效应，2023 年区域股权市场跨省投资规模突破 9 000 亿元，实现金融资本与苏、浙、皖实体产业的无缝对接；更为关键的是制度性协同的突破，通过 G60 科创走廊和长三角一体化示范区等跨区域治理机制，11 个重点城市已在 143 项制度标准上达成互通，从“科创券”跨区域流通到高端人才资质互认，系统性降低了制度性交易成本。这种多维度的协同创新机制，正推动长三角地区从地理概念向价值创造共同体跃升。

7.3.2 实践特色

7.3.2.1 制度创新引领：政策先行与顶层设计

长三角地区科创金融生态的基石在于制度创新。自 2022 年中国人民银行等八部门联合发布《上海市、南京市、杭州市、合肥市、嘉兴市建设科创金融改革试验区总体方案》以来，五城围绕“科技—产业—金融”良性循环，形成了覆盖企业全创业周期的政策框架。例如，上海提出建设 30 家科技支行和 90 家科技特色支行，江苏推出“远期共赢”利率定价和“贷款+外部直投”模式，安徽首创科技成果“赋权+转让+约定收益”机制，均体现了差异化政策供给。此外，长三角地区率先探索跨区域监管协同，如金融科技“三维监管框架”（持牌金融监管、科技外包监管、数据征信监管）的落地，为风险可控的创新提供了制度保障。

7.3.2.2　多层次金融支持网络：覆盖全创业周期的服务体系

长三角地区构建了“股贷债险”联动的立体化金融服务网络。在间接融资方面，银行体系通过专营机构（如上海农村商业银行科技金融事业部、嘉兴银行三级科创服务体系）和产品创新（如专利质押融资、科创重振贷）精准服务企业需求。直接融资则依托资本市场改革红利，截至2025年年底，上海科创板上市企业占全国16%，G60科创走廊科技成果转化基金、基础设施REITs等工具进一步拓宽融资渠道。同时，“耐心资本”理念得到深入实践。在这一理念的驱动下，政府引导基金、保险资金与市场化风险投资基金正形成合力，如江苏天使投资基金积极践行“投早投小投硬科技”，安徽科创企业融资覆盖率也因多元化资本支持而超过了70%。

7.3.2.3　区域协同机制：跨区域联动与资源共享

长三角地区突破行政壁垒，以“一体化”思维推动要素流动。G60科创走廊是典型范例，其搭建的综合金融服务平台已实现6城互联，授信总额1.9万亿元，并通过跨区域联合授信、科技成果拍卖会等机制促进资源高效配置。西岑科创园区的建设更突出跨区域合作：依托156亿元银团融资，园区整合上海金融资源与华为研发能力，打造“R&D科创核”，形成产城融合的生态样板。此外，三省一市（皖、浙、苏、沪）共建的REITs产业联盟、数据共享平台等，进一步强化了区域协同的制度化基础。

7.3.2.4　产融深度融合：产业链与创新链的双向赋能

长三角地区以产业集群为锚点，推动金融与产业深度耦合。一方面，金融资源向集成电路、生物医药、人工智能等先导产业倾斜，如上海“3+6”产业体系专项信贷、苏州承接上海金融溢出效应发展电子信息产业；另一方面，科技反哺金融创新，杭州依托互联网生态形成金融科技双核驱动（上海占66%、杭州占21%的独角兽份额），南京探索传统金融业数字化转型，合肥则以科创试验区为载体孵化金融科技新模式。这种“产业需求牵引金融创新—金融工具催化技术突破”的闭环，成为区域竞争力的核心引擎。

7.3.2.5　科技赋能与生态韧性：数字化与绿色化双轮驱动

金融科技的应用显著提升服务效能。长三角地区是全国数字人民币首批试点区，区块链技术在供应链金融、知识产权证券化等领域广泛应用。例如，安徽企业通过“科创E贷”一周内获纯信用贷款500万元，江苏

“投贷联动”服务实现银投协同风险评估。同时，绿色金融与科创金融深度融合，浙江碳普惠平台用户突破百万，示范区探索科创园区 REITs 与生态治理结合，体现了“科技+绿色”的可持续发展路径。

7.3.3 矛盾解构与范式创新

7.3.3.1 矛盾解构

长三角地区科技创新金融生态系统在资源整合与市场扩容方面取得了显著成效，但在高速发展过程中，深层次结构性矛盾逐步显现。区域协同发展仍停留在物理空间聚合层面，尚未实现创新要素的化学反应式融合，行政壁垒、利益藩篱与制度惯性相互作用形成的“三重张力”，正制约着全球科技创新高地的能级跃升。

（1）同质化竞争引致的资源错配效应

长三角地区因统筹规划机制缺失与利益协调制度供给不足，战略性新兴产业领域出现显著的同质化建设现象。例如，9 个核心城市将集成电路产业列为优先发展领域，12 个产业园区竞相争夺“中国药谷”称号，引发资源分散与产能结构性过剩问题。2023 年，区域半导体设备平均利用率为 68%，显著低于全国平均水平。这种同质化竞争不仅造成财政资金浪费，还削弱了区域整体竞争力。例如，苏州、杭州等地半导体产业园重复布局，导致招商内卷和土地资源低效利用。该问题的本质在于区域规划协同机制缺失与地方政府政绩考核制度的路径依赖。各地政府对战略性新兴产业的非理性追逐，导致创新要素配置出现系统性偏差。为此，亟须通过顶层制度设计构建差异化竞合机制，将产业政策重心从“税收优惠竞争”转向“创新生态构建”，从根本上规避低水平同质化竞争。

（2）利益分配失衡导致的协同阻滞效应

跨区域合作中的财税分配机制与统计核算体系尚未建立，形成“协作易、分利难”的制度困境。典型案例是某新能源车企总部设在上海，生产基地在安徽，两地因 GDP 核算和税收分配产生争议，暴露出区域协同发展的制度性梗阻。此外，政府引导基金多局限于本地投资，如上海国资基金 80%以上投向本地项目，跨区域产业链投资比例不到 5%。利益分配矛盾折射出区域协同从“物理聚合”向“化学融合”转型的深层梗阻。破解“总部—生产基地”模式下的 GDP 核算争议，需构建跨区域财税共享、统计分成的制度框架，推动地方政府从“零和博弈”转向“共生发展”。

（3）服务断层引发的创新主体覆盖缺口

长三角地区科创板上市公司数量占全国的45%，营业收入10亿元以上企业占比达70%，区域内86.3%的中小型科创企业面临“首贷难”。数据显示，商业银行对科创企业信用贷款普遍设置5 000万元营业收入门槛，导致研发阶段企业融资成功率较低；中小型科创企业平均融资成本比大型企业高3到5个百分点，融资缺口超过万亿元。这种金融服务断层现象的本质是传统信贷风险控制模式与科技创新规律的结构性矛盾。破解之道在于构建以知识产权价值评估为核心的技术流评价体系，通过建立“研发投入—专利质量—团队能力”三维度信用评估模型，实现科技金融服务的精准触达。

7.3.3.2 范式创新

面对同质化竞争、利益分配困局与中小型企业服务短板的“三重张力”，长三角地区亟须跳出传统协同框架，转向更深层次的生态重构——不仅要打通要素流动的“毛细血管”，更要重塑创新价值链的“造血逻辑”。2024年，长三角地区跨省科技协作项目数量同比增长35%，印证了从“被动协同”到“主动联结”的转型势能。唯有将制度壁垒转化为制度红利，方能激活全域创新的“共生效应”。

（1）功能分工体系的重构路径

首先，描绘产业地图2.0，实现差异化定位。可制定“长三角产业协同发展指引（2024—2030）”，建立“核心城市突破关键领域+节点城市专精制造环节”的分工体系。例如，上海聚焦EDA软件、大模型等“卡脖子”环节，苏州专攻芯片制造，合肥深耕量子通信，形成“研发—制造—应用”垂直分工链条。其次，创新飞地利益共享模式。可深化“杭芜协同创新园”模式，建立“研发投入共担、知识产权共享、经济指标分解”机制。例如，杭州未来科技城与芜湖共建园区，税收按6∶4分成；苏州BioBAY与南通共建生物医药中试基地，研发成果共享产权。产业地图2.0的本质是“用制度创新替代地理边界”。通过产业链精准分工与创新飞地模式，既保留城市竞争活力，又形成“研发在上海、转化在苏州、配套在合肥”的梯度布局，实现资源效率与创新浓度的双重提升。

（2）要素流通机制的数字化转型

一是实现数据互联与智能授信。上线长三角地区科创金融云，整合企业征信、专利评估等数据，实现“一键跨省授信”。例如，常州某企业通过平台调用杭州订单数据，1小时内获浙商银行300万元预授信。二是强化区块链赋能供应链金融。推广上海钢联与江苏沙钢合作的大宗商品融资平台，利用区块链技术实现应收账款确权，2024 年交易额突破 2 000 亿元，降低中小型供应商融资成本 30%。数据要素的跨区域流通正在重塑长三角地区资源整合范式。科创金融云和区块链技术的应用，不仅可打破“数据孤岛”，更催生“信用互认”新机制，使“一小时跨省授信”成为区域一体化的金融基础设施。

（3）服务网络的普惠化升级

创新首贷服务机制，运用数据增信提升服务质效。设立长三角地区中小型企业首贷服务中心，通过“数据画像+政府增信”破解首贷难题。深化资本市场服务，扩容科创指数。扩容“长三角科创 100 指数”，纳入更多中小型科创企业，引导基金定向配置。中证长三角科创 100ETF 规模超过 120 亿元，覆盖生物医药、高端装备等领域，推动社会资本向早期项目倾斜。普惠化服务网络的核心是重构风险分担机制。首贷服务中心与科创指数扩容，通过“政府信用背书+市场化定价”“组合拳”，引导资本向早期创新环节渗透，为“实验室到生产线”的跨越架设金融桥梁。

长三角地区的实践表明，科创金融生态的竞争力不仅取决于单一城市的能级，更依赖区域网络的协同效率。通过制度破壁、资源重组与模式创新，长三角地区正从“地理集合”升级为“创新共同体”，其“超级聚合器”功能的核心在于：以市场化机制实现要素最优配置，以生态化思维重塑产业竞争逻辑。未来，随着长三角地区科创金融改革试验区深化推进，这一区域网络有望进一步辐射长江经济带，为中国科创金融生态系统建设贡献聚合维度的关键模块。

7.4　济南模式：“黄河流域破题者”的区域突围

作为全国首个科创金融改革试验区，济南以破解“中小型科创企业融资难”为核心命题，通过重构信用评价体系、创新金融工具与激活区域协同网络，探索出一条适配黄河流域资源禀赋的科创金融改革路径。在传统金融体系与科创企业轻资产、高风险特征严重错位的背景下，济南以制度创新为突破口，推动金融资源从“垒大户”转向“育新苗”，为内陆省份破解创新要素匮乏困境提供了实践样本。截至 2024 年年底，济南科创企业贷款余额突破 4 000 亿元，年均增速达 28%；科创板上市企业数量从试验区设立前的 3 家增至 11 家，中小型科创企业获贷率提升至 62%，高于全国平均水平 15 个百分点，展现出改革试验的显著成效。

7.4.1 定位：破解黄河流域“创新塌陷”的试验田

济南的改革试验承载着破解中小型科创企业融资困境与激活黄河流域创新动能的双重使命。面对全国 65%的中小型科创企业因缺乏抵押物被传统信贷排斥的“麦克米伦缺口”，以及沿黄 9 省区研发强度仅为长三角地区二分之一的现实，济南以三大战略支点构建创新生态。政策层面依托全国首个科创金融改革试验区优势，首创 27 项政策工具，“人才贷”风险补偿机制更成为中央银行全国推广范本；空间布局上打造黄河科创走廊，串联郑州、西安等节点城市，2024 年实现跨区域技术交易额超过 200 亿元；服务体系创新推出“评—保—贷—投—易”全链条机制，使科创企业融资周期压缩了 60%。山东天岳的成长轨迹印证了这一体系的有效性——通过“人才贷+政府跟投”模式，该企业从中科院实验室技术到科创板上市仅用了 8 年，带动形成 46 家配套企业的碳化硅产业集群，完整演绎了金融活水浇灌技术创新、技术突破反哺产业升级的良性闭环。

7.4.2 实践特色

7.4.2.1 顶层设计与政策创新：构建“有为政府+有效市场”协同机制

济南科创金融生态系统的顶层设计以系统性改革为导向，通过政策集成创新强化制度供给。一方面，成立由市委、市政府主要领导任双组长的试验区建设领导小组，出台总体方案及配套实施方案，细化 39 项重点任务和 155 条推进措施，形成“台账式管理、专班化推进”的落实机制；另一方面，首创“六专四价”（专营机构、专属产品、专项政策、专家团队、专门板块、专业载体；人才作价、信用定价、知识产权估价、科创企业评价）工作体系，破解传统金融与科技融合的体制机制障碍。政策创新尤为突出，如《财政投资基金尽职免责实施细则》通过风险补偿和免责机制，引导资本投向种子期和初创期企业，知识产权质押融资风险补偿标准提高 10 个百分点，激发金融机构服务科创创业的积极性。这一系列政策“组合拳”，实现了财政资金、金融工具与市场力量的深度联动，形成“热带雨林式”创新生态。

7.4.2.2 专业化服务体系：打造梯度型金融组织与全创业周期产品矩阵

济南着力构建“专营机构支撑+专属产品适配”的科创金融专业化服务体系。在机构端，全国首创科技金融机构评价标准，设立科技支行10家、科技金融事业部3家、特色机构9家，形成“科技特色支行→科技支行→科技银行”的梯度型组织架构，如齐鲁银行科创金融中心支行专注服务新一代信息技术、生物医药等领域，科创客户占比达95%。在产品端，推出覆盖企业全创业周期的79项创新产品，包括“科创贷”“投联贷”“人才贷”等信贷工具，以及创业保险、首台套保险等风险缓释产品，其中“央行资金科创贷”累计发放119.7亿元，“人才贷”备案金额突破9.77亿元。此外，首创“四价”评估体系，将人才价值、信用数据、知识产权等无形资产转化为可量化融资标的，推动知识产权质押融资累计超过100亿元，实现了“知产”向“资产”的蝶变。

7.4.2.3 产融深度融合：构建“科技—产业—金融”良性循环

济南以产业链需求牵引金融创新，通过“基金+直投+园区”模式加速产融对接。政府引导基金规模达600亿元，设立天使创业投资、产业投资等6类基金，撬动社会资本形成近500亿元基金集群，重点投向空天信息、量子科技等未来产业。同时，搭建“海右”路演、“齐鲁企舞”等投融资平台，举办59场产融对接活动，促成5 700人次参与、800余家企业获投融资支持。在载体建设上，中央商务区（CBD）与中央科创区（CTD）形成“双核驱动”，前者集聚科创金融大厦、“四合一”资本市场服务基地，后者打造“园区通”智慧平台，探索“链主企业+CVC”“投贷联动”等新模式，累计注册科创企业324家。这种产融联动模式推动比亚迪半导体、弗迪电池等重大项目落地，新能源汽车产能三年实现“24万辆→36万辆→50万辆”三级跳，空天信息产业集群形成“卫星总装—零部件制造—应用服务”的完整链条。

7.4.2.4 数字赋能与生态优化：夯实基础设施与风险防控能力

济南以数字化手段提升金融服务效率，建设“泉融通”统一融资服务平台，集成108家金融机构、378款产品，累计已放款220亿元，并通过数据共享破解银企信息不对称难题。在风险防控方面，建立了20亿元风险补偿资金池，对科创贷款不良项目的补偿比例最高达60%，叠加“科创金融统计监测指标体系”，实现风险精准识别与动态管理。此外，创新“金融辅导员+科技辅导员”双轨服务模式，152 名专家组成服务团队，为 5 944 家企业提供“融资+融技+融智”综合支持，解决贷款 706.48 亿元。这种“数据驱动+专业服务”的生态优化，使科创贷款不良率低至 0.26%，显著优于普通企业贷款。

7.4.2.5 区域协同与开放创新：强化黄河流域辐射效应

作为黄河流域中心城市，济南通过科创金融改革深度融入国家战略。试验区全域覆盖的设计打破了空间限制，推动政策集成创新在起步区、高新区等重点区域先行突破。例如，起步区依托中新济南未来产业城，引入新加坡绿色科技研究院，探索跨境融资租赁和 REITs 试点，山东高速基础设施 REITs 发行规模达 29.85 亿元，成为全省首单。同时，济南积极承接国家实验室基地、中科院济南科创城等高能级平台，2023 年新增 6 家全国重点实验室，全社会研发投入强度达 2.88%，技术合同成交额突破 800 亿元，形成对周边区域的创新辐射力。

7.4.3 挑战反思与突破方向

7.4.3.1 挑战反思

尽管济南市在科创金融试验区改革中成效显著，但在黄河流域协同创新中面临的挑战呈现多维度、深层次的制度性矛盾。

（1）区域辐射效能不足

试验区政策红利外溢效应尚未充分显现，济南市 2024 年向黄河流域的技术输出占比仅为 22%，而本地技术转化率高达 78%，与“区域创新枢纽”的战略定位存在显著差距。其根源在于行政壁垒与市场分割的交互作用，2024 年技术输出占比仅 22%的背后，是“中心集聚—外围塌陷”的二元结构：主城区与县域间交通网络断裂、产业承接载体缺失，叠加黄河流域技术交易中心与北京证券交易所的系统对接滞后，导致技术转化陷入“本地锁定”。这种现象与苏州工业园区通过飞地经济实现 60%技术外溢形成了鲜明反差，暴露出济南在跨区域协同载体建设和利益共享机制上的双重短板。

（2）高端要素集聚滞后

高端要素集聚滞后的结构性矛盾集中体现为“人才—资本—制度”的协同失效。截至 2024 年年底，济南国家级领军人才数量仅相当于苏州的 33.3%，金融从业人员中硕士及以上学历者占比不足 18%，直接制约了复杂金融工具的应用效能。国家级领军人才仅为苏州33.3%的数据背后，是产学研协同机制断裂、人才激励机制滞后以及城市功能缺陷的叠加效应。金融从业人员高学历占比不足18%的现象，折射出金融业态单一化困境：政府引导基金70%投向成长期企业的保守倾向，导致风险投资生态失衡，与深圳前海“投贷保”联动模式相比，济南种子期项目39.2%的融资缺口暴露了市场化资本参与度的严重不足。

（3）流域协同机制缺位

黄河流域各省份尚未建立明晰的利益分配机制。流域协同机制缺位的制度性症结在锂电池项目税收争议案例中具象化显现。项目搁置9个月的深层原因在于法治框架缺失：黄河流域缺乏类似莱茵河保护委员会的常设协调机构，且未建立“经济贡献+生态补偿+就业带动”的三维评估模型。数字治理工具滞后加剧了协同困境，区块链等技术未应用于跨省交易存证，致使合同履约、税收分成等关键数据难以实时核验，与长三角地区G60科创走廊“创新券通兑”机制形成了代际差距。

更深层次的问题在于政策驱动与市场机制的动态失衡。金融机构包装“科创贷”导致统计数据虚高15%的现象，其本质是考核指挥棒扭曲：监管部门对“科创贷款增速”的刚性考核，迫使机构进行监管套利。政府引导基金风险规避倾向则暴露风险定价双轨制困境：现行制度对种子期项目仅允许30%失败率，且缺乏以色列式5∶5风险共担机制，致使资本向成熟项目扎堆。这些矛盾在数字人民币、科创债券等创新工具试点中被进一步激化，受制于中央与地方监管权划分，政策工具创新难以突破体制天花板。

7.4.3.2 突破方向

（1）构建科创金融“毛细血管”网络体系

济南市在构建多层次科创金融生态服务网络体系方面取得了显著突破，通过服务网络下沉、供应链金融创新与人才金融试点三大战略形成协同发展格局。在服务网络下沉方面，依托章丘、莱芜等产业集聚区设立的6个科创服务中心，创新开发“专精特新助力贷”等5类特色产品，推动区县科技贷款余额增速较主城区高出12个百分点。这种下沉式服务网络通过“泉融通”统一融资平台实现数据贯通，有效破解县域科创企业融资信息不对称难题，与济南科创金融大厦的“1+6+*N*”科技成果转化平台形成协同效应。

供应链金融创新领域，中国重汽率先应用“核心企业+区块链”确权融资模式，通过区块链技术将132家上游供应商的应收账款转化为可分割、可溯源的数字权证，实现7.3亿元供应链融资支持。该模式借鉴腾讯区块链供应链金融解决方案的技术架构，在智能合约中嵌入信用拆分规则，使核心企业信用沿供应链穿透3~4级供应商，同时通过齐鲁银行“联投易贷”产品实现投贷联动，形成“区块链确权+银行信贷+创业投资跟投”的闭环体系。

人才金融试点突破传统授信逻辑，将省级以上人才奖项、技术入股等12项指标纳入信用评价体系，开发出“人才贷—科创精英”专属产品。试点机构通过中国工商银行济南分行科创企业专属评级模型，使人才型科创企业准入率提升28%，最高可授予1 000万元信用贷款额度。该体系与“人才险”“人才担”形成协同，构建起覆盖人才全创业周期的风险分担机制，其中政府风险补偿资金池对首笔信用贷给予60%本金损失补偿，显著提升了金融机构风险容忍度。

（2）深化黄河流域协同创新机制

济南市在深化黄河流域协同创新机制方面取得了突破性成效，通过三项战略性创新举措构建起跨区域协同发展新型范式。在科创联盟建设领域，联合郑州、西安共同设立总规模100亿元的协同发展基金，重点支持新能源、现代农业等6大跨省产业链，形成“研发协同+产业共建+资本共享”的生态闭环。该基金借鉴粤港澳大湾区战略投资基金模式，建立基于产业链价值贡献度的动态分配模型，目前已储备12个联合攻关项目，涵盖固态电池、智慧农业等前沿领域。协同创新体系与山东自由贸易试验区济南片区牵头的黄河流域自由贸易试验区联盟形成战略呼应，构建起“基础研究—技术开发—成果转化”的全链条支撑网络。

逆向飞地经济模式实现资本要素的跨流域逆向流动，在苏州工业园区设立的“济南科创飞地”创新“总部研发在飞地、产业转化在济南”的协同路径。通过“税收分成+股权置换”机制设计，7家入驻企业累计获得长三角地区资本3.6亿元股权融资，反向导入苏州生物医药、上海集成电路等领域的创新资源。这种模式突破传统飞地的单向资源输出逻辑，形成“技术外溢—资本反哺—产业升级”的良性循环，与济南在商河、章丘等地实践的“省内飞地”形成梯度配置体系。

要素市场联通工程取得实质性突破，黄河流域技术交易中心通过与北京产权交易所、上海技术交易所的系统直联，实现技术交易数据的跨区域确权和智能撮合。该平台引入“数字工单”系统和区块链存证技术，建立覆盖专利评估、技术定价、收益分成的标准化流程，使技术交易撮合效率提升40%。中科院济南科创城构建的“四圈联动”创新格局，为技术要素市场化配置提供了载体支撑，其研发的电磁橇、大气环境模拟系统等重大科技基础设施，通过该平台实现技术成果沿黄河流域的梯度转化。

（3）推动政策工具迭代升级

济南市在政策工具迭代升级领域实施系统性改革，通过三大创新机制重构制度供给体系。在补贴机制转型方面，将30%的风险补偿资金转化为“创新券”，企业可按融资规模的1%申领财政补贴。该机制突破传统的“补机构”路径，借鉴山西“基础补贴+绩效倍增”模式，设置研发投入强度、专利转化率等动态调节系数，对带动上下游协同创新的企业给予最高1.5倍补贴加成。市科技局同步建立“专利质量×商业化潜力”二维认证体系，通过区块链存证技术防范套利行为。

在科技保险创新领域，联合中国人民保险公司财险开发研发中断险、专利侵权险等5类专属产品。试点期间给予50%保费补贴，嵌入技术成熟度（TRL）评估模型，建立研发中断概率量化评估体系。参考宁德市科技保险试点经验，设立“保费补贴+风险补偿”双重保障机制，对首年参保企业额外给予20%运营补贴。产品设计融合德国弗劳恩霍夫研究院风险矩阵，针对不同TRL等级设置差异化保费系数。

在监管沙盒试验方面，允许试点银行突破存贷比限制，对硬科创企业提供10年期贷款并给予50%利息贴息。该机制借鉴特种设备沙盒监管“双重验证”原则，设置5年技术成熟度观察期，建立“技术验证+市场验证”防火墙。试点银行需同步开发智能风险控制系统，实时监控贷款资金流向，参考深圳“投贷担联动”模式，将贴息额度与企业研发投入增长率挂钩。市金融监管局动态调整“白名单”准入标准，对技术路线偏离或市场验证失败项目启动可转债转换机制。

济南的突围实践表明，破解科创金融难题需打破“当铺思维”，构建适配创新规律的信用体系与风险分担机制。作为黄河流域的“破题样本”，其价值不仅在于区域性突破，更在于为内陆省份提供了“非对称竞争”的可行路径——以制度创新激活要素禀赋，以生态重构培育内生动力。未来，随着黄河科创走廊的深化建设与沿黄协同机制的完善，济南有望从

“单点破题”升级为“流域引擎”，为中国科创金融生态系统建设贡献破解中小型科创企业融资困局的关键模块。

7.5 河南模式：“中部赶超者”的枢纽经济跃迁

河南作为中国中部地区科创金融生态的“赶超者”，依托“枢纽经济+细分赛道”的双轮驱动模式，正从传统农业大省向新兴科创枢纽转型。通过政策赋能、资源嫁接与生态重构，河南不仅破解了内陆省份创新要素不足的困局，更探索出“非对称竞争”的差异化路径。截至2024年年底，河南高新技术企业突破1.2万家，中小型科创企业贷款余额达5 117.7亿元，同比增长9.1%，郑州航空港区经济规模突破2 000亿元，展现出“中部崛起”的强劲动能。

7.5.1 定位：内陆开放型科创金融新支点

河南的跃迁逻辑植根于其双循环枢纽的独特区位优势与政策机遇。作为全国唯一拥有空港、陆港、水港、铁路港“四港联动”的内陆省份，河南以郑州为中心构建“米+井+人”字形综合运输通道，覆盖中欧班列、空中丝绸之路、内河航运等多维网络。这一地理禀赋被转化为战略优势：2024年，郑州机场货邮吞吐量突破80万吨，中欧班列累计开行1.3万列，周口港集装箱吞吐量增长56%，为科创要素流动提供了基础设施支撑。在政策层面，河南将“优势再造战略”与科创金融深度融合。2023年出台的《河南省加快实施物流拉动打造枢纽经济优势三年行动计划》提出，到2025年底物流行业总收入突破1万亿元，培育10个千亿级枢纽偏好型产业集群。郑州银行作为全国首个省级政策性科创金融运营主体，通过“三专五单独”（专营机构、专职团队、专注科创，单独考核、风险容忍等）机制，累计为3 803家科创企业提供贷款334亿元，形成“政策+市场”双轮驱动的创新生态。

7.5.2 实践特色

7.5.2.1 政策支持：顶层设计与多层次政策体系的构建

河南省科创金融生态系统建设的核心动力源于政策体系的系统性设计

与创新实践。近年来，河南省围绕国家“十四五”规划与中央金融工作会议精神，从科技研发、金融支持、产业升级、人才激励、数据赋能、平台服务六大维度系统构建优化科创金融生态的政策框架，本部分重点围绕科创金融供给展开，具体包括以下维度：

（1）顶层设计的战略引领

河南省将科创金融作为创新驱动发展战略的核心抓手，提出“十大战略”之首的“创新驱动、科教兴省、人才强省”战略，并成立省科技创新委员会来统筹推进政策落地。2024 年 6 月，河南省人民政府办公厅印发《推动科技金融增量扩面降价提质工作方案》（以下简称《方案》），该《方案》已成为河南省科创金融政策体系的核心文件。《方案》提出“扩大科技金融总量、降低融资成本、提升服务能力”三大目标，并围绕结构性货币政策工具、信贷产品创新、直接融资拓展等七大领域制定具体措施，明确责任单位与时间节点；《方案》进一步突出“投早、投小、投长期、投硬科技”的导向，特别强调通过再贷款、再贴现等结构性工具扩大资金供给，引导金融机构提供全创业周期服务。例如，《方案》中直接要求“新增 100 亿元支小再贷款额度”，并探索“再贷款+科技贷”“再贴现+科创企业票据”等创新模式，为金融机构提供定向资金支持。

与此同时，创建郑州科创金融改革试验区也被明确写入《2024 年河南省政府工作报告》。郑州科创金融改革试验区创建计划旨在通过制度创新构建“广渠道、多层次、全覆盖”的科创金融体系，试点内容包括风险补偿机制优化、科创金融事业部制改革、科创引导基金扩容等。该计划借鉴了上海、南京等地的试验区经验，强调“市场运作+政府引导”双轮驱动，重点解决科创企业长期融资难题。

（2）多层次融资支持体系政策

①结构性货币政策工具配套政策

按照《方案》的要求，中国人民银行河南省分行实施货币政策工具“精准滴灌”行动，通过再贷款、再贴现等工具向科创企业倾斜资金。2024 年新增支小再贷款额度 100 亿元，再贷款及再贴现总额度突破 1 200 亿元，优先支持科创企业票据贴现，简化审批流程以提升资金使用效率。2024 年 12 月印发《关于贯彻执行稳健货币政策做好五篇大文章服务河南省经济高质量发展的意见》，将“科技金融”置于五大任务之首，要求金融机构落实“投早、投小、投长期、投硬科技”导向，并配套科技创新再贷款、专项金融债发行等工具。例如，截至 2024 年年底，河南全省科技创新再贷款累计支持 152 个项目落地金额达 48.6 亿元。

②间接融资支持政策

针对科创企业“轻资产、高风险”特点，推出“科技贷”“专精特新贷”“研发贷”“认股权贷”等差异化产品。推广“科技贷”与“专精特新贷”是《方案》的重点任务之一，这两类产品通过银担合作、风险补偿（最高 80%）及财政贴息等方式降低企业融资门槛。截至 2024 年年底，“科技贷”累计服务科创型企业 11 000 余家，提供融资支持 2 500 余家，贷款余额 363 亿元；“专精特新贷”则通过差异化利率定价（加权平均利率 3.43%）覆盖 1 231 家企业，融资规模达 53.96 亿元。郑州银行推出“认股权贷”允许企业以融资金额比例授予银行认股期权，缓解了初创企业抵押物不足问题；中原银行则构建覆盖孵化期至成熟期的四类产品谱系，累计支持超过 1 400 家科技企业。

③直接融资支持政策

河南省积极拓展科创型企业直接融资渠道。一方面，开展科创企业债券融资培育行动，扩大科创企业发债融资规模，推动发行科创票据、中期票据等工具。2024 年，河南省科创债券发行规模达 65 亿元，覆盖研发投入与设备更新需求。另一方面，设立总规模 30 亿元的天使投资引导母基金，出台容亏容错机制，鼓励社会资本投早、投小；推动 S 基金（私募股权二级市场基金）落地，促进“投资—退出—再投资”循环。同时，省级政府投资基金总规模增至 2 263 亿元，覆盖 1 316 个科创项目，形成“股权+债权”双轮驱动格局。

④健全风险分担机制

通过财政资金补偿、担保增信等方式降低金融机构风险。如“科技贷”损失补偿比例提高至 80%，“专精特新贷”通过银担合作模式覆盖信用风险。同时实施“科技金融伙伴计划”，该计划由省政府主导，要求银行与科创企业建立长期伙伴关系，并联合担保、保险等机构形成全要素支持体系。2024 年通过政银企对接活动促成授信 326.3 亿元，并推动中信银行等机构与地方政府签署战略协议。

（3）金融机构改革与平台建设政策

河南省以郑州银行为试点，成立全国首个省级政策性科创金融专营机构，设立科创金融事业部与专营支行，构建“科创金融中心+特色机构+专业团队”服务体系。以“两城一谷”（中原科技城、中原医学科学城、中原农谷）为核心，推动金融机构设立科技特色支行和专业团队。浦发银行郑州分行设立了 8 家科技支行，构建“总行—分行—支行”三级服务体系，覆盖省内 9 大国家级高新区。同时，整合全省 50 余类涉企数据构建融资信用平台，推动“信用画像”技术应用，2024 年通过该平台发放信用贷款超过 1 000 亿元，科创企业首贷覆盖率提升至 65%。

（4）区域协同与试点政策

开展郑洛新国家自主创新示范区政策试点，赋予该区域“投早、投小、投长期”政策权限，试点长期资本支持硬科技项目。2025 年，进一步提出组建河南省高新区联盟，支持三门峡、商丘等地创建国家高新区，强化区域创新协同。针对区域发展不均衡问题，实施县域科技金融下乡工程。《方案》要求设立县域科技金融服务站，推广“科技贷”县域版产品，并整合农业、环保数据完善信用评价模型，目标是将县域覆盖率从不足 30%提升至 50%以上。

由上可知，河南省通过《推动科技金融增量扩面降价提质工作方案》等核心政策，构建了“顶层设计—货币政策—产品创新—区域试点”四位一体的政策体系，并依托数据平台与容错机制提升政策落地效能。

7.5.2.2　建设成效：从量变到质变的阶段性突破

（1）融资规模爆发式增长与普惠性提升

随着一系列政策的落地实施，河南省科技信贷总量跨越式增长。截至 2024 年年底，河南省科创企业贷款余额达 4 969.16 亿元，（较 2021 年底）实现三年翻番，年均复合增长率达 34.2%。值得注意的是，科技贷款增速显著高于传统行业：2024 年科技贷款同比增长 27.07%，高出全省各项贷款平均增速 20.28 个百分点，创历史最大增幅差。在信贷总量规模攀升的同时，科创企业融资成本持续下降。通过财政贴息、风险补偿等政策工具，河南省科技贷款加权平均利率从 2021 年的 5.12%降至 2024 年的 3.43%，低于全国平均水平 0.85 个百分点。以“科技贷”为例，企业实际融资成本最低可达 2.15%（LPR－150BP），较普通经营性贷款利率低 200 个基点以上。2024 年全省科创企业累计节省利息支出超过 45 亿元，有效缓解了轻资产企业财务压力。

此外，河南省积极拓展融资覆盖广度。通过打造“孵化期—初创期—成长期—成熟期”四阶段信贷服务体系，满足科创企业不同阶段的融资需求。2024年各阶段获贷企业占比分别为18%、32%、41%、9%，改变了过往集中于成熟期企业的结构失衡问题。提升区域渗透率，促进金融资源的均衡分布。郑州、洛阳两地集中度从2020年的78%降至2024年的62%，县域科创企业贷款余额突破800亿元，年均增速达56%。周口、商丘等传统农业区实现科技贷款“零的突破”，2024年分别新增投放23亿元、17亿元。精准滴灌重点领域，加强未来产业金融支持力度。新一代信息技术、生物医药、高端装备制造三大领域贷款占比达67%，其中半导体材料企业获贷率从2021年的31%提升至2024年的89%。

（2）科创金融产品体系实现革命性创新

积极构建信贷产品的“四维创新矩阵”。一是创新突破担保方式。知识产权质押贷款余额在2024年达到287亿元，增长了4.3倍；洛阳LYC轴承以“高精度轴承专利包”获得中原银行2.3亿元质押贷款，创下中部地区单笔最高记录。在未来收益权质押方面，平煤神马集团通过“煤基碳材料技术产业化收益”获得中国工商银行10亿元专项授信，开创了重资产企业轻融资新模式。二是优化调整期限结构。推出“3+2”弹性还款产品，匹配科创企业研发周期，2024年此类贷款余额达620亿元，占科技贷款总量的12.5%。试点10年期“技术迭代贷”，郑州安图生物获得中国银行5亿元长期贷款支持体外诊断试剂升级研发。三是革新定价机制。建立了“研发投入挂钩利率”模型，企业研发强度每提升1个百分点，贷款利率下调20个基点。许继电气因提升研发投入占比，获郑州银行利率优惠120个基点，年节省利息超过800万元。四是拓展延伸跨境服务。宇通客车通过中原银行引入境外低成本资金3亿美元，综合融资成本较境内低1.2个百分点。

保险产品的风险覆盖能力显著提升。一方面，大力开发险种，实现研发风险全链条保障。中国人民保险公司财险推出“研发中断险”，为汉威科技传感器研发项目提供3 000万元风险保障，并在触发赔偿条件后48小时内完成理赔。太平洋保险公司开发的“临床试验责任险”覆盖创新药研发的第三方损害风险，已为华兰生物等6家企业提供5.2亿元保障。另一方面，通过建立“评估+保险+融资”联动机制，完善知识产权保护体系。中勤万信评估所与平安保险公司合作推出“专利维权险”，在企业遭遇侵权时提供诉讼费用预付。2024年全省科创企业参保率达38%，较2021年提升了27个百分点。

（3）风险分担机制形成“三位一体”防护网

近年来，政府风险补偿基金的杠杆效应显著。通过构建“风险补偿与贷款质量挂钩”的动态调整机制，政府对不良贷款率低于3%的金融机构的补偿比例从80%提升至90%。以郑州银行为例，2024年其获得的补偿资金增加了1.2亿元，这直接促进了新增科技贷款投放额达到25亿元。此外，设立“首贷风险补偿池”，对首次获贷科创企业的损失补偿比例提高至85%，有效推动了首贷户数增长62%。

担保增信体系亦实现了结构性升级。中原再担保集团创新推出了“4321”新型政银担模式，政府补偿40%、担保机构承担30%、银行承担20%、再担保机构承担10%，显著提升了单户担保额度上限，从1 000万元提升至5 000万元。2024年，通过该模式支持企业融资53.96亿元，放大倍数达到7.8倍。同时，对担保物范围也进行了革命性拓展，将“数据资产”纳入合格担保品。UU跑腿凭借其日均200万单的运营数据，获得了中原再担保集团5 000万元授信担保，这在全国范围内开创了先例。

科技保险的风险缓释功能得到了强化。针对农业科创企业，保险机构推出了“价格指数保险+期货期权”产品，2024年为36家种业企业提供8.3亿元收入保障，有效对冲了国际粮价波动风险。这些措施共同作用，为金融市场的稳定和科创企业的成长提供了有力支持。

（4）多层次资本市场服务能力显著增强

近年来，股权投资市场经历了历史性的飞跃。首先，基金矩阵规模实现了显著的增长，省级政府投资基金的总规模从2021年的980亿元增长至2024年的2 263亿元，参股子基金数量达到89只，覆盖项目总数达到1 316个。一个突出的案例是河南农开基金领投的仕佳光子在科创板的成功上市，实现了30倍的投资回报。其次，早期投资生态也得到了显著的改善，天使投资规模从2021年的12亿元增长至2024年的58亿元，早期项目的获投率从6%提升至19%。中鼎开源主导的“种子计划”成功孵化了23家硬科创企业，其中7家的估值均超过了10亿元。

在债券融资渠道的深度拓展方面，已经取得了显著的成果。科创债券创新品种不断涌现，例如发行了全国首单“碳中和科创债”（平高电气10亿元）和首单“生物医药知识产权ABS”（安图生物5亿元），这两类债券的票面利率均低于同期同类产品50个基点以上。此外，二级市场流动性也得到了提升，建立了科创债券做市商制度，中原证券等6家机构提供双边报价服务，2024年科创债券换手率达到218%，较2021年提升了147个百分点。

（5）科技与金融深度融合催生新业态

金融科技的赋能显著提升了服务的质效。河南省通过整合50余个政府部门的数据源，成功构建了大数据风险控制体系，形成了“科创企业信用评分模型”，大幅压缩了授信审批时间，从原来的15天缩短至72小时。到2024年，该模型已自动审批贷款达820亿元，同时将不良贷款率控制在0.78%。此外，区块链技术的应用也取得了突破性进展，例如河南省搭建的“中原链”知识产权存证平台，实现了专利从申请到质押的全流程上链，2024年完成链上质押登记387笔，涉及金额49亿元，确权效率提升了90%。

产融结合的新模式也在不断涌现。例如，运用“科学家+企业家+投资家”三位一体的铁三角合作模式，嵩山实验室与中金资本共同建立了“空天信息产业基金”，已经促成了7个科研成果产业化项目落地，其中“量子通信芯片”项目估值突破了20亿元。在供应链金融创新方面，宇通客车搭建了“智联重卡金融平台”，为核心供应商提供应收账款融资服务，2024年带动产业链上下游企业融资37亿元，账期缩短了60天。这些创新举措不仅提升了金融服务的效率，也促进了产业的快速发展。

（6）创新生态外溢效应持续显现

一是人才集聚效应加速形成。这主要体现在高端人才流入逆转和本土人才培养体系升级两个方面。2024年，河南省净流入科技人才首次突破2万人，其中海（境）外归来人员占比达18%，较2021年提升12个百分点。与此同时，郑州大学设立了“科创金融实验班”，实行“学业导师+产业导师”双轨制，首批毕业生入职科创企业，平均年薪达25万元。

二是产业集群能级显著提升。创新主体量质齐升，高新技术企业数量从2021年的6 300家增至2024年的1.2万家，中小型科创企业突破2万家。产业协同效应增强，例如郑州智能传感器产业集群聚集企业217家，2024年产值突破500亿元，形成了从设计到封测的完整产业链。

总之，河南省科创金融生态系统建设已实现“四个历史性跨越”：从政策碎片化到体系化设计的跨越、从信贷独占到多元融资的跨越、从风险规避到风险共担的跨越、从单点突破到生态协同的跨越。这些成效不仅体现为数字增长，更在于制度创新带来的深层变革——通过构建“政府引导、市场主导、专业运作”的新型关系，初步形成科技创新与金融资本良性互动的“河南模式”。

7.5.3　结构性矛盾与深层次瓶颈表现

河南省科创金融生态系统建设虽取得了阶段性成果，但科技创新与金融资源配置之间的结构性矛盾依然突出，深层次制度瓶颈亟待破解。以下从四大核心维度系统梳理现存问题，并结合制度环境、市场机制、资源禀赋等视角剖析其成因，揭示制约科创金融生态系统高质量发展的关键障碍。

7.5.3.1　科技创新投入与人才储备不足：创新源头活水短缺

（1）研发投入强度偏低且结构失衡

首先，河南在研发经费投入方面表现出总量与增速的双重滞后现象。2024年河南省研发经费投入强度为2.1%，虽较2022年提升0.14个百分点，但仍低于全国平均水平0.58个百分点，与广东（3.2%）、江苏（3.1%）差距显著。从投入主体来看，企业研发支出占比仅68%，低于浙江（85%）、深圳（94%），反映企业创新主体地位尚未夯实。其次，河南省在研发经费投入结构上呈现出“三重三轻”。一是重应用研究，轻基础研究。基础研究经费占比不足5%，低于全国7.8%的平均值，导致原创性技术储备不足。2024年全省PCT国际专利申请量仅589件，不及武汉光谷单家企业烽火通信632件的申请量。二是重短期项目，轻长期投入。研发经费中设备购置费占比达42%，高于全国平均水平的35%，而人员费用占比仅28%，低于广东的37%，从长远来看制约了人才集聚效应的充分发挥。三是重国有企业投入，轻民营企业扶持。国有科研机构人均研发经费达32万元，民营企业则人均不到8万元，政策资源分配存在体制性倾斜。存在上述问题的原因在于：一是河南科技财政支出增长乏力。2024年河南省科技财政支出占公共预算支出比重为2.1%，连续三年低于中部六省2.6%的平均水平。二是税收优惠政策落实不到位。调研显示，仅43%的中小型科创企业实际享受研发费用加计扣除政策，部分县域税务部门仍要求企业提供“研发活动目录白名单”等额外证明。三是国有企业考核机制僵化。国资监管部门对省属国有企业考核仍以营业收入、利润为主，研发投入占比未纳入核心KPI，导致创新动力不足。

(2) 高端人才引留机制存在短板

首先，人才净流失态势未根本扭转。2024 年河南省高层次人才净流出率达 18%，其中人工智能、生物医药领域人才流失率分别达 27%、23%。郑州大学近三年培养的博士毕业生中，仅 35%选择留豫发展，远低于武汉大学（62%）、中国科大（58%）的本地留存率。其次，人才政策“重引进轻培育”。省内各地市人才政策同质化严重，其中 16 个地市均推出“百万安家补贴”政策，但缺乏差异化定位，与产业需求匹配度低。同时，后续人才支持资金链条容易出现断裂。例如，某入选“中原英才计划”的半导体团队反映，首期 500 万元启动资金到位后，后续中试场地、设备采购等配套支持延迟超过 18 个月。原因在于：一是产业载体承载力不足。全省高新技术企业数量为 1.2 万家，仅为广东 6.9 万家的 17%，难以提供充足的高端岗位。二是市场化薪酬机制缺位。科研人员职务科技成果转化收益分配比例上限为 50%，这一指标深圳可达 70%，且国有单位股权激励需经多重审批，落地周期长达 12~18 个月。三是生活配套“软环境”滞后。郑州、洛阳等城市国际学校、人才公寓等配套设施覆盖率仅为武汉、长沙的 60%，子女教育、医疗保障等隐性成本推高人才流失率。

7.5.3.2 科技金融市场体系不健全：融资结构失衡与服务断层

(1) 直接融资短板突出

首先，股权融资量质双低。2024 年河南省股权融资规模仅 285 亿元，占全国总量的 1.2%，且 76%集中于 Pre-IPO 阶段；种子期、天使轮融资占比不足 8%，而这一比重在北京可达 32%，在上海达到 28%，导致大量科创企业死于“死亡谷”。其次，债券融资工具利用不足。全省存量科创债券规模仅占企业债市场的 3.5%，且发行人集中于 AAA 级国有企业，占比高达 82%。民营科创企业受制于信用评级（平均 AA-）、担保资源匮乏，发行科创票据成功率不足 20%。究其原因，一是资本市场基础薄弱。河南省私募基金管理人数量较少，仅 189 家，与同为中部的湖北的 347 家相比，仅占 54%，专业服务机构缺失导致资源对接效率低下。二是风险投资文化缺失。调研显示，73%的民营企业家仍偏好债权融资，对股权稀释心存顾虑，与沿海地区“以股权换发展”的理念形成鲜明对比。三是增信体系不完善。省级再担保机构资本金规模（50 亿元）仅为安徽（190 亿元）的 26%，难以有效分担科创企业信用风险。

（2）专业服务机构能力不足

首先，科技银行服务深度不够。郑州银行等机构虽设立了科创金融事业部，但产品同质化严重，93%的科技贷款仍依赖房产抵押，知识产权质押贷款占比不到7%。某生物医药企业反映，银行要求其估值10亿元的专利组合必须搭配土地抵押方可授信，凸显风险控制理念滞后。其次，科技保险产品供给单一。现有科技保险以首台（套）装备保险、专利侵权责任险为主，覆盖研发全周期的产品缺失。2024年全省科技保险保费收入仅8.3亿元，不到广东（42亿元）的20%，且赔付率高达78%（全国平均62%），保险公司创新动力不足。其成因主要有三个方面：一是监管考核机制错配。监管部门对科技贷款不良率容忍度仅放宽至3%，低于江浙地区的5%，导致基层信贷员“不敢贷”。二是专业人才储备不足。省内兼具科技与金融知识的复合型人才缺口超过2万人。某城市商业银行科创金融部30人中仅3人具有理工科背景。三是数据共享机制缺位。科创企业研发数据分散在税务、知识产权等12个部门，银行风险控制模型仍以财务数据为主，难以精准评估技术价值。

7.5.3.3 科技成果转化与产业化水平偏低：创新链与产业链脱节

（1）技术供需结构性错配

首先，科研导向与产业需求偏离。2024年全省高校科研院所成果转化率仅12%，低于全国18%的平均水平。调研显示，某省属高校新材料实验室年均产出专利50项，但与企业签订技术合同的仅3~5项，大量成果停留在论文阶段。其次，中试环节“卡脖子”。全省专业化中试基地不足20个，且设备利用率仅45%。某新能源企业反映，其电池材料技术在中试环节因缺乏24小时连续烧结设备，被迫赴江苏租用生产线，成本增加30%。分析其原因有：一是考核评价体系扭曲。高校科研人员职称评定中论文权重仍占70%，技术转让收入仅占10%，导致“重学术轻应用”倾向。二是中试投入机制缺失。中试基地建设未被纳入地方政府专项债支持范围，社会资本因回报周期长（通常5~8年）而不愿参与。三是技术经纪人队伍薄弱。全省持证技术经纪人仅1 200人，平均每人服务企业8.3家，远低于江苏1∶3.5的配置水平。

（2）技术交易市场流动性不足

首先，定价机制非标准化。技术资产评估缺乏统一标准，同类专利估值差异可达10倍。某物联网企业专利包经三家机构评估，价值区间从

2 000万元至2亿元，导致交易谈判陷入僵局。其次，交易成本居高不下。技术合同平均登记时长7个工作日，且需提交13项证明材料，而深圳则实行“秒批”。据某高校技术转移中心测算，完成一项千万级技术交易的综合成本（含评估、公证等）达8%~12%，显著削弱了其转化积极性。分析其成因有：一是产权制度不清晰。职务发明成果权属界定模糊。某省属科研院所因“国有资产流失”顾虑，拒绝将3项核心技术作价入股初创企业。二是交易平台功能缺失。中原技术产权交易所日均成交额不足500万元，且缺乏做市商制度，流动性仅为上海技术交易所的1/20。三是配套法律保障滞后。技术合同纠纷平均审理周期长达14个月，且地方法院缺乏技术事实查明能力，导致企业维权成本高企。

7.5.3.4　区域与城乡发展不均衡：政策红利未能普惠下沉

（1）科创资源空间分布失衡

首先，中心城市虹吸效应显著。郑州、洛阳集中全省68%的创业投资机构、75%的研发平台和82%的科技贷款，而黄淮四市（周口、商丘、驻马店、信阳）高新技术企业总数不足500家，人均科技财政支出仅为郑州的1/9。其次，县域创新生态脆弱。107个县（市）中，仅22个设立科技金融服务站，且单站平均服务人员不足3人。某农业县反映，其2024年科创企业贷款不良率达4.8%，导致金融机构全面收缩县域科技信贷业务。具体原因在于：一是政策传导机制梗阻。省级科创政策在县域执行时，常被简单套用工业贷款标准，某新材料企业因厂房面积未达3 000平方米被拒贷，无视其专利价值。二是金融基础设施薄弱。县域科创企业信用信息覆盖率不足40%，银行风险控制依赖“三品三表”（人品、产品、押品；水表、电表、税表），难以适应轻资产运营特征。三是区域协同机制缺失。郑州都市圈与豫东南开发区未建立科创飞地、税收分成等利益共享机制，创新要素跨区域流动存在行政壁垒。

（2）城乡数字鸿沟加剧分化

首先，农村科技金融供给空白。全省涉农科创企业贷款余额仅87亿元，且92%集中于牧原股份等龙头企业。某农业无人机初创企业因注册地在县城，被多家银行以“非主城区企业”为由拒绝授信。其次，数据要素利用效率低下。县域涉农数据分散在农业、气象等8个部门，某智慧农业企业为获取近三年土壤墒情数据，需协调5个政府部门，耗时3个月才完成数据脱敏审批。造成上述现象的原因在于：一是政策工具适配性不足。

现有科创金融产品多基于城市工业场景设计，缺乏针对农业科技特性的授信模型，如忽视生物资产生长周期与现金流匹配规律。二是数字基建投入不均。县域5G基站密度仅为郑州的1/5，某智能灌溉企业因网络延迟过高，导致物联网设备数据回传失效，影响银行贷款尽职调查。三是基层服务能力滞后。在县域金融从业人员中，具有科技信贷经验的不足15%，某农村商业银行客户经理坦言“看不懂生物育种企业的技术路线图”。

7.5.3.5　结构性矛盾溯源：制度创新滞后与市场化不足

我们认为，上述问题的深层次根源在于三重制度性障碍：一是政府与市场边界模糊。过度依赖行政手段调配资源，未能激发市场内生动力，如科技贷款规模扩张主要依靠财政贴息等外生激励，而非金融机构自主创新。二是改革协同性不足。科创政策、金融监管、国资考核等制度未能形成合力，如国资创业投资机构因“国有资产保值”考核要求，不敢布局高风险早期项目。三是生态系统包容性欠缺。对民营经济、县域创新主体、非共识技术路线的制度包容度不足，导致创新活力未能充分释放。河南省唯有通过系统性制度重构，打破传统路径依赖，方能实现科创金融生态的质变跃升。

7.5.4　系统优化与生态重构建议

科创金融生态系统建设作为河南高质量发展的重要突破点，可深度整合科技与金融资源，为企业创新注入活力，推动产业转型升级。而要实现这一目标，河南需以问题为导向，在供给端、需求端以及环境端协同推进，进行系统性改革。在政策设计上聚焦资源配置优化，建立精准高效的支持机制；在实践中拓展多元化融资渠道，持续系统完善科创金融生态。要破解资源限制与结构性瓶颈，河南需以科技财政为基础，以金融工具为杠杆，激发企业创新潜能，提升区域经济韧性与竞争力。

7.5.4.1　供给端：强化创新要素供给与资本配置

（1）强化财政精准投入

河南需以科技财政为核心，设立区域性科技专项资金，重点支持关键技术攻关与原创性研究领域，通过整合财政拨款、政策性引导资金和社会资本，形成多层次的资金池，优先保障具备重大技术突破潜力的项目。同时，构建动态评价体系，定期审核资金使用效率，确保资源向高价值创新环节倾斜。针对中小型企业在科技创新中的资金瓶颈，需优化直接补贴、研发费用加计扣除等政策，并设立专项奖励机制，对成果显著的企业给予额外激励，充分激发其研发积极性。此外，建立政府担保基金为核心的融资风险补偿机制，撬动社会资本参与，形成多元化资金支持格局。

（2）深化多元资本协同

深化政府与社会资本合作（PPP）模式在科技领域的应用，通过设立科技金融引导基金，以资本金注入、政策性担保等方式吸引风险投资机构、保险资金等多元化主体参与重大科技创新项目，形成“政府引导+市场主导”的协同投入机制。支持区域性科技产业投资基金的设立，整合银行、证券公司等金融机构资源，拓宽资金来源，为技术研发和产业化提供稳定支持。通过多层次资本市场对接体系，建立科创企业上市培育专项计划，分阶段提供政策扶持、专业辅导和资本对接服务，缩短企业上市周期。针对初创企业，依托区域性股权市场设立创新板块，降低融资门槛，探索灵活融资模式。

（3）完善全创业周期融资服务

覆盖企业全创业周期的融资需求，从初创期的政策性扶持到成长期的专业辅导，再到成熟期的资本对接，提供系统性支持。鼓励企业通过股权众筹、战略投资等方式吸引社会资本，联合交易所开通绿色通道，优化上市流程，全面提升科创企业直接融资能力。通过构建“财政支持+社会资本+市场融资”的立体化资金供给链，为不同发展阶段的企业提供适配的金融工具，解决融资难题。

7.5.4.2 需求端：激发产业创新动能与协同效应

（1）培育高技术产业集群

以特色科技产业园区为载体，通过财税优惠、土地优先供给等政策吸引高技术企业和创新型团队集聚发展。完善园区基础设施与研发配套服务，引入科技银行、知识产权交易所等专业机构，提供知识产权质押融资、创新基金贷款等多元化金融工具，加速技术成果转化。推动园区与高校、科研机构共建实验室和联合研发平台，形成产学研用深度融合的创新生态，集中优势资源攻克技术瓶颈。

（2）推动产业链协同创新

支持龙头企业牵头技术创新联盟，联合上下游中小型企业和科研机构，整合产业链资源，集中攻克核心技术与关键零部件研发难题。利用工业互联网平台构建数据共享系统，打破企业之间的信息壁垒，提升设备共享与供需匹配效率。通过行业协会搭建合作网络，促进人才流动与技术协同，降低企业创新成本，推动产业链整体升级。强化数字化技术在产业链中的应用，构建高效联动的产业生态系统。

（3）构建区域协同创新网络

以中原城市群为核心，制定区域协同发展规划，明确各城市产业分工定位，避免同质化竞争与资源浪费。建立跨区域科技金融合作机制，支持联合研发中心和成果转化平台建设，促进创新资源高效流动。强化郑州的枢纽功能，打造一体化科技金融服务体系，推动技术转移、成果转化与金融资源整合。依托科技金融综合服务平台，实现城市群内创新资源的实时共享与快速流转，探索共建创新示范区，形成“核心引领、多点联动”的区域协同发展格局。

7.5.4.3 环境端：构建智能化服务与风险分担体系

（1）搭建科技金融综合服务平台

整合全省企业融资需求、金融产品及政策资源，利用区块链技术保障数据安全与透明度。平台通过智能匹配功能，根据企业规模、发展阶段和融资需求推荐个性化融资方案，并借助线上路演、虚拟展厅等形式促进项目展示。线下设立科技金融服务中心，组建专员团队深入园区与企业一线，提供“一对一”政策解读与融资指导，实现线上线下服务无缝衔接。

（2）提升数据驱动决策能力

整合企业经营数据、科技成果转化进度及金融机构反馈，构建动态监测系统，实时追踪融资需求与资金流向。开发智能风险评估模型，帮助金融机构快速甄别高成长潜力企业，降低信息不对称程度。建立政策优化模块，基于区域产业分布和技术创新需求动态调整支持重点，确保政策精准性与时效性。引入人工智能与大数据分析技术，提升平台预测能力与决策效率，为科技金融创新提供前瞻性支撑。

（3）创新风险分担机制

针对科技创新的高风险特征，开发研发中断险、知识产权侵权险等专属保险产品，分散企业创新风险。完善知识产权质押融资体系，设立专项担保基金，联合第三方评估机构建立科学的估值标准，提升融资可行性。鼓励金融机构推出基于企业经营数据的无抵押信用贷款产品，降低对传统抵押物的依赖。通过税收减免、风险补偿等政策激励金融机构支持高风险、高潜力科技项目，构建“政府兜底+市场主导”的多层次风险分担机制，全面优化科技金融生态。

供给端通过财政精准投入与多元资本协同，解决创新资金短缺问题；需求端以产业集群与区域协同释放市场需求，推动技术研发与产业应用深度融合；环境端依托智能化平台与风险分担机制，降低交易成本与创新风险。供给端、需求端与环境端的协同效应，通过构建联动机制，定期评估资源配置效率、需求响应效果及生态优化进展，动态调整政策工具组合，确保科技创新与金融支持的精准匹配，最终形成科技、金融与产业深度耦合的生态体系，为河南高质量发展注入持久动能。

河南的跃迁实践表明，内陆省份完全可以通过枢纽经济与科创金融的深度融合实现“弯道超车”。其核心经验在于：以交通枢纽激活要素流动，以政策创新重构信用体系，以细分赛道避开同质竞争。未来，随着“空中丝绸之路”的扩容、数字物流网络的完善以及黄河流域协同机制的深化，河南有望从“中部赶超者”升级为“全国创新网络的关键节点”，为科创金融生态系统建设贡献枢纽维度的核心价值。

7.6 国内视角下科创金融生态系统建设的经验借鉴

7.6.1 制度差异化路径的深层逻辑

国内五个地区科创金融生态系统建设的差异化发展路径，既是国家发展战略布局的阶段性体现，也是区域资源禀赋与科创金融需求适配的结果。其差异性主要体现在改革重心、参与主体、服务模式三个维度。

一是济南通过政策创新来弥补市场失灵。作为全国首个试验区，济南承担着“破题”任务，需通过顶层设计解决科创金融生态的“基础框架缺失”问题。其改革以“政府主导+政策创新”为驱动力，强调制度体系的系统性构建。例如，在破解中小型科创企业信用不足的“市场失灵”困局时，济南选择了强化政府主导的风险缓释机制，其路径体现为“财政资金杠杆化—信用风险分散化—市场参与主体多元化”的三阶段演进逻辑。二是长三角地区在产业链协同的基础上实现了金融生态系统的自组织发展。长三角试验区依托区域内科技产业密集、金融资源充沛的优势，重点解决“科技—产业—金融循环不畅”问题，强调市场机制主导下的跨区域生态协同。通过产业链纵向整合与区域横向协同，推动金融资源自发向高附加值环节集聚。其制度创新的本质是“产业网络外部性”与“金融规模效应”的共振结果。三是北京实现了国家战略与市场机制的共振效应。作为成熟度最高的科创高地，中关村聚焦“深水区”改革，针对科创金融的制度性障碍（如知识产权估值、股债联动机制）进行突破性试验。依托中央政策赋权与市场化资本积淀，形成“顶层设计牵引—国有资本示范—社会资本跟进”的独特路径，本质上是国家意志与市场效率的深度融合。四是粤港澳大湾区在制度性开放的框架下实现了规则的对接。粤港澳大湾区以“跨境规则衔接”为核心突破口，通过构建与国际接轨的金融标准体系，将制度差异劣势转化为创新试验优势，体现了“以开放促改革”的深层逻辑。五是河南以“枢纽经济+产业转型”双轮驱动重构科创金融内生动力。河南试验区立足全国交通枢纽优势与农业大省产业基础，重点破解“传统产业占比高与科创要素积淀弱”的结构性矛盾。通过搭建“物流金融+农业科技金融”双平台，创新供应链金融服务模式，如在郑州航空港区试点“跨境货权质押融资”，依托中欧班列物流数据开发“一单制”信用凭证。其改革逻辑呈现“枢纽价值变现—要素重组赋能—产融闭环构建”的三元演进，利用交通区位优势激活数据要素金融化价值，形成“铁（路）公（路）机（场）海（运）”多式联运与科技信贷产品的深度耦合。特别是在农业科创领域，河南创设了全国首个“小麦种业研发风险补偿基金”，建立了“生物育种专利池+政府增信+证券化退出”机制，实现了种源安全战略与金融工具创新的有机统一。

7.6.2　共性规律与可复制经验

尽管五个地区的制度路径各异，但其科创金融生态系统建设均遵循三大底层逻辑：政策协同化、服务专业化、数据驱动化。具体表现为：一是政策工具的系统性。五个地区均注重财政、金融、产业政策协同发力，形成“直接融资引导+间接融资提质+风险补偿兜底”的政策“组合拳”。二是服务体系的专业化。设置专营化服务机构，构建了“创业投资机构—商业银行—科技中介”共生网络，例如北京中关村的“创投驿站”与长三角地区的“投贷保联盟”；开发“弱抵押、强信用”的定制化产品，如南京的“人才贷”（以高层次人才信用为担保）、合肥的“科研设备按揭贷”（贷款期限匹配设备折旧周期）；建立专业人才库，实施“科技金融顾问”制度，济南组建200人专家库（涵盖技术、法律、金融领域），中关村试点“科技金融双聘制”（金融机构与科研机构人员交叉任职）。三是数据要素的基础性。五个地区普遍建立了科技金融数据共享平台，济南的“科创企业信用画像系统”与深圳的“知识产权金融区块链平台”均显著提升了融资效率。

结合五个地区建设的制度路径和遵循的底层逻辑，区域科创金融生态系统建设有四点经验可供借鉴复制：一是制定差异化定位策略。根据区域资源禀赋选择主导模式，避免同质化竞争；二是实现全创业周期资本供给。建立覆盖“种子期—成长期—成熟期”的接力式融资体系，重点补齐早期投资与并购金融短板；三是革新风险定价机制，推广“人力资本估值”“技术路线图贴现”等非财务评价方法，完善科创企业信用评级模型；四是注重构建跨境协同网络，借鉴粤港澳大湾区经验，在内陆试验区探索“飞地金融合作模式”，通过跨区域政策互认拓展资源辐射半径。

综上所述，济南、长三角地区、北京、粤港澳大湾区、河南五个地区的实践表明，科创金融生态系统建设需兼顾区域特色与普遍规律：一方面通过差异化路径解决本地化问题（如济南填补制度空白、长三角地区优化资源配置、中关村突破制度障碍）；另一方面依托专业化、协同化、数字化等共性规律构建底层支撑体系。

8　科创金融生态系统建设的优化路径与政策建议

8.1　完善多层次融资体系的结构性改革

8.1.1　拓宽股权融资渠道，构建梯度服务网络

科创金融生态的核心矛盾体现为传统融资体系与科技创新企业高风险、长周期特征之间的结构性错配。破解该矛盾的关键在于构建覆盖企业全创业周期的多层次融资支持体系，通过直接融资与间接融资的制度协同、政府引导与市场驱动的动态平衡，实现资本供给结构的系统性重构。在直接融资领域，应着力提升资本市场对科创企业的制度包容性。其中，科创板与区域性股权市场的功能互补机制构成关键突破路径：前者定位成熟期硬科创企业的融资需求，后者需向初创期项目延伸服务触角，构建差异化的市场服务网络。通过实施差异化的上市标准体系、优化注册制审核流程，可有效引导具备潜力的早期科创企业对接资本市场；同步探索区域性股权市场与主板市场的转板衔接机制，增强资本市场的流动性传导效应。值得关注的是，知识产权证券化作为破解轻资产企业融资约束的创新工具，其有效运行依赖于专利价值评估模型的标准化构建与风险缓释机制的系统性设计，通过资产重组技术将离散的知识产权转化为可定价交易的标准化金融资产，从而突破传统抵押融资的路径依赖。

从企业创业周期视角考察，科创企业融资需求的多阶段性特征决定了股权融资体系的层次化架构设计。在种子期至天使轮阶段，需依托区域性股权交易平台建立“科创苗圃”机制，通过准入条件优化（如豁免财务盈

利指标、认可技术专利折价入股）吸引初创企业进行股权登记与融资。同时，应构建政府主导的“天使投资引导母基金”，采用市场化遴选机制甄选专业投资机构，通过契约约束确保不低于60%的资金配置于早期项目，并运用财政资金跟投模式实现风险共担与杠杆放大。对于A轮至Pre-IPO阶段的成长期企业，需强化科创板与创业板的市场分层定位：科创板侧重于具备硬科技属性的企业群体，可适度放宽研发强度阈值要求；创业板则聚焦于技术产业化企业，引入技术成熟度评估维度（涵盖产品商业化周期、市场渗透率等量化指标）。此外，需建立区域性股权市场与主板市场的转板直通机制，对符合财务规范与技术标准的企业开辟上市绿色通道，有效降低制度性交易成本。在退出环节，应完善私募股权二级市场（S基金）的合规性交易框架，允许保险资金、社保基金等长期资本通过专项产品配置S基金份额，从而缓解一级市场流动性约束问题。

8.1.2 创新债权融资工具，重塑风险评估逻辑

间接融资体系改革应着力推进产品创新与风险评估模式的结构性转型。商业银行亟须实现从“抵押物导向”向“技术价值导向”的范式转换，系统性开发覆盖技术研发、中试转化、量产应用等全创业周期的信贷产品体系。针对种子期企业，建议构建以研发投入强度、核心技术团队资质为核心指标的信用评估模型，创新研发“技术孵化贷”“高端人才信用贷”等专项融资工具；对于成长期企业，应建立技术成熟度与市场适配性双重评估机制，结合技术转化预期收益曲线与市场需求弹性系数，构建动态风险溢价模型。在此过程中，应强化金融科技的应用，通过机器学习算法实时监测企业技术迭代路径，并运用区块链技术构建多方参与的数据共享平台，有效缓解信息不对称引发的信贷配给问题。

商业银行风险控制体系需实现从“财务报表驱动型”向“技术价值驱动型”的范式突破。具体而言，建议构建包含四维指标的技术评价模型：一是技术先进性维度，通过专利引证次数、国际PCT申请量等指标量化技术壁垒；二是团队能力维度，引入学术成果转化率、核心成员行业经验等非财务指标；三是市场适配性维度，基于产业链上下游订单数据、技术替代成本分析预测商业化潜力；四是政策支持维度，结合国家重点技术目录、地方产业规划评估政策红利空间。基于此模型，设计差异化信贷产品：针对实验室阶段企业推出“研发贷”，以政府风险补偿基金为担保，

按研发里程碑分阶段放款；针对中试阶段企业开发“技术转化贷”，将知识产权质押率提升至60%以上，并允许以未来技术许可费收益作为还款来源。同时，推动“可转债”工具创新，允许银行在贷款合同中嵌入股权认购期权，在企业完成技术产业化后按约定比例转为股权，实现风险收益再平衡。

8.1.3 优化基金协同机制，激活社会资本动能

政府引导基金与社会资本的协同是完善融资网络的关键环节。政府引导基金需从“财政输血”转向“市场化造血”，通过优化绩效考核机制、引入专业管理团队提升投资效率。其战略定位应聚焦于种子期及天使轮项目的定向扶持，充分发挥“耐心资本”的特殊属性，有效矫正早期创新市场失灵问题。政策激励层面需系统设计税收优惠组合与风险共担机制，例如对创业投资机构实施阶梯式所得税减免政策，或建立政府—社会资本共担风险的联合投资（PPP）机制，形成“风险共担、利益共享”的可持续模式。

具体而言，政府引导基金运营机制亟须实现从行政配置主导向市场竞争机制的范式转换。建议引入“基金管理人绩效竞标制”，通过公开招标遴选具备早期投资经验的机构，并将管理费与投资回报率挂钩，如基础管理费降至1%，超额收益部分提取20%～30%作为绩效奖励。同时，建立“返投比例弹性调整机制”：对投资于本地种子期企业的资金，允许按1∶1.5倍计算返投额度；对引进外地优质项目的投资，可按1∶0.8倍折算，激发基金管理人跨区域配置资源的积极性。在社会资本激励方面，需实施“长期投资税收递延政策”：对持有科创企业股权超过5年的创业投资机构，其资本利得税可按持有年限逐年递减，如年度递减基准设为10%，累计最高减免幅度50%；对个人天使投资者，允许其投资损失的30%抵扣综合所得应纳税额。此外，试点“科创企业员工持股信托计划”，允许企业以技术贡献度为依据，将部分股权委托专业机构代持并分期授予核心研发人员，增强人才黏性与创新可持续性。

8.2 强化政策协同与制度创新

8.2.1 打破部门行政壁垒，构建统筹决策框架

科创金融生态系统的优化高度依赖政策体系的协同性与制度供给的有效性。当前政策碎片化、风险分担机制缺位等问题制约了生态系统效能，需通过跨部门协调、法规突破与工具创新构建系统性支持框架。政策协同的首要任务是打破部门壁垒，建立科技、金融、产业等领域的统筹机制。建议设立由国务院直属的跨部门政策协调委员会，统一制定科创金融发展规划，整合财政补贴、税收优惠、监管豁免等政策工具，形成政策合力。例如，将科创企业的研发费用加计扣除政策与金融机构的科创信贷风险补偿机制联动设计，激励银行增加科技信贷供给。

具体而言，科创金融生态系统具有显著的跨区域特征，要求构建纵横贯通的多层次政策协调体系。在横向维度上，建议组建由科技部、中国人民银行、国家金融监督管理总局、证监会等 12 个部门共同参与的“国家科创金融发展委员会”，重点推进科技创新企业认证标准统一化、监管信息共享平台建设及创新容错机制设计。在纵向维度上，应在省、市级政府设立具有跨部门行政协调权的“科创金融综合服务中心”，具体实现地方科技主管部门的技术评估、金融监管部门的信贷资源对接与知识产权管理部门的质押登记等职能协同。政策工具的设计应遵循“激励相容”原则：对于商业银行发放的科创贷款，允许其按贷款余额的 1.5 倍计入宏观审慎评估（MPA）考核中的“小微企业金融服务”指标；对于保险公司开发的科技专属险种，可对其保费收入的 20%免征增值税，形成“监管激励—市场响应—生态优化”的正向良性循环。

8.2.2 完善风险缓释体系，创新共担共治模式

风险分担机制作为政策协同的微观基础，其有效性取决于多元主体协同治理架构的构建。基于激励相容理论，应建立政府—市场—社会三位一体的风险缓释体系：在政府层面，扩大风险补偿基金覆盖范围，优化补偿比例与核销流程，重点补偿金融机构对早期项目的信贷损失；在市场层面，推动科技保险产品创新，开发研发中断险、首台套设备质量险等险

种，通过保险机制分散技术不确定性风险；在社会层面，鼓励第三方担保机构与行业协会参与风险分担，例如建立行业性互助担保基金，利用同行监督降低道德风险。

基于上述多元主体协同框架，可进一步构建分层递进的三层风险缓冲体系：第一层为政府信用风险补偿层，可实施结构化风险补偿，设立政府主导的风险补偿基金，建议将补偿比例从现行的30%~50%提升至60%~80%，并建立“风险损失分级补偿机制”——对投资于种子期企业的损失补偿80%，对投资于成长期企业的损失补偿50%，对投资于成熟期企业的损失补偿30%。第二层为市场分散风险承接层，可重点发展风险分级承接机制，推动“科创保险联合体”建设，由再保险公司牵头设计标准化保单，分保给多家直保公司，单家机构承保比例不超过20%，避免风险过度集中；与此同时，由金融基础设施机构编制技术风险指数，开发基于一篮子技术路线的衍生品合约，允许保险公司通过风险互换合约对冲承保风险。第三层为社会化风险互助层，应鼓励行业协会设立“科创企业互助基金”，会员企业按营业收入的0.5%缴纳会费，基金对技术迭代失败陷入危机的企业提供无息过桥贷款。此外，探索“技术风险期权”产品，允许企业向金融机构购买针对特定技术路线的看跌期权，约定若技术路线被证伪，金融机构按约定金额补偿研发投入损失。

8.2.3 突破法律法规桎梏，试点监管沙盒机制

制度创新的突破口在于法律法规的适应性调整，有必要通过系统性修订商业银行法、保险法等基础性金融法规，逐步放宽金融机构参与股权投资的准入限制，明确授予商业银行通过设立专业子公司或申请专项业务牌照的方式开展“投贷联动”业务的法定权限。同步推进知识产权法律体系的现代化转型，在民法典框架下建立数据资产、技术秘密等新型知识产权的确权、估值及流转制度，为金融工具的创新构筑坚实的法律基础。建议在监管层面引入“分层监管”范式，针对区块链融资、知识产权证券化等新兴业态，建立基于风险评估的“监管沙盒”机制，在风险隔离的前提下允许创新业务开展有限范围内的监管宽容实验。

针对《中华人民共和国商业银行法》第四十三条对商业银行股权投资业务的禁止性规定，建议通过专项立法在《科创金融改革试验区条例》中增设豁免条款：允许试点银行通过科技金融专业子公司开展投贷联动业

务，但股权投资总额须严格限定在子公司净资产 30%的风险敞口阈值内。应同步完善《中华人民共和国企业破产法》第四十条，增设“知识产权质押物破产隔离”条款，明确已办理法定登记的知识产权质权人在破产清算中的优先受偿顺位，保障金融机构债权安全。在监管创新方面，可划定“科创金融沙盒试验区”，对试验区内机构实施“三豁免”政策：豁免单笔科创贷款的风险权重计算、豁免科创企业 IPO 的盈利要求、豁免跨境技术交易的外汇额度限制。试验周期设为 3 年，期满后由第三方机构评估成效，并将成熟经验纳入全国性监管框架。

8.3 深化科技与金融融合机制

8.3.1 重构信用评估体系，突破传统风险控制瓶颈

科技与金融的深度融合构成科创金融生态体系升级的核心驱动力，其本质在于通过技术赋能实现金融工具创新，同时借助金融资本反哺技术成果转化，最终形成“技术—资本—产业”的良性循环。其中，金融工具的科技化转型是首要实施路径。基于大数据挖掘与人工智能算法重构信用评估范式，突破传统财务指标的维度局限，将专利技术质量、研发团队梯度结构、技术成熟度曲线等非结构化信息纳入风险管理模型。例如，运用自然语言处理技术解析企业技术文档与行业趋势白皮书，构建技术领先性量化评估指标体系；采用区块链分布式账本技术实现知识产权确权登记、交易流转与融资质押的全流程存证，显著提升无形资产的可信度与流通效率。

本书提出构建四维 12 指标的“技术信用评分卡”模型，从技术壁垒、团队构成、市场前景、政策环境四个核心维度遴选出专利生命周期指数、研发人员 h 指数、技术替代弹性系数、政府补贴依存度等关键参数，并运用随机森林算法实现指标权重的动态优化。本书针对初创期企业的历史数据缺失问题，创新性引入“同群效应分析”方法，通过参照同技术赛道、同发展阶段企业的群体特征均值进行信用校准，同步搭建基于联盟链架构的科创金融区块链平台，将企业研发日志、知识产权质押登记、供应链溯源数据等关键信息上链存证，金融机构可通过预设智能合约自动获取脱敏技术验证报告，有效破解信息孤岛困境。在贷后管理环节，可部署物联网传感设备实时监测企业研发设备利用率、生产线良品率等核心运营指标，

若监测到关键参数异常波动，系统将自动触发分级预警机制并启动多维度应急预案。

8.3.2 贯通技术转化链条，创新价值变现路径

技术转化的金融支持机制亟待系统性强化与结构性优化。应着力构建“基础研究—应用开发—产业落地”全链条资金支持体系：在基础研究阶段，建议以政府专项基金与公益性捐赠为主导，重点支持高等院校及科研机构开展前瞻性基础研究；在应用开发阶段，宜引入风险投资与产业资本协同机制，通过设立对赌协议、里程碑式拨款等约束性金融工具，构建技术转化进程的量化评估体系；在产业化阶段，需整合供应链金融与资产证券化等复合型金融工具，精准匹配大规模产业化生产资金需求。在此过程中，应重点发展技术产权交易市场，健全基于市场供需关系的技术定价模型与动态拍卖机制，有效降低制度性交易成本，提升金融机构参与技术价值实现的内生动力。

建议构建“技术银行”的梯度运营范式，支持科研机构将专利技术组合存入“技术银行”并获取经第三方评估的估值凭证，技术需求方通过支付阶梯式技术使用费获取分段授权，商业银行依据技术使用费形成的稳定现金流发放结构化贷款。在技术交易环节，可推行“双向密封式竞价拍卖机制”：技术持有方设定最低保留价格，技术需求方提交保密报价，通过智能合约自动撮合最高买方报价与最低卖方要价，显著降低传统协商议价模式的时间成本。针对重大技术创新成果，建议发行具有分层结构的“技术收益支持票据”（technology revenue support note，TRSN），将技术转化未来五年的预期收益进行结构化证券化设计，经专业评级机构信用增级后定向发售给合格投资者，募集资金专项用于迭代研发投入。同时，建议设立“国家技术转化引导基金”，对实现产业化突破的项目，按照技术合同交易额的10%计提奖励基金，其中50%可直接作为研发团队现金激励，构建成果转化收益的正向反馈机制。

8.3.3 嵌入产业创新网络，打造产融共生闭环

产业与金融的协同创新构成现代产业体系深度融合发展的高级形态。其核心路径在于推动金融机构深度嵌入产业链全创业周期，创新开发基于技术协同网络的系统性融资解决方案。具体而言，可针对核心企业上下游

科技创新型供应商，设计应收账款证券化融资、订单动态质押融资等结构化产品，依托区块链技术实现产业链贸易背景真实性核验；或联合行业领军企业共同设立产业创新引导基金，重点投资关键共性技术研发项目，构建“金融赋能—技术突破—产业升级—价值反哺”的良性循环生态。

建议构建“产业链金融综合服务模式”，依托链主企业信用传导机制，整合供应链各节点的订单流、物流及资金流数据资产，创新开发“链式信用共享池”金融产品：由核心企业提供信用风险缓释，商业银行基于产业链整体经营指标实施动态授信管理，链属企业可依据实时经营需求进行额度支用，实施按日计息的精细化定价机制。同步构建“产业创新联合体”协同机制，引导龙头企业联合高等院校、科研院所及金融机构设立关键技术攻关基金，明确约定基金超额收益的20%定向用于研发团队专项激励。在跨境合作领域，可试点“离岸科创孵化加速器”创新机制，允许境外资本通过QFLP架构投资境内技术研发项目，项目退出阶段借助跨境知识产权许可协议安排，实现核心技术向境外关联主体的合规转移，有效规避资本项目外汇管制限制。

8.4 区域差异化发展的战略布局

8.4.1 东部聚焦能级跃升，建设国际科创枢纽

我国区域之间科技创新资源禀赋与金融基础设施呈现显著异质性特征，亟待摒弃“一刀切”的标准化政策模式，构建基于分类指导原则、强化优势互补的区域协同发展体系。东部沿海经济发达区域应着力推进创新生态能级跃升，充分发挥其产业集群化优势与资本要素集聚效应。建议通过建设具有全球竞争力的科技创新金融枢纽，引导全球风险资本与专业服务机构战略布局，具体措施包括设立离岸科创专项基金、试点跨境技术并购融资创新机制等。同时，依托长三角地区、粤港澳大湾区等国家级城市群，系统推进“科创飞地”协同发展范式，通过跨行政区域整合研发资源配置、先进制造能力与资本运作体系，构建多维度、网络化的区域创新共同体。

基于上述战略定位，建议在长三角地区、粤港澳大湾区等重点区域实施科创金融走廊梯度培育计划。该计划应分阶段推进三大制度创新：第一

阶段，构建跨省级行政区的科技创新企业资质互认体系，实现技术成果评估认证、知识产权质押登记等行政事项的“单一窗口”集成化服务；第二阶段，推进区域性股权交易市场基础设施互联互通，建立企业跨区域挂牌融资机制与投资者跨市场交易结算系统；第三阶段，联合发行“长三角科技创新专项债券”，定向募集资金支持跨区域重大技术联合攻关项目。同步在上海自由贸易试验区临港新片区、深圳前海深港现代服务业合作区等战略平台试点“科技创新离岸金融服务”，允许境外科研机构在实验区内设立独立研发中心，对其技术转让所得实施所得税减免政策，以此形成全球创新要素集聚的“制度引力场”。

8.4.2 中西部依托特色禀赋，培育垂直创新高地

中西部地区应充分发挥区域资源禀赋优势，培育特色经济增长极。建议通过中央财政转移支付与东部地区对口支援协同机制，设立区域性科技创新引导基金，重点扶持清洁能源开发、现代农业技术创新等具有比较优势的产业领域。同步完善基础设施与公共服务配套体系，规划建设低运营成本、高产业承载力的科创产业园区，有效承接东部地区技术外溢与资本西进。在政策设计层面，可构建“非对称竞争”制度框架，例如为中西部科创企业开辟证券化绿色通道，或适度提升地方科技专项债券发行额度，以制度性供给弥补市场资本缺口。

进一步细化政策框架，建议实施“要素禀赋—产业链—金融工具”精准匹配的省域产业发展计划。陕西省应着力发展航空航天技术产业集群，设立专业化“空天技术银行”，创新卫星遥感数据质押融资模式；贵州省需深化大数据产业优势，探索算力资源证券化路径，允许企业将闲置服务器算力组合发行资产支持证券（ABS）融资产品；甘肃省可重点布局新能源技术应用，试点“绿色电力收益权质押贷款”机制，允许光伏电站以未来发电收益作为还款担保。特别需要指出的是，中央财政可通过建立技术转移专项支付机制，对东部企业向西部转移的技术项目，按技术交易额30%的比例给予所得税减免优惠，形成跨区域技术转移的激励机制。

8.4.3 特殊功能区强化制度试验，探索改革先行样本

特殊功能区的政策试验田效能需进一步释放。自由贸易试验区及国家级新区等战略平台应聚焦制度创新压力测试机制建设，重点推进科创金融

领域的突破性改革。具体而言，可试行技术移民积分签证制度，定向吸纳国际顶尖科研团队；系统构建数字人民币在技术产权交易结算、跨境研发合作支付等场景的应用体系；优化合格境外有限合伙人（QFLP）准入机制，放宽境内有限合伙人（LP）资质限制，引导境外资本深度参与本土科创投资。通过构建“局部试点—经验总结—全国推广”的渐进式改革路径，为全域创新生态优化提供可复制的政策工具箱。

在区域实践层面，海南自由贸易港可着力构建“技术—资本—人才”三元自由流动体系：设立离岸技术交易免税园区，创新跨境知识产权证券化产品；创建科创外汇管理白名单，试点科研设备跨境融资租赁便利化方案；推行国际职业资格互认制度，建立外籍科学家执业备案制。雄安新区“数字科创金融中心”应着重建设智能监管基础设施，通过企业数字身份认证系统与分布式账本技术，实现研发资金流向追踪、技术成果确权存证等监管功能的算法化嵌入。这种“监管沙盒+数字孪生”的创新范式，既保障了风险可控性，又提升了科创要素配置效率。

8.5 配套保障体系的长期建设

8.5.1 培育复合人才梯队，夯实智力支撑基础

科创金融生态系统的可持续性发展，本质上依赖于人才培育机制、法律保障体系与国际协作等配套支撑系统的动态适配。在专业化人才供给维度，需破解“懂技术的不懂金融，懂金融的不懂技术”的结构性矛盾。建议通过顶层设计推动高等教育机构设立科技金融交叉学科，并在“双一流”建设高校试点成立科技金融研究院，重点培育具备技术趋势研判能力与金融工具创新应用素养的复合型人才。系统开设技术商业化路径设计、无形资产价值评估等交叉课程，并实施“双导师协同培养机制”（由学术领军者与产业实践专家联合指导），整合学术前沿理论与产业实践智慧，培育具备技术预见能力与金融创新能力的高级人才。

在制度层面，需建立分层式专业技术资格认证体系，设立涵盖初、中、高级的科技金融分析师（CTFA）考试制度，对获得资质认证者实施个人所得税专项附加扣除、人才安居工程等激励政策。同时依据创新生态系统理论，完善产学研协同培养机制，强制要求持牌金融机构与国家级实

验室建立人员互派制度，强化技术商业化过程中的知识整合效能。针对国际高端人才流动，实施差异化引智策略，对从全球创新枢纽归国的科技金融人才提供住房安置、子女教育及连续三年的研发经费配套支持，构建具有国际竞争力的人才制度优势。

8.5.2　完善法律监管框架，平衡创新与安全边界

现代法律与监管框架的建构应具备战略前瞻性与制度包容性特征。建议加快推进“科创金融促进法”立法进程，系统界定监管机构、创新主体及投资者的权利与义务关系，特别是对智能合约、数字证券等新型金融工具的法律属性做出明确规定。监管体系需建立动态响应机制，针对区块链项目融资、数据资产质押等新兴业态，采用“原则监管”（principles-based regulation）模式，重点设定合规边界而非具体操作范式。同步完善投资者权益保障机制，构建包含技术成熟度、研发风险系数等专项指标的科创企业信息披露标准体系，有效防范技术估值虚高引发的系统性风险。

在立法框架构建层面，“科创金融促进法”应着力完善三大核心制度：首先，建立技术主权保障机制，由跨部门技术安全审查委员会实施“负面清单与许可清单”分类管理制度，对涉及国家安全的关键领域实行外资准入分级管控；其次，构建创新容错制度体系，符合“实质信息披露、程序合规审查、风险充分提示”三重要件的科创企业，其技术路线决策可适用“商业判断规则”豁免条款；最后，健全风险隔离防火墙，通过穿透式监管科技（RegTech）对科创金融衍生品实施杠杆率动态监测，构建跨市场风险预警联防机制。这三重制度架构通过激励相容的法律安排，在维护金融安全与释放创新活力之间形成制度性平衡。

8.5.3　深化国际协作网络，提升规则制定话语权

国际协作是提升生态开放度的必然选择。在制度构建层面，应通过深度参与国际标准制定体系（如 ISO 科技金融标准委员会）、主导发起全球科技创新投资联盟等机制性安排，增强制度性话语权；在实践操作层面，探索与共建“一带一路”国家的技术—资本对接机制，创设跨境技术转移专项基金，促进我国科创金融范式国际化输出。在此过程中，必须构建开放与风险控制的动态平衡机制，依托大数据监管平台建立跨境资本流动监测分析系统，完善针对国际金融波动冲击的科创企业动态预警指标体系。

进一步聚焦区域合作机制创新，建议推动成立“亚洲科创金融合作组织”，联合日本、韩国及东盟成员国共同制定区域性技术融资监管框架，促使我国技术专利价值评估体系升级为区域性认证基准。沿着“一带一路”共建区域相关通道设立“技术合作发展基金”，通过技术许可费用减免、设备融资租赁等结构性安排，引导沿线经济体采用中国技术标准体系。在技术应用项目进入扩张阶段后，可匹配中资机构跨境供应链金融服务，最终形成“技术扩散—金融赋能—标准协同”的价值链整合模式，实现科技创新生态系统的全球化嵌入。

本书建议的优化路径从融资结构、政策协同、产融结合、区域适配、配套保障五个维度构建了科创金融生态系统的升级框架。其核心逻辑在于：通过制度创新引导市场力量，以技术赋能提升资源配置效率，最终形成“市场主导—政府补位—科技驱动”的生态自组织机制。未来的研究需进一步关注数字技术对生态系统的重构效应、碳中和目标下的绿色金融创新以及全球化退潮中的区域生态系统韧性建设，持续推动理论范式与实践策略的迭代升级。

参考文献

[1] 爱德华·肖. 经济发展中的金融深化 [M]. 王巍，等译. 北京：中国社会科学出版社，1989.

[2] 安强身. 我国农村金融生态环境评价指标体系研究 [J]. 商业研究，2009 (10)：115-117.

[3] 白娜，陈如，姚颖盈. 我国金融生态环境问题研究综述 [J]. 浙江金融，2008 (5)：56-58.

[4] 白钦先，等. 金融可持续发展理论研究导论 [M]. 北京：中国金融出版社，2001

[5] 白钦先，丁志杰. 论金融可持续发展 [J]. 国际金融研究，1998 (5)：28-32.

[6] 白钦先，谭庆华. 论金融功能演进与金融发展 [J]. 金融研究，2006 (7)：41-52.

[7] 白钦先. 再论金融可持续发展[J]. 中国金融，1998 (7)：19-20.

[8] 白钦先. 从货币分析到金融分析：金融可持续发展理论的方法变革 [J]. 华南金融研究，2000 (2)：3-6.

[9] 白钦先. 金融结构、金融功能演进与金融发展理论的研究历程 [J]. 经济评论，2005 (3)：39-45.

[10] 白钦先. 金融可持续发展理论的基本涵义 [J]. 经济研究参考，1999 (45)：15-16.

[11] 白钦先. 以金融资源学说为基础的金融可持续发展理论和战略：理论研究的逻辑 [J]. 华南金融研究，2003 (3)：1-6.

[12] 白钦先. 再论以金融资源论为基础的金融可持续发展理论：范式转换、理论创新和方法变革 [J]. 国际金融研究，2000 (2)：7-14.

[13] 白玉娟，于丽英. 我国科技金融生态系统评价及空间演化趋势分析 [J]. 科技管理研究，2019，39 (23)：67-74.

[14] 蔡则祥，刘骅. 长三角区域金融生态系统环境运行绩效的测算 [J]. 经济问题，2011 (5)：110-114.

[15] 曹文芳. 科技金融支持科技创新的实证检验 [J]. 统计与决策，2018，34 (13)：160-163.

[16] 常璟，许旭. 金融生态环境、股权属性与债务融资结构研究 [J]. 山东大学学报（哲学社会科学版），2011 (3)：100-106.

[17] 常亮，罗剑朝. 科技金融投入差异对科技创新效率的影响研究：基于陕西省 237 家企业的经验考察 [J]. 西安财经学院学报，2019，32 (2)：52-60.

[18] 常相全，张守凤. 基于 AHP/DEA 的农村金融生态环境评价 [J]. 统计与决策，2008 (11)：58-60.

[19] 陈丹临，王怀明. 金融生态环境、公司治理与债务成本 [J]. 江苏社会科学，2016 (3)：103-108.

[20] 陈华，丁焕强. 基于金融生态理论建立农村金融新体制 [J]. 财经科学，2006 (9)：90-97.

[21] 陈科. 金融生态环境对贷款配置影响的博弈分析 [J]. 上海金融，2015 (8)：103-108.

[22] 陈麟，谭杨靖. 互联网金融生态系统发展趋势及监管对策 [J]. 财经科学，2016 (3)：49-57.

[23] 陈卫东，刘光岭. 区域金融生态的现状比较与成因分析 [J]. 生态经济，2007 (7)：79-83.

[24] 陈曦. 持续强化科技金融对科技创新的支撑 [J]. 中国金融，2024 (23)：84-85.

[25] 陈雁云，刘晔. 江西区域金融生态环境评价 [J]. 江西社会科学，2013，33 (5)：77-81.

[26] 陈哲明，彭耀辉. 区域金融生态环境评价指标体系及模型构建 [J]. 统计与决策，2006 (11)：62-64.

[27] 陈志斌，孔令伊. 公司治理、金融生态环境与企业现金流断流 [J]. 东南大学学报（哲学社会科学版），2015，17 (3)：90-95，147-148.

[28] 程诚，韩廷春. 金融生态环境对银行监管目标的影响研究 [J]. 经济与管理研究，2014 (10)：53-59.

[29] 楚文静. 金融生态环境建设与企业融资约束的关系分析 [J]. 商

业经济研究，2017（16）：164-165.

［30］崔健，刘东，王帆. 金融生态环境与区域经济发展的相关性分析：以京津冀为例［J］. 西南金融，2012（4）：28-31.

［31］代军，颜辛，柳德才. 区域科技金融与科技创新协同机制构建：湖北案例［J］. 武汉金融，2019（4）：22-26.

［32］戴伟，耿志飞，张雪芳. 科技金融支持科技创新发展水平测度及空间分异研究［J］. 会计之友，2022（5）：35-41.

［33］邓建平，曾勇. 金融生态环境、银行关联与债务融资：基于我国民营企业的实证研究［J］. 会计研究，2011（12）：33-40，96-97.

［34］邓淇中，李鑫，陈瑞. 区域金融生态环境指标体系构建及竞争力评价研究［J］. 湖南科技大学学报（社会科学版），2012，15（6）：75-80.

［35］邓淇中，何俊阳，程云宇. 中国金融生态系统运行效率及其影响因素的评价研究［J］. 湖南科技大学学报（社会科学版），2015，18（2）：78-84.

［36］丁勇，王旭，刘颖. 科技金融对我国高技术产业科技创新的影响［J］. 科技管理研究，2023，43（11）：17-23.

［37］窦尔翔，何炼成. 论西部经济发展的金融协调［J］. 重庆工商大学学报，西部论坛，2004（4）：96-101.

［38］杜江，张伟科，范锦玲，等. 科技金融对科技创新影响的空间效应分析［J］. 软科学，2017，31（4）：19-22，36.

［39］杜金岷，梁岭，吕寒. 中国区域科技金融效率研究：基于三阶段 DEA 模型分析［J］. 金融经济学研究，2016，31（6）：84-93.

［40］方磊，王传璞，徐研，等. 基于共生度模型的中国省域科技金融生态安全评价［J］. 安全与环境学报，2023，23（4）：1316-1326.

［41］方磊，王传璞，徐研，等. 基于共生度模型的中国省域科技金融生态安全评价［J］. 安全与环境学报，2023，23（4）：1316-1326.

［42］方磊，张雪薇. 科技金融生态对绿色技术创新影响的空间效应：基于东部五大城市群面板数据的实证分析［J］. 经济地理，2023，43（2）：147-154.

［43］房汉廷. 科技金融本质探析［J］. 中国科技论坛，2015（5）：5-10.

［44］房汉廷. 创新视角下的科技金融本质［J］. 高科技与产业化，2016（3）：40-45.

［45］房汉廷. 关于科技金融理论、实践与政策的思考［J］. 中国科技论坛，2010（11）：5-10，23.

［46］房红. 金融可持续发展理论与传统金融发展理论的比较与创新［J］. 经济体制改革，2011（3）：123-126.

［47］冯素玲，曹家和. 金融生态与政府行为：影响因素分析与优化路径选择［J］. 江苏商论，2009（2）：163-165.

［48］冯玥，成春林. 金融生态环境对资本配置效率影响的实证分析：以长江经济带为例［J］. 企业经济，2018（4）：179-185.

［49］高慧清. 河南省科技金融支持科技创新的有效性研究：基于面板模型的实证检验［J］. 金融理论与实践，2017（12）：65-70.

［50］高欣. 我国碳排放与金融生态系统的相关性研究［J］. 商业时代，2011（20）：75-76.

［51］龚光明，黄菁瑜. 不同金融生态环境下银行信贷行为差异［J］. 系统工程，2016，34（5）：97-101.

［52］辜晓川. 推进我国金融生态环境建设的几点思考［J］. 经济体制改革，2005（5）：98-100.

［53］管考磊. 金融生态环境、财务风险与银行信贷决策［J］. 中南财经政法大学学报，2010（6）：71-76，143-144.

［54］郭纲. 金融理论的拓展与超越：对以金融资源论为基础的金融可持续发展理论的认识［J］. 现代金融，2000（12）：7-8.

［55］郭景先，胡红霞，李恒. 政府补贴与企业研发投资：科技金融生态环境的调节作用［J］. 技术经济，2019，38（7）：29-37，118.

［56］郭琪，郑蕾. 科创金融发展路径探索：以山东省为例［J］. 金融发展研究，2022（7）：85-88.

［57］郭宇，张长海. 金融生态环境、管理者背景特征与债务融资［J］. 金融发展研究，2018（8）：3-14.

［58］韩大海，张文瑞，高凤英. 区域金融生态影响区域金融资源配置的机理［J］. 财经研究，2007（4）：41-51.

［59］韩国文，王浩权. 论金融生态的研究意义与金融生态学的研究内容［J］. 西北师大学报（社会科学版），2008（1）：123-127.

［60］韩红，李博，冯光辉. 金融生态运行质量时序变化及空间差异分析：基于河南省金融生态的实证分析［J］. 地域研究与开发，2019，38

(5)：19-24.

[61] 韩景旺，陈小荣. 河北省科技金融与科技创新互动发展关系的实证研究 [J]. 河北经贸大学学报，2020，41 (3)：72-81.

[62] 韩玲慧. 金融发展理论的发展脉络 [J]. 经济学动态，2003 (2)：55-60.

[63] 韩平. 改善金融生态环境是系统工程 [N]. 金融时报，2005-05-24.

[64] 韩廷春，雷颖絜. 金融生态环境对金融主体的影响机理分析 [J]. 经济研究参考，2008 (30)：17-18.

[65] 韩廷春，雷颖絜. 金融生态环境对金融主体发展的影响 [J]. 世界经济，2008 (3)：71-79.

[66] 韩廷春，喻伟. 金融生态系统与生物生态系统的内相似性研究 [J]. 国际金融研究，2010 (2)：83-95.

[67] 韩廷春，周佩璇. 金融生态系统失衡及调节机制的实证研究 [J]. 理论学刊，2010 (8)：31-36，127.

[68] 和瑞亚，张玉喜. 中国科技金融对科技创新贡献的动态综合估计研究：基于自向量回归模型的实证分析 [J]. 科技管理研究，2014，34 (8)：60-64.

[69] 贺朝晖. 区域金融生态评估方法比较研究 [J]. 金融理论与实践，2011 (1)：81-85.

[70] 侯清萍. 金融可持续发展理论研究综述 [J]. 黑龙江金融，2010 (7)：64-67.

[71] 侯晓辉，王青，冯宗宪. 金融生态与中国工业企业的技术创新能力 [J]. 产业经济研究，2012 (3)：59-68，78.

[72] 胡滨. 区域金融生态环境评价方法与实证研究 [J]. 经济管理，2009，31 (6)：16-22.

[73] 胡冰，王晓芳. 对"一带一路"国家对外投资支点选择：基于金融生态环境视角 [J]. 世界经济研究，2019 (7)：61-77，135.

[74] 胡冰，王晓芳. 投资导向、东道国金融生态与中国对外投资效率：基于对"一带一路"沿线国家的研究 [J]. 经济社会体制比较，2019 (1)：126-136.

[75] 胡日东，颜秀春. 论区域金融生态环境与民营经济可持续发展 [J]. 商业时代，2006 (34)：87-88.

[76] 黄国平，刘煜辉. 中国金融生态环境评价体系设计与分析 [J]. 系统工程理论与实践，2007 (6)：7-14.

[77] 黄浩. 数字金融生态系统的形成与挑战：来自中国的经验 [J]. 经济学家，2018 (4)：80-85.

[78] 黄宏斌，王文利，牛煜文. 金融生态环境、自媒体信息披露与企业投资规模：基于融资成本的中介效应检验 [J]. 金融发展研究，2020 (11)：10-20.

[79] 黄潞. 金融生态环境建设：本质、影响和前景 [J]. 农村金融研究，2005 (9)：16-17.

[80] 黄庆安. 中国农村金融生态环境问题研究 [J]. 中国农学通报，2009，25 (13)：278-287.

[81] 黄志伟. 我国城市金融生态对城市商业银行竞争力的影响分析 [J]. 生产力研究，2007 (20)：32-36，64.

[82] 黄子龙，和军. 我国互联网金融生态系统建设进路研究 [J]. 贵州社会科学，2019 (3)：118-125.

[83] 汲昌霖，张红凤. 金融资本迁移与区域金融生态环境的时空格局演变研究：以山东省为例 [J]. 理论学刊，2016 (6)：75-80.

[84] 贾军. 科技金融生态系统、价值独占与企业创新关系研究 [J]. 企业经济，2024，43 (3)：114-123.

[85] 金浩，李瑞晶. 农村金融生态减贫的系统动力学仿真：以河北省为例 [J]. 系统科学学报，2018，26 (4)：106-111.

[86] 金学群. 金融发展理论：一个文献综述 [J]. 当代经济科学，2003 (6)：78-83，92.

[87] 金运，韩喜平. 中国农村金融生态环境改进研究 [J]. 商业研究，2014 (12)：14-21.

[88] 孔祥毅. 百年金融制度变迁与金融协调 [M]. 北京：中国社会科学出版社，2002.

[89] 孔祥毅. 金融协调的若干理论问题 [J]. 经济学动态，2003 (10)：36-38.

[90] 寇明婷，杨媛棋，王宇飞，等. 科技金融：理论、回顾与展望 [J]. 研究与发展管理，2024，36 (6)：151-165.

[91] 匡国建. 完善金融生态法律制度的思考 [J]. 金融研究，2005

(8)：37-43.

［92］雷蒙德·戈德史密斯. 金融结构与金融发展［M］. 周朔，译. 上海：上海三联书店，1990

［93］雷新途，徐青原. 区域金融生态环境对企业资产结构的影响：来自制造业的证据［J］. 经济地理，2018，38（6）：102-108.

［94］黎和贵. 区域金融生态环境差异与经济增长效率［J］. 金融论坛，2007（3）：45-52.

［95］黎和贵. 区域金融生态环境差异与经济增长效率的实证研究［J］. 武汉金融，2007（2）：24-25.

［96］李博勋. 金融生态环境与商贸流通企业创新能力的相关性分析：基于融资约束视角［J］. 商业经济研究，2021（23）：9-12.

［97］李灿芳. 科技金融投入对科技创新影响的区域差异分析［J］. 财会通讯，2022（3）：85-90.

［98］李冲，钟昌标，郭经纬，等. 区域金融生态环境与企业创新能力：理论假说及空间计量检验［J］. 经济与管理，2016，30（3）：19-27.

［99］李春涛，闫宇聪，李嘉琪. 营商环境与企业创新：来自工商注册数据的证据［J］. 产业经济评论，2024（1）：79-101.

［100］李高芬. 我国金融生态环境研究综述［J］. 人民论坛，2011（11）：108-109.

［101］李合龙，吕羽麟，汪存华，等. 粤港澳城市群科技金融对科技创新的支持效率研究：基于城市群协同创新的视角［J］. 科技管理研究，2022，42（13）：51-58.

［102］李虹，袁颖超，许宁宁. 金融生态环境、投资者信心、公司成长性与股权资本成本［J］. 财会通讯，2018（3）：49-54.

［103］李华军. 改革开放四十年：科技金融的实践探索与理论发展［J］. 科技管理研究，2019，39（11）：63-70.

［104］李华民，吴非，廉胜南，等. 银行规模、金融生态环境与小企业融资［J］. 科学决策，2017（9）：25-43.

［105］李景跃，刘清娟，李季刚. 西部农村金融生态环境评价指标体系的构建［J］. 安徽农业科学，2007（18）：5633-5634.

［106］李静，韩颖，曹艺馨，等. 数字经济背景下科技金融对科技创新的影响［J］. 东北大学学报（自然科学版），2024，45(8)：1209-1216.

[107] 李林汉，王宏艳，田卫民. 基于三阶段 DEA-Tobit 模型的省际科技金融效率及其影响因素研究[J]. 科技管理研究，2018，38(2)：231-238.

[108] 李敏. 互联网金融对金融生态体系的影响与对策研究 [J]. 上海金融，2015 (12)：48-51.

[109] 李明，郝冰. 金融生态、企业内部控制与银行信贷资金配置 [J]. 投资研究，2014，33 (5)：68-81.

[110] 李石凯，黄剑. 美国金融生态的恶化与量化宽松货币政策就业效应的失灵 [J]. 财经科学，2011 (6)：9-17.

[111] 李小娟. 论金融发展理论的演进与创新 [J]. 生产力研究，2004 (11)：81-83.

[112] 李延凯，韩廷春. 金融生态演进作用于实体经济增长的机制分析：透过资本配置效率的视角 [J]. 中国工业经济，2011 (2)：26-35.

[113] 李扬，张涛. 中国地区金融生态环境评价 (2008—2009) [M]. 北京：中国金融出版社，2009.

[114] 李杨，王国刚，刘煜辉. 中国城市金融生态环境评价 [M]. 北京：人民出版社，2005.

[115] 李勇辉，袁旭宏，杨杏. 地区金融生态演进差异与信贷配置失衡的关系：基于中国宏观面板数据的检验 [J]. 当代经济科学，2016，38 (4)：42-52，125.

[116] 李媛媛，陈文静. 基于系统动力学的区域金融生态系统稳定性研究：以河北省为例 [J]. 系统科学学报，2022 (3)：125-130

[117] 李媛媛，崔宸琛，刘思羽. 金融生态环境、企业风险承担与创新效率：基于制造业面板 VAR 的实证分析 [J]. 工业技术经济，2019，38 (7)：76-87.

[118] 李媛媛，董鹏. 金融生态与新型城镇化质量：基于面板分位数回归模型的实证检验 [J]. 河北大学学报 (哲学社会科学版)，2016，41 (5)：102-110.

[119] 李媛媛，李瑞晶，金浩. 金融生态耦合支持新型城镇化的非线性作用研究：基于双重门限面板模型 [J]. 现代财经 (天津财经大学学报)，2016，36 (8)：36-44.

[120] 李正辉，万晓飞. 金融生态国际竞争力促进经济增长的实证分析 [J]. 金融研究，2008 (4)：199-206.

[121] 李竹梅，侯丹阳，和红伟，等. 金融生态环境、融资约束与全要素生产率的动态关系研究：基于上市公司面板 VAR 的实证分析 [J]. 工业技术经济，2022，41（4）：60-67.

[122] 廉玉金，杜宝贵，魏凯丽. 赋能科技创新的科技金融投入组态研究：基于美国 50 个州和 1 个直辖特区的 fsQCA 分析 [J]. 科学管理研究，2023，41（4）：144-152.

[123] 廖林，刘朝明，李亮，等. 区域金融生态环境测量指标体系研究 [J]. 投资研究，2007（8）：19-22.

[124] 廖林. 金融生态与区域经济增长的动态关系研究 [J]. 南方金融，2008（9）：21-24.

[125] 林广明，谭庆华. 金融资源论：对金融功能观与金融机构观的综合研究 [J]. 金融论坛，2004（6）：3-8，62.

[126] 林晶，智叶青. 金融生态环境对产业升级的影响：以北京市为例 [J]. 云南社会科学，2013（1）：88-92.

[127] 林欣. 中国金融生态与经济增长关系研究 [J]. 统计与决策，2016（1）：119-123.

[128] 林永军. 金融生态建设：一个基于系统论的分析 [J]. 金融研究，2005（8）：44-52.

[129] 刘朝明，廖林，涂瑞. 区域金融生态系统基本性状模型研究 [J]. 金融研究，2008（5）：194-202.

[130] 刘刚. 金融可持续发展理论：金融发展理论的可能方向 [J]. 经济研究导刊，2007（4）：186-188.

[131] 刘国宏. 科创金融发展的底层逻辑及对策研究 [J]. 特区实践与理论，2023（6）：105-111.

[132] 刘健，赵苗苗，刘晟源. 河南省数字赋能科创金融服务对策研究 [J]. 河南科技，2023，42（17）：136-140.

[133] 刘栾云峤，张玉喜. 区域科技金融生态系统共生与进化实证研究 [J]. 科技进步与对策，2021，38（5）：48-58.

[134] 刘濛，李嫣资. 京津冀城市圈科技金融效率测度与优化路径研究：基于模糊集定性比较分析 [J]. 会计之友，2023（2）：93-100.

[135] 刘敏楼. 农村金融生态环境对金融发展的影响 [J]. 湖南农业大学学报（社会科学版），2016，17（5）：20-26.

［136］刘曦子，王彦博，陈进．互联网金融生态圈发展评价研究：以蚂蚁金服和京东金融为例［J］．经济与管理评论，2017，33（3）：133-139．

［137］刘煜辉，沈可挺．地方政府行为模式及其对地区金融生态的影响［J］．中国金融，2008（3）：64-65．

［138］刘园丽．基于区间分析的金融生态环境评价及其实证［J］．统计与决策，2017（11）：166-168．

［139］刘志东，高洪玮．东道国金融发展、空间溢出效应与我国对外直接投资：基于“一带一路”沿线国家金融生态的研究［J］．国际金融研究，2019（8）：45-55．

［140］刘志兰，荆德鸿．打造区域性良好金融生态环境的建议［J］．金融理论与实践，2005（8）：87-88．

［141］芦锋，韩尚容．我国科技金融对科技创新的影响研究：基于面板模型的分析［J］．中国软科学，2015（6）：139-147．

［142］陆岷峰．打造具有核心竞争力的普惠金融生态研究［J］．新疆社会科学，2023（2）：24-31．

［143］陆岷峰．科技与资本的融合：构筑高效的数字科创金融生态网络［J］．南都学坛，2024，44（2）：106-114．

［144］逯进，范云云，王文波．我国省域金融生态与经济增长交互作用机制研究：基于系统动力学的实证分析［J］．上海经济研究，2017（6）：53-61．

［145］逯进，华玉飞．我国金融生态对经济增长影响的非线性特征解析［J］．上海金融，2015（3）：12-19．

［146］逯进，朱顺杰．金融生态、经济增长与区域发展差异：基于中国省域数据的耦合实证分析［J］．管理评论，2015，27（11）：44-56．

［147］罗纳德·麦金农．经济发展中的货币与资本［M］．卢骢，译．上海：上海三联书店，1980．

［148］罗文波，陶媛婷．科技金融与科技创新协同机制研究［J］．西南金融，2020（1）：23-32．

［149］罗韵轩．金融生态环境、异质性债务治理效应与债务重组：基于中国上市公司的实证研究［J］．会计研究，2016（3）：43-49，95．

［150］骆波．县域金融生态问题探讨：以河南为例［J］．金融理论与实践，2006（7）：24-27．

[151] 吕颖洁，陆培中. 科创金融改革背景下合肥市建设科创湾路径研究［J］. 芜湖职业技术学院学报，2023，25（4）：65-68.

[152] 马红，侯贵生. 金融集聚能促进企业的实业投资吗?：基于金融生态环境和要素拥挤理论的双重视角［J］. 现代财经（天津财经大学学报），2018，38（8）：3-15.

[153] 马凌霄，李成. 金融生态平衡：金融安全研究的新视角［J］. 经济体制改革，2006（3）：70-74.

[154] 梅波. 金融生态、盈余操纵与公允价值变动：来自行业周期视角下上市公司的经验证据［J］. 财会通讯，2014（36）：3-5，129.

[155] 穆献中，吕雷. 京津冀金融生态环境对区域经济发展影响研究［J］. 经济与管理，2017，31（3）：26-30.

[156] 宁文娟，韩占兵. 西部金融生态水平测评体系的实证研究：基于西部十二省区的面板数据分析［J］. 开发研究，2008（1）：137-140.

[157] 欧阳胜银，张运，时间. 地方政府债务与金融生态环境：基于典型事件的实证检验［J］. 金融与经济，2021（1）：14-21.

[158] 潘捷，曾春燕. 粤港澳大湾区科技金融生态系统三维评价研究［J］. 金融经济学研究，2023，38（3）：145-160.

[159] 潘俊，王亮亮，沈晓峰. 金融生态环境与地方政府债务融资成本：基于省级城投债数据的实证检验［J］. 会计研究，2015（6）：34-41，96.

[160] 潘俊，王亮亮，吕雪晶. 金融生态环境、内部资本市场与公司现金策略［J］. 管理评论，2015，27（5）：58-69.

[161] 潘陶，金永红. 政府与金融机构在区域金融生态环境建设中的作用［J］. 科技与经济，2008（5）：55-57.

[162] 潘学文. 科创出题金融答题：合肥市科创金融改革助推创新发展［J］. 安徽科技，2024（9）：4-7.

[163] 皮天雷，段宇信. 金融生态中的法律制度探讨：一个新制度经济学的角度［J］. 财经科学，2006（3）：16-22.

[164] 皮天雷. 金融生态的法律制度研究：基于新制度经济学的分析［J］. 金融理论与实践，2006（2）：7-11.

[165] 戚湧，王昊义，王明阳. 区域金融生态系统对新创企业绩效影响的实证研究［J］. 科技管理研究，2019，39（13）：92-100.

[166] 钱爱民，付东. 金融生态环境、金融资源配置与产能过剩［J］.

经济与管理研究，2017，38（5）：54-65.

［167］阙方平. 中国金融生态制度的变迁［J］. 银行家，2014（12）：63-65.

［168］阮陆宁，余赞德. 欠发达地区金融生态环境对经济发展的影响：基于赣南县域数据的实证分析［J］. 武汉金融，2015（7）：47-50.

［169］邵国华. 我国金融业经营协调的效率视角分析［J］. 商业研究，2006（5）：140-142.

［170］申韬，黄媚. 金融生态环境、经济增长与 FDI 效应研究：基于东盟国别数据的实证分析［J］. 武汉金融，2019（11）：71-77，22.

［171］申韬，李卉卉. “一带一路”沿线国家金融生态环境、经济增长耦合集聚效应分析［J］. 南洋问题研究，2018（2）：46-61.

［172］申韬，梁海森. 基于聚类分析的东盟国家金融生态环境评价［J］. 广西社会科学，2016（10）：41-45.

［173］沈俊，陈欣怡. 武汉市科技金融促进科技创新的政策文本研究：基于政策工具与创新阶段二维视角［J］. 武汉金融，2021（6）：81-88.

［174］施卉. 南京科创金融改革试验区发展探索［J］. 合作经济与科技，2024（6）：60-62.

［175］宋淑琴，孙志超. 金融生态环境、债务重组与非效率投资［J］. 财经问题研究，2019（8）：62-69.

［176］苏宁. 金融生态环境的基本内涵［J］. 金融信息参考，2005（10）：6.

［177］孙东亮，姚伟，徐荣贞. 金融生态恢复力的作用机理及提升对策［J］. 商业经济研究，2016（10）：167-170.

［178］孙刚. 金融生态环境、股价波动同步性与上市企业融资约束［J］. 证券市场导报，2011（1）：49-55.

［179］孙刚. 金融生态环境、债务治理效应与现金持有价值［J］. 上海立信会计学院学报，2010，24（6）：46-54.

［180］孙锦礼，陈悦. 科技金融生态对科技企业孵化效率的影响效应研究［J］. 区域经济评论，2022（2）：120-127.

［181］孙龙，雷良海. 科技金融生态对科技创新的跨层级交互作用研究：基于两阶层线性模型的实证分析［J］. 技术经济，2021，40（2）：1-7.

［182］孙岩. 金融资源观与传统代表性金融发展观比较及其创新［J］.

金融发展研究，2010 (2)：21-24.

[183] 孙旸旸. 农村金融生态环境的缺陷分析与优化方略 [J]. 统计与决策，2009 (12)：133-134.

[184] 孙毅，徐明棋. 长三角地区市域金融生态的测算与评价 [J]. 上海金融，2013 (7)：34-37，117.

[185] 孙颖. 以金融可持续发展理论为视角的金融危机 [J]. 浙江金融，2010 (2)：19-20.

[186] 孙正. 金融生态、信贷资金配置与财政可持续性 [J]. 山西财经大学学报，2017，39 (4)：54-64.

[187] 孙志红，吕婷婷. 金融生态环境、信贷资源配置对我国僵尸企业影响的研究：基于空间计量模型实证 [J]. 中南大学学报（社会科学版），2019，25 (1)：121-131.

[188] 孙志宏. 金融生态环境、民营企业社会责任与债务融资成本 [J]. 会计之友，2018 (16)：21-27.

[189] 汤子隆，祝佳，赖晓冰. 科技金融生态影响科技金融产出的空间结构研究 [J]. 经济体制改革，2018 (6)：57-62.

[190] 唐安宝，苑黛君. 中国金融生态多样性对 OFDI 的影响：基于融资中介效应和"一带一路"政策效应视角 [J]. 金融与经济，2019 (6)：57-64.

[191] 唐安宝，周杰. 去产能政策效应、金融生态治理效应与银行资产质量：基于省际面板数据的双重差分模型研究 [J]. 生态经济，2018，34 (8)：92-99.

[192] 唐赛，程雪松. 中国农村金融生态环境优化研究 [J]. 理论探讨，2009 (1)：105-108.

[193] 唐世连，肖继辉. 第二代金融发展理论述评 [J]. 当代财经，2003 (11)：50-53，106.

[194] 田霖. 区域金融的协调发展与短板效应探析 [J]. 财经研究，2010，36 (10)：48-59.

[195] 田霖. 区域金融综合竞争力的聚类分析与金融资源的优化整合 [J]. 金融理论与实践，2006 (2)：16-18.

[196] 田霖. 中部地区协调发展的金融地理学分析 [M]. 北京：经济科学出版社，2011.

［197］田晓佳．科技创新与科技金融协同对经济高质量发展的影响研究：以河南省为例［J］．现代管理科学，2024（2）：21-31.

［198］佟硕，张磊，吕正日．金融可持续发展理论研究述评［J］．对外经贸，2013（12）：82-84.

［199］万良勇，魏明海．金融生态、利益输送与信贷资源配置效率：基于河北担保圈的案例研究［J］．管理世界，2009（5）：6-16，46，187.

［200］汪海洋，孟全省，胡敏荣，等．金融生态环境对集体林权制度改革效益的影响分析［J］．林业经济问题，2014，34（1）：84-89.

［201］汪来喜．金融生态环境对金融业及区域经济发展效应分析：以中原经济区金融生态环境的成效及问题为例［J］．企业经济，2012，31（2）：147-150.

［202］汪祖杰，张轶峰．区域金融生态环境质量评估指标体系研究［J］．金融研究，2006（5）：150-158.

［203］王东明，黄飞鸣．基于金融生态环境主体异质性对货币政策区域效应的分析［J］．经济评论，2013（6）：89-97.

［204］王峰，马腾跃．南京市科创金融改革试验区建设打造全生命周期金融服务生态［J］．中国金融家，2023（12）：72-73.

［205］王国刚，冯光华，等．中国地区金融生态环境评价（2013—2014）［M］．北京：社会科学文献出版社，2015.

［206］王宏起，徐玉莲．科技创新与科技金融协同度模型及其应用研究［J］．中国软科学，2012（6）：129-138.

［207］王怀明，王钰．金融生态环境、内部资本市场与融资约束［J］．南京审计大学学报，2018，15（3）：11-20.

［208］王静，孙园青．金融生态系统的突变分析［J］．金融理论与实践，2010（8）：18-20.

［209］王静，孙园青．运用尖点突变模型考察金融生态系统稳定性［J］．财会月刊，2010（27）：86-87.

［210］王磊．浙江省科创金融存在的主要问题与提升建议探索［J］．中国证券期货，2023（3）：67-70，85.

［211］王林辉，赵景．金融生态环境及其对企业创新效率的影响：以工业企业为例［J］．海南大学学报（人文社会科学版），2017，35（3）：49-57.

［212］ 王曼怡，王宇庚. 基于状态空间模型的金融生态与区域经济增长：以北京市为例的实证研究［J］. 国际经济合作，2015（4）：87-90.

［213］ 王擎，潘李剑. 股权结构、金融生态与城市商业银行绩效［J］. 投资研究，2012，31（4）：65-77.

［214］ 王琼，耿成轩. 金融生态环境、产权性质与战略性新兴产业融资效率［J］. 经济经纬，2017，34（3）：87-92.

［215］ 王韧，李志伟. 中国科技金融效率的结构异质性与空间分布特征：基于二维产出视角［J］. 管理评论，2022，34（9）：35-46.

［216］ 王伟，杨艺. 国内外金融生态最新文献综述［J］. 学术研究，2006（11）：69-74.

［217］ 王修华，黄明. 金融资源空间分布规律：一个金融地理学的分析框架［J］. 经济地理，2009，29（11）：1808-1811，1815.

［218］ 王秀芳. 金融生态环境评价问题研究［J］. 金融理论与实践，2006（9）：29-32.

［219］ 王雅俊. 西部地区金融生态运行绩效分异与影响因素研究［J］. 统计与决策，2020，36（8）：147-151.

［220］ 王永杰. 金融生态环境、盈余质量对企业资本成本影响的实证分析［J］. 云南财经大学学报，2011，27（6）：95-104.

［221］ 王宇露. 金融生态与金融生态环境研究的演进及其述评［J］. 生态经济，2007（6）：90-93.

［222］ 王运良，李富有. OFDI、金融生态运行效率与产业结构升级［J］. 经济问题探索，2018（6）：135-143.

［223］ 王贞洁，沈维涛. 金融生态环境、异质性债务与技术创新投资：基于我国制造业上市公司的实证研究［J］. 经济管理，2013，35（12）：130-139.

［224］ 魏悦. 三大宗教的信用思想［J］. 江西财经大学学报，2004（1）：25-27.

［225］ 魏志华，曾爱民，李博. 金融生态环境与企业融资约束：基于中国上市公司的实证研究［J］. 会计研究，2014（5）：73-80，95.

［226］ 魏志华，王贞洁，吴育辉，等. 金融生态环境、审计意见与债务融资成本［J］. 审计研究，2012（3）：98-105.

［227］ 温薇，张涵诗，张启文. 基于EWM-DEA模型的农村金融生态环

境评价：以黑龙江省12个地级市为例［J］. 农业经济与管理，2022（2）：92-102.

［228］温智良. 区域金融生态环境与经济增长效率实证研究：以江西为例［J］. 武汉金融，2008（8）：64-65.

［229］吴昊旻，靳亭亭. 金融生态环境与企业创新效率［J］. 金融论坛，2017，22（12）：57-67.

［230］吴江. 金融生态、政府行为与信贷资本配置效率：来自重庆市各区县面板数据的检验［J］. 经济经纬，2010（3）：139-142.

［231］吴明飞. 金融生态建设及主要影响因素［J］. 学术交流，2007（2）：129-131.

［232］吴庆田，陈伟. 农村金融生态环境与金融效率相关性实证研究：基于典型相关分析与Granger因果检验［J］. 系统工程，2012，30（3）：76-84.

［233］吴星南. 金融生态环境评价须注重主观指标［J］. 浙江金融，2006（2）：27-28.

［234］伍再华，李谋，冉珍梅. 区域金融生态环境演化与家庭借贷行为：基于中国30个省级区域的面板数据［J］. 当代经济管理，2017，39（4）：77-84.

［235］武力超，施桑桑，韩华桂，等. 外商直接投资、财政政策波动与地区金融生态环境［J］. 金融论坛，2018，23（2）：20-34.

［236］向琳，李季刚，张超. 中国金融生态环境优化的实证分析［J］. 生态经济，2010（7）：38-41.

［237］向琳，李季刚. 中国农村金融生态环境优化的区域效率比较［J］. 工业技术经济，2010，29（7）：146-149.

［238］肖敏慧. 金融生态环境模糊评价体系构建与运用：基于赣州市金融生态环境的实证分析［J］. 征信，2014，32（7）：31-34.

［239］萧安富，徐彦斐. 金融生态与资金配置效率的一个微观解释：自贡案例研究［J］. 金融研究，2005（6）：154-163.

［240］谢赤，毛宁. 金融生态建设与新型城镇化的时空耦合关系［J］. 统计与决策，2020，36（3）：92-96.

［241］谢德仁，陈运森. 金融生态环境、产权性质与负债的治理效应［J］. 经济研究，2009，44（5）：118-129.

［242］谢德仁，张高菊. 金融生态环境、负债的治理效应与债务重组：经验证据［J］. 会计研究，2007（12）：43-50，96-97.

［243］谢庆健. 县域金融生态现状分析：来自安徽、江西、河南、江苏、浙江、山东六省的调查报告［J］. 中国金融，2006（4）：32-34.

［244］谢太峰，王子博. 京沪金融生态环境综合评价及相关建议［J］. 经济与管理研究，2010（3）：75-79.

［245］谢太峰. 关于金融生态内涵与评价标准的思考［J］. 金融理论与实践，2006（4）：26-28.

［246］邢勃. 论金融生态环境评价指标体系建设［J］. 河南社会科学，2008（4）：68-70.

［247］邢乐成，白朴贤，邢之光. 中国普惠金融实现路径研究：基于金融生态圈案例［J］. 山东社会科学，2021（12）：125-132.

［248］熊晓炼，樊健. "一带一路"沿线省域金融生态系统协同演化机制与水平差异：基于哈肯模型的实证分析［J］. 工业技术经济，2021，40（12）：58-65.

［249］熊学萍，何劲，陶建平. 农村金融生态环境评价与影响因素分析［J］. 统计与决策，2013（2）：100-103.

［250］徐丹丹，刘凯元，曾章备，等. 我国区域农村金融生态环境评价研究：基于突变级数法的分析［J］. 农业经济问题，2016，37（4）：70-80.

［251］徐明亮. 当前我国农村金融生态问题研究［J］. 经济纵横，2007（2）：41-43.

［252］徐荣贞，孙全龙. 区域金融生态恢复力研究［J］. 统计与决策，2014（13）：51-53.

［253］徐小林. 区域金融生态环境评价方法［J］. 金融研究，2005（11）：39-45.

［254］徐玉莲，王玉冬，林艳. 区域科技创新与科技金融耦合协调度评价研究［J］. 科学学与科学技术管理，2011，32（12）：116-122.

［255］徐玉莲，王玉冬. 区域科技创新与科技金融系统协同发展运行机理分析［J］. 科技进步与对策，2013，30（20）：25-29.

［256］徐玉莲，于浪，王玉冬. 区域科技创新与科技金融系统协同演化的序参量分析［J］. 科技管理研究，2017，37（15）：15-20.

［257］徐玉莲，赵文洋，张涛. 科技金融成熟度评价指标体系构建与

应用［J］. 科技进步与对策，2017，34（11）：118-124.

［258］闫婷婷，徐伟丽. 基于全生命周期的山东省科创金融生态体系构建研究［J］. 市场周刊，2023，36（5）：42-45.

［259］杨昌辉，邱立伟，丁帅. 基于加权 GRA-TOPSIS 的皖江城市带金融生态环境评价［J］. 合肥工业大学学报（自然科学版），2014，37（11）：1376-1380.

［260］杨德勇，郭慧君，马凤鸣. 基于系统动力学的农村金融生态环境研究［J］. 经济问题，2015（12）：56-61.

［261］杨冬梅. 后危机时代金融生态环境的优化路径［J］. 生态经济，2010（7）：75-77，83.

［262］杨风，吴晓晖. 金融生态环境与公司战略选择：基于创业板上市公司的经验证据［J］. 金融理论与实践，2017（3）：50-54.

［263］杨宏斌. 金融生态与银行危机传导［J］. 生态经济，2007（12）：62-64，81.

［264］杨晶，陈伟. 科技金融与科技创新的协同机理、问题与对策建议［J］. 科学管理研究，2021，39（3）：147-153.

［265］杨柳，张友棠. "一带一路"国家金融生态多样性与中国对外直接投资［J］. 财会月刊，2018（8）：157-163.

［266］杨嫩晓，安则同. 科技创新与科技金融协同效应研究：基于陕西数据的实证分析［J］. 西安财经大学学报，2021，34（3）：43-52.

［267］杨庆明，谢月华. 区域金融生态系统的评价与分类：基于 SFA 模型的实证研究［J］. 金融与经济，2009（12）：40-42.

［268］杨仁发，魏琴琴. 营商环境对城市创新能力的影响研究：基于中介效应的实证检验［J］. 调研世界，2021,（10）：35-43.

［269］杨雪莱，许传华，吴少新. 基于 NK 模型的金融生态优化解析［J］. 中州学刊，2007（4）：68-70.

［270］姚爽，黄玮强，张展，等. 区域金融生态环境评价：基于修正变异系数法［J］. 技术经济，2015，34（10）：61-67.

［271］姚耀军，黄林东. 金融生态环境改善有助于提高资本配置效率吗?：来自浙江省的经验证据［J］. 金融理论与实践，2012（2）：41-44.

［272］姚耀军，黄林东. 金融生态环境与信贷资金跨区域配置效率：基于中国分省数据的经验研究［J］. 上海金融，2013（2）：44-47，117.

[273] 姚勇. 当代金融理论何处去：反思与展望：兼评金融可持续发展理论 [J]. 国际金融研究，1999 (8)：18-23.

[274] 叶德磊. 论我国金融生态圈优化与金融创新的功效 [J]. 当代经济科学，2006 (4)：34-39，125.

[275] 衣长军. 从金融共生理论看我国金融生态环境和谐发展 [J]. 商业时代，2008 (8)：77-78.

[276] 仪垂林，权丽平. 区域金融生态建设研究 [J]. 统计与决策，2006 (23)：126-127.

[277] 易宪容，卢婷. 基础性制度是金融生态的核心 [J]. 经济社会体制比较，2006 (2)：47-54.

[278] 尹希果，曾冬梅. 金融生态理论研究综述及展望 [J]. 安徽农业科学，2009，37 (17)：8239-8242.

[279] 袁超. 合肥市科创金融发展现状及对策研究 [J]. 现代商业，2023 (17)：109-112.

[280] 袁丹丹，姚永鹏. 区域金融生态环境与经济增长的耦合协调关系量化分析 [J]. 资源开发与市场，2016，32 (4)：414-417，442.

[281] 袁放建，王梅，韩丹. 金融生态环境、外部审计与债务资本成本 [J]. 经济与管理，2013，27 (10)：58-63.

[282] 袁晋华，朱锦. 建立我国区域金融生态环境评价指标体系初探 [J]. 武汉金融，2005 (11)：49-50.

[283] 约翰·格利，爱德华·肖. 金融理论中的货币 [M]. 贝多广，译. 上海：上海三联书店，1994.

[284] 翟胜宝，王菡，陆正飞. 金融生态环境和企业创新能力：基于中国制造业的经验数据 [J]. 经济与管理研究，2015，36 (7)：53-59.

[285] 张国林，任文晨. 金融生态多样性与出口结构优化 [J]. 技术经济，2015，34 (9)：68-74.

[286] 张海军，张座铭. 湖北省科技金融生态系统构建路径分析 [J]. 商业经济研究，2016 (21)：171-172.

[287] 张红凤，汲昌霖. 政治关联、金融生态环境与企业融资：基于山东省上市公司数据的实证分析 [J]. 经济理论与经济管理，2015 (11)：77-86.

[288] 张华. 科技金融创新生态系统的规划框架与协同创新机制 [J].

科学管理研究，2016，34（5）：89-93.

[289] 张杰，刘东. 金融结构、金融生态与农村金融体系的建构：来自江苏农村地区的案例解析 [J]. 当代经济科学，2006（4）：40-48，125.

[290] 张敬峰，周守华. 产业共生、金融生态与供应链金融 [J]. 金融论坛，2013，18（8）：69-74.

[291] 张俊芳，苏牧. 科技金融生态系统指标构建与国际比较研究 [J]. 中国软科学，2022（7）：28-37.

[292] 张满银，韩大海. 金融生态环境与外资银行在华投资的省域选择 [J]. 金融论坛，2010，15（10）：5-11.

[293] 张敏，谢露，马黎珺. 金融生态环境与商业银行的盈余质量：基于我国商业银行的经验证据 [J]. 金融研究，2015（5）：117-131.

[294] 张敏，张雯，马黎珺. 金融生态环境、外资持股与商业银行的关联贷款 [J]. 金融研究，2014（12）：102-116.

[295] 张明，刘展廷. 科技金融：理论脉络、实践现状与研究展望 [J]. 新金融，2024（8）：14-18，31.

[296] 张明喜. 我国科技金融生态及其绩效实证研究 [J]. 科技进步与对策，2017，34（16）：14-19.

[297] 张鹏，姜玉东. 我国金融生态体系的改进与优化 [J]. 财经科学，2005（4）：25-30.

[298] 张萍，沈晓婷. 农村金融生态体系的构建与评价：以浙江省为例 [J]. 农业经济问题，2015，36（12）：58-64，111.

[299] 张球. 金融生态演化的系统动力学研究 [J]. 生产力研究，2008（2）：31-33.

[300] 张瑞怀，张强. 农村金融生态研究：一个新制度经济学的分析框架 [J]. 金融理论与实践，2007（2）：13-15.

[301] 张瑞怀. 基于 BP 神经网络模型的农村金融生态环境综合评价 [J]. 金融理论与实践，2006（10）：29-31.

[302] 张瑞怀. 农村金融生态环境评价的基点：农村区域差异及原因探析：基于湖南个案的研究 [J]. 武汉金融，2006（9）：56-57.

[303] 张兴旺，陈希敏. 国内外科技金融创新发展模式比较研究 [J]. 科学管理研究，2017，35（5）：112-115.

[304] 张壹帆，孙嘉雯，陆岷峰. 铸造新质生产力：科技金融与科技

创新深度融合的路径与模式研究［J］. 农村金融研究，2024（5）：70-80.

［305］张玉喜，刘栾云峤. 共生视角下科技金融生态系统对科技创新的影响［J］. 系统工程，2021，39（3）：25-36.

［306］张玉喜，张倩. 区域科技金融生态系统的动态综合评价［J］. 科学学研究，2018，36（11）：1963-1974.

［307］张玉喜，赵丽丽. 中国科技金融投入对科技创新的作用效果：基于静态和动态面板数据模型的实证研究［J］. 科学学研究，2015，33（2）：177-184，214.

［308］张媛媛，袁奋强，刘东皇，等. 区域科技创新与科技金融的协同发展研究：基于系统耦合理论的分析［J］. 技术经济与管理研究，2017（6）：71-76.

［309］张运，许涤龙，李召麒. 基于组合评估法的金融生态指数构建研究［J］. 经济问题，2017（4）：24-30.

［310］张运，许涤龙. 金融生态环境对企业资本配置效率影响的实证分析［J］. 统计与决策，2017（8）：158-161.

［311］张运，许涤龙. 长株潭城市群金融生态环境评价实证［J］. 经济地理，2017，37（12）：89-95.

［312］张芷若，谷国锋. 科技金融与科技创新耦合协调度的空间格局分析［J］. 经济地理，2019，39（4）：50-58.

［313］张志元，雷良海，杨艺. 区域金融可持续发展的城市金融生态研究［J］. 金融研究，2006（6）：159-169.

［314］张忠寿，高鹏. 科技金融生态系统协同创新及利益分配机制研究［J］. 宏观经济研究，2019（9）：47-57，66.

［315］赵国忻. 金融生态问题研究评述［J］. 生产力研究，2011（5）：202-204.

［316］赵鸿程，林炳华，陈一琳. 中国科技金融效率的时空分异及其影响因素：基于非期望产出视角的分析［J］. 金融与经济，2020（12）：49-55.

［317］赵文洋，徐玉莲，于浪. 科技金融结构对区域科技创新效率的影响［J］. 科技管理研究，2017，37（21）：22-28.

［318］赵振宇. 金融生态环境建设问题研究［J］. 学习与探索，2009（4）：148-150.

[319] 郑磊，张伟科. 科技金融对科技创新的非线性影响：一种 U 型关系 [J]. 软科学，2018，32 (7)：16-20.

[320] 郑杨. 论金融生态环境建设与金融法制化 [J]. 上海金融，2006 (4)：4-7.

[321] 郑玉华，崔晓东. 互联网金融生态系统的演化发展与系统建设 [J]. 技术经济与管理研究，2018 (1)：67-71.

[322] 中国工商银行江苏省分行课题组. 国有商业银行助推金融生态环境建设策略研究 [J]. 金融论坛，2006 (3)：18-23.

[323] 中国人民银行成都分行课题组，李明昌，周晓强. 西南民族地区农村金融生态运行特征及行为绩效 [J]. 财经科学，2006 (8)：110-116.

[324] 中国人民银行张家界市中心支行课题组. 金融生态的层次结构与金融资源均衡配置：张家界个案分析 [J]. 金融研究，2005 (11)：156-163.

[325] 中国人民银行长沙中心支行课题组，张庆昉，胡坚强，贺朝晖，汤武. 区域金融生态评估体系研究 [J]. 武汉金融，2008 (11)：33-36.

[326] 中国人民银行成都分行营业管理部课题组，雷永健，张晓燕. 区域金融生态环境测评研究：对成都市县域金融生态环境的测评 [J]. 西南金融，2006 (7)：23-25.

[327] 中国人民银行德阳市中心支行绵竹市支行联合课题组，杨道法，陈小平，杨天华. 县域金融生态环境评价指标体系研究报告 [J]. 西南金融，2007 (6)：16-17.

[328] 中国人民银行德阳市中心支行调研组，杨道法，陈小平. 金融生态环境评价指标体系的构建 [J]. 西南金融，2006 (11)：35-36.

[329] 中国人民银行洛阳市中心支行课题组. 区域金融生态环境评价指标体系研究 [J]. 金融研究，2006 (1)：167-177.

[330] 中国人民银行南昌中心支行征信管理处课题组，易寿生. 江西省金融生态环境的实证分析与对策建议 [J]. 金融与经济，2012 (1)：77-80，44.

[331] 中国人民银行南充市中心支行课题组，方昕，葛康泽，钟辉，文青. 区域金融生态环境质量监测评价研究 [J]. 西南金融，2007 (2)：57-59.

[332] 中国人民银行上海分行课题组. 论金融生态与上海国际金融中心建设 [J]. 上海金融，2005 (12)：4-7.

［333］中国人民银行武汉分行金融生态办公室课题组，赵以邗，方爱国，王晓羽．湖北省金融生态监测评价实践与思考［J］．武汉金融，2010（10）：59-61.

［334］中国社科院金融研究所课题组，李扬，王国刚，刘煜辉．地方政府行为模式及其对地区金融生态的影响［J］．新金融，2008（3）：47-48.

［335］钟帅，沙景华．基于金融生态理论的美国金融制度分析：对美国次贷危机的一种解释［J］．中国软科学，2010（S1）：359-365.

［336］钟文，钟昌标，郑明贵．区域金融生态环境的减贫效应与路径研究［J］．统计与决策，2020，36（9）：138-141.

［337］周道许．地方政府在区域金融生态建设中的作用［J］．中国金融，2010（Z1）：133-135.

［338］周家龙．科创金融改革试验区建设的地方实践［J］．中国金融，2023（16）：28-29.

［339］周炯，韩占兵．金融生态理论的演进与展望：国内外研究综述［J］．宁夏大学学报（人文社会科学版），2010，32（3）：139-143.

［340］周炯，魏佩佳．省域金融生态环境评价研究［J］．西北大学学报（哲学社会科学版），2012，42（1）：123-126.

［341］周小川．区域金融生态环境建设与地方融资的关系［J］．中国金融，2009（16）：8-9.

［342］周小川．完善法律制度 改进金融生态［EB/OL］.（2004-06-05）［2025-05-25］.https://magazine.caixin.com/2004-06-05/100093447.html.

［343］周于靖，罗韵轩．金融生态环境、绿色声誉与信贷融资：基于A股重污染行业上市公司的实证研究［J］．南方金融，2017（8）：21-32.

［344］周泽将，雷玲．营商环境优化与企业ESG表现［J］．厦门大学学报（哲学社会科学版），2023，73（5）：43-56.

［345］周泽将，修宗峰．金融生态环境、债务治理与企业产能利用：基于中国A股制造业上市公司的经验证据［J］．厦门大学学报（哲学社会科学版），2017（6）：46-56.

［346］朱德位．优化金融结构：改善金融生态的另一个视角［J］．上海金融，2006（1）：19-23.

［347］邹颖，杨晓玮．政治关联、金融生态环境与股权资本成本：基于2005—2012年的数据分析［J］．华东经济管理，2014，28（10）：98-104.

[348] 曾刚. 科创金融发展的重点方向[J]. 金融博览, 2023 (7): 46-47.

[349] 曾建中, 刘桂东. 论金融生态系统提出的理论渊源及其假设条件 [J]. 财经科学, 2007 (8): 8-14.

[350] 曾建中. 论金融生态系统提出的理论渊源及其假设条件 [J]. 金融理论与实践, 2007 (7): 15-18.

[351] 曾康霖. 刍议金融生态 [J]. 中国金融, 2007 (18): 86-87.

[352] 曾胜, 廖林. 金融生态系统的评价模型构建 [J]. 统计与决策, 2009 (15): 7-9.

[353] 曾昭法, 王颖. 基于耦合协调度的金融生态系统协调发展研究 [J]. 统计与决策, 2016 (11): 140-143.

[354] 曾昭法, 王颖. 金融生态系统运行效率的区域差异分析 [J]. 统计与决策, 2017 (11): 152-156.

[355] 曾之明, 张琦. 我国农村金融生态优化对策探讨 [J]. 征信, 2014, 32 (11): 70-74.

[356] A DEMIRGUC-KUNT, E DETRAGIACHE. Financial Liberalization and Financial Fragility [J]. Policy Research Working Paper, 1998, 98 (1917): 4259-4299.

[357] ALLEN F, QIAN J, QIAN M. Law, Finance, and Economic Growth in China [J]. Journal of Financial Economics, 2005, 77 (1): 57-116.

[358] ARNOLD W A BOOT, ANJAN V THAKOR. Financial System Architecture [J]. Review of Financial Studies, 1997, 10 (3): 693-733.

[359] ATANASSOV J, NANDA V K, SERU A. Finance and Innovation: the Case of Publicly Traded Firms [R]. Ross School of Business Paper (970), 2007.

[360] BASANT K KAPUR. Money as a Medium of Exchange and Monetary Growth in an Underdevelopment Context [J]. Journal of Development Economic, 1975 (2): 23-44.

[361] C WYPLOSZ. How Risky is Financial Liberalization in the Developing Countries? [R]. G-24 Discussion Papers serises, No.14, 2001.

[362] CLAESSENS S, LAEVEN L. Financial Development, Property Rights, and Growth [J]. Journal of Finance, 2003 (58): 2401-2436.

[363] CYRIL MONNET, ERWAN QUINTIN. Why Do Financial Systems

Differ? History Matters [R]. European Central Bank working paper series, No. 442/February, 2006.

[364] D W DIAMOND. Financial Intermediation and Delegated Monitoring [J]. Review of Economic Studies, 1984 (51): 393-414.

[365] E F FAMA. Banking in the Theory of Finance [J]. Journal of Monetary Economics, 1980, 6 (1): 39-57.

[366] FRANKLIN ALLEN, ANTHONY M SANTOMERO. The Theory of Financial Intermediation [J]. Journal of Banking & Finance, 1997, 21 (11-12): 1461-1485.

[367] G CAPRIO P HONOHAN, J E STIGLITZ. Financial Liberalization How Far? How Fast? [R]. mimeo, the World Bank, 1999.

[368] H E LELAND, D H PYLE. Informational Asymmetries, Financial Structure, and Financial Intermediation [J]. Journal of Finance, 1977 (32): 371-387.

[369] HARRY GARRETSEN, ROBERT LENSINK, ELMER STERKEN. Growth, Financial Development, Societal Norms and Legal Institutions [J]. Journal of International Financial, Markets Institutions and Money, 2004 (14): 165-183.

[370] JAYASRI DUTTA, SANDEEP KAPUR. Liquidity Preference and Financial Intermediation [J]. The Review of Economic Studies, 1998, 65 (3): 551-572.

[371] JEREMY GREENWOOD, BRUCE SMITH. Financial Markets in Development, and the Development of Financial Markets [J]. Journal of Economic Dynamics and Control, 1997, 21 (1): 145-181.

[372] JOSEPH E STIGLITZ. Government, Financial Markets, and Economic Development [R]. NBER working paper, 3669, 1991.

[373] K NEUSSER, M KUGLER. Manufacturing Growth and Financial Development: Evidence from OECD Countries [J]. Review of Economics and Statistics, 1998 (80): 636-646.

[374] KAPLAN SN, STROMBERG P. Financial Contracting Theory Meets the Real World: An Empirical Analysis of Venture Capital Contracts [J]. Review of Economic Studies, 2003 (70): 281-315

[375] LA PORTA R, LOPEZ-DE-SILANES F, SHLEIFER A, et al. Law and Finance [J]. Journal of Political Economy, 1998 (106): 1113 -1155.

[376] LA PORTA R, LOPEZ-DE-SILANES F, SHLEIFER A, et al. Agency Problems and Dividend Policies Around the World [J]. The Journal of Finance, 2000, 55 (1): 1-33.

[377] LA PORTA R, LOPEZ-DE-SILANES F, SHLEIFER A. Government Ownership of Banks [J]. The Journal of Finance, 2002, 57 (1): 265-301.

[378] LERNER R J, SORENSEN M, STROMBERG P. Private Equity and Long-Run Investment: the Case of Innovation [J]. The Journal of Finance, 2011, 66 (2): 445-477.

[379] LEVINE R, BECK T, DEMIRGUC-KUNT A. Law and Finance: Why Does Legal Origin Matter? [J]. Journal of Comparative Economics, 2003, 31 (4): 653-675.

[380] M J FRY. Money, Interest, and Banking in Economic Development [M]. Baltimore: John Hopkins University Press, 1995.

[381] M J FRY. Saving, Investment, Growth, and the Cost of Financial Repression [J]. World Development, 1980 (8): 317-327.

[382] MENZIE D CHINN, HIRO ITO. What Matters for Financial Development? Capital Controls, Institutions, and Interactions [J]. Journal of Development Economics, 2006 (81): 163-192.

[383] P L ROUSSEAU, P WACHTEL. Equity Markets and Growth: Cross-country Evidence on Timing and Outcomes, 1980-1995 [J]. Journal of Banking & Finance, 2000, 24 (12): 1933-1957.

[384] P L ROUSSEAU, P WACHTEL. Fiancial Inter-mediation and Economic Performance: Historical Evidence from Five Industrial Countries [J]. Journal of Money Credit and Banking, 1998 (30): 657-678.

[385] P L ROUSSEAU, R SYLLA. Emerging Financial Markets and Early U. S. Growth [J]. Explorations in Economic History, 2005, 42 (1): 0-26.

[386] P L ROUSSEAU. The Permanent Effects of Innovation on Financial Depth: Theory and US Historical Evidence from Unobservable Components Models [J]. Journal of Monetary Economics, 1998 (42): 387-425.

[387] PENAS M F, DA RIN M. The Effect of Venture Capital on Innova-

tion Strategies [R]. NBER Working Paper, W13636, 2007.

[388] R G KING, R LEVINE. Finance and Growth: Schumpeter Might be Right [J]. Quarterly Journal of Economics, 1993a (108): 717-738.

[389] R G KING, R LEVINE. Finance, Entrepreneurship, and Growth: Theory and Evidence[J]. Journal of Monetary Economics, 1993b(32): 513-542.

[390] R G RAJAN, L ZINGALES. Financial Dependence and Growth [J]. American Economic Review, 1998 (88): 559-586.

[391] R G RAJAN, L ZINGALES. The Great Reversals: the Politics of Financial Development in the Twentieth Century-Science Direct [J]. Journal of Financial Economics, 2003, 69 (1): 5-50.

[392] R LEVINE, L S ZERVOS. Capital Control Liberalization and Stock Market Development [J]. World Development, 1998b (26): 1169-1184.

[393] R LEVINE, L S ZERVOS. Stock Markets, Banks, and Economic Growth [J]. American Economic Review, 1998a (88): 537-558.

[394] R LEVINE, N LOAYZA, T BECK. Financial Inter-mediation and Growth: Causality and Causes [J]. Journal of Monetary Economics, 2000 (46): 31-77.

[395] R LEVINE. Stock Markets, Growth, and Tax Policy [J]. Journal of Finance, 1991, 46 (4): 1445-1465.

[396] R LEVINE. Bank-based or Market-based Financial Systems: Which is Better? [J]. Journal of Financial Inter-mediation, 2002 (11): 398-428, 103.

[397] R LEVINE. The Legal Environment, Banks, and Long-Run Economic Growth [J]. Journal of Money Credit and Banking, 1998, 30 (3): 596-613.

[398] R LEVINE. Financial Development and Economic Growth: Views and Agenda [J]. Journal of Economic Literature, 1997 (6): 688 -726.

[399] R LEVINE. Law, Financial, and Economic Growth [J]. Journal of Financial Intermediation, 1999, 8 (1/2): 36-67.

[400] SCHUMPETER J A. The Theory of Economy Development [M]. Cambridge, MA: Harvard University Press, 1912.

[401] STULZ R M, WILLIAMSON R. Culture, Openness, and Finance [J]. Journal of Financial Economics, 2003, 70 (3): 313-349.

[402] T BECK, A DEMIRGUCKUNT, R LEVINE. Law and Firms' Access to Finance [J]. American Law and Economics Review, 2005 (1): 211-252.

[403] T BECK, A DEMIRGUCKUNT, V MAKSIMOVIC. Financial and Legal Constraints to Growth: Does Firm Size Matter? [J]. The Journal of Finance, 2005, 60 (1): 137-177.

[404] T BECK, R LEVINE, N LOAYZA. Finance and the Sources of Growth [J]. Journal of Financial Economics, 2004 (58): 261-300.

[405] T BECK, R LEVINE. Stock Markets, Banks, and Growth: Panel Evidence [J]. Journal of Banking & Finance, 2004, 28 (3): 423-442.

[406] THOMAS HELLMANN, KEVIN MURDOCK, JOSEPH STIGLITZ. Deposit Mobilization through Financial Restraint [R]. mimeo, Stanford University, 1995.

[407] THOMAS HELLMANN, KEVIN MURDOCK, JOSEPH STIGLITZ. Financial Restraint: Toward a New Paradigm [M] // The Role of Government in East Asian Economic Development. Oxford: Clarendon Press, 1998.

[408] THOMAS HELLMANN, KEVIN MURDOCK. Financial Sector Development Policy: The Importance of Reputational Capital and Governance [M] //eds. R Sabot, I Skékely. Development Strategy and Management of the Market Economy. London: Oxford University Press, 1998.

[409] V R BENCIVENGA, B D SMITH. Financial Intermediation and Endogenous Growth [J]. Review of Economic Studies, 1991 (2): 195-209.

[410] VICENTE GALBIS. Financial Intermediation and Economic Growth in Less-Developed Countries: A Theoretical Approach [J]. Journal of Development Studies, 1977, 13 (2): 58-72.

[411] X FREIXAS, C ROCHET. Microeconomics of Bank [M]. Cambridge: MIT Press, 1997.

附录

附录 1　科创金融生态环境评价指标体系原始数据（准则层：政策环境、金融市场环境、信用环境）（见附表 1）

附表 1　科创金融生态环境评价指标体系原始数据（准则层：政策环境、金融市场环境、信用环境）

省份	年份	政策环境			金融市场环境						信用环境	
		政府引导基金/百万元	科学技术支出占比	政府透明度指数	金融深度/%	金融效率	证券化率	保险深度/%	北大数字普惠金融指数	金融监管水平	信用环境指数	不良贷款率/%
		C_1	C_2	C_3	C_4	C_5	C_6	C_7	C_8	C_9	C_{10}	C_{11}
安徽	2013	378. 61	0. 025 2	71. 44	2. 265 2	0. 730 9	0. 271 7	2. 5	150. 83	0. 004 0	71. 83	1. 03
安徽	2014	10 379. 66	0. 027 8	79. 8	2. 346 5	0. 756 3	0. 368 9	2. 7	180. 59	0. 004 8	71. 09	1. 30
安徽	2015	35 321. 74	0. 028 2	79. 95	2. 558 4	0. 750 7	0. 569 4	3. 17	211. 28	0. 005 6	70. 35	1. 86
安徽	2016	41 764. 26	0. 047 0	87. 24	2. 740 6	0. 744 7	0. 499 6	3. 6	228. 78	0. 022 8	69. 75	1. 60
安徽	2017	150 394. 40	0. 042 0	70. 93	2. 739 9	0. 762 0	0. 576 2	4. 02	271. 60	0. 008 1	69. 15	1. 60
安徽	2018	11 948. 18	0. 044 9	82. 75	2. 665 4	0. 770 6	0. 297 2	4. 03	303. 83	0. 004 8	70. 61	1. 90

附表1（续1）

省份	年份	政策环境			金融市场环境						信用环境	
		政府引导基金/百万元	科学技术支出占比	政府透明度指数	金融深度/%	金融效率	证券化率	保险深度/%	北大数字普惠金融指数	金融监管水平	信用环境指数	不良贷款率/%
		C_1	C_2	C_3	C_4	C_5	C_6	C_7	C_8	C_9	C_{10}	C_{11}
安徽	2019	10 815.67	0.051 1	70.55	2.677 9	0.814 5	0.392 2	3.63	330.29	0.002 1	72.08	1.70
安徽	2020	7 840.53	0.049 5	76.36	2.927 3	0.860 1	0.360 7	3.63	350.16	0.003 1	72.08	1.99
安徽	2021	44 753.36	0.054 8	83.35	2.922 3	0.877 4	0.360 7	3.21	384.62	0.002 7	72.08	1.60
安徽	2022	99 023.51	0.060 6	87.15	3.167 1	0.897 2	0.360 7	3.15	393.32	0.033 6	72.08	1.06
北京	2013	6 124.00	0.056 2	58.8	6.602 5	0.522 4	5.278 2	5.1	215.62	0.001 1	86.33	0.54
北京	2014	59 510.59	0.062 5	75.05	6.706 2	0.536 0	7.953 3	5.7	235.36	0.001 1	86.59	0.72
北京	2015	88 018.90	0.050 2	85.7	7.552 0	0.455 5	6.180 4	6.11	276.38	0.002 9	86.86	0.84
北京	2016	300 498.16	0.044 6	80.3	7.475 6	0.460 5	5.088 6	7.39	286.37	0.002 4	88.74	0.55
北京	2017	186 755.22	0.053 0	76.45	7.149 3	0.482 7	5.247 0	7.05	329.94	0.002 4	90.63	0.50
北京	2018	130 631.91	0.057 0	79.96	6.874 2	0.448 7	4.076 3	5.42	368.54	0.002 5	88.86	0.40
北京	2019	79 983.70	0.058 5	80.45	6.995 0	0.449 4	4.177 8	5.87	399.00	0.002 5	87.08	0.70
北京	2020	2 624.58	0.057 8	88.61	7.578 3	0.448 3	3.508 7	6.38	417.88	0.002 4	87.08	0.54
北京	2021	403.74	0.062 4	87.68	7.171 0	0.445 7	3.508 7	6.28	445.44	0.003 2	87.08	0.67
北京	2022	19 327.89	0.065 4	88.71	7.604 9	0.447 4	3.508 7	6.63	452.83	0.002 5	87.08	0.78

附表1（续2）

省份	年份	政策环境			金融市场环境						信用环境	
		政府引导基金/百万元	科学技术支出占比	政府透明度指数	金融深度/%	金融效率	证券化率	保险深度/%	北大数字普惠金融指数	金融监管水平	信用环境指数	不良贷款率/%
		C_1	C_2	C_3	C_4	C_5	C_6	C_7	C_8	C_9	C_{10}	C_{11}
福建	2013	0. 00	0. 019 8	66. 7	2. 334 3	0. 873 2	0. 324 2	2. 64	183. 10	0. 002 0	72. 79	1. 22
福建	2014	2 043. 29	0. 020 4	75. 87	2. 372 1	0. 924 2	0. 475 3	2. 85	202. 59	0. 001 9	72. 00	1. 94
福建	2015	57 824. 36	0. 019 1	84. 18	2. 524 6	0. 903 2	0. 652 9	2. 99	245. 21	0. 002 6	71. 21	2. 77
福建	2016	89 523. 28	0. 018 8	79. 83	2. 554 3	0. 925 7	0. 549 1	3. 22	252. 67	0. 003 0	70. 51	2. 73
福建	2017	18 266. 51	0. 021 2	67. 65	2. 460 8	0. 946 0	0. 555 9	3. 2	299. 28	0. 005 9	69. 80	2. 10
福建	2018	1 177. 90	0. 023 8	69. 52	2. 322 5	1. 011 1	0. 427 2	3. 02	334. 44	0. 002 4	70. 91	1. 60
福建	2019	66 534. 86	0. 026 3	61. 96	2. 395 6	1. 079 7	0. 483 0	2. 77	360. 51	0. 001 4	72. 01	1. 30
福建	2020	28 506. 79	0. 028 6	67. 76	2. 637 6	1. 085 2	0. 447 0	2. 83	380. 13	0. 003 2	72. 01	1. 79
福建	2021	67 096. 09	0. 029 8	72. 29	2. 714 1	0. 990 4	0. 447 0	2. 65	410. 31	0. 002 6	72. 01	1. 01
福建	2022	17 690. 93	0. 026 9	80. 73	2. 730 0	1. 046 1	0. 447 0	2. 59	420. 75	0. 003 0	72. 01	1. 37
甘肃	2013	0. 00	0. 008 6	41. 8	3. 473 7	0. 730 9	0. 274 5	2. 87	128. 39	0. 000 5	71. 46	0. 55
甘肃	2014	471. 20	0. 008 3	67. 88	3. 840 5	0. 793 5	0. 429 9	3. 05	159. 76	0. 004 2	70. 62	0. 47
甘肃	2015	5 148. 72	0. 010 1	75. 36	4. 579 9	0. 842 3	0. 453 2	3. 78	199. 78	0. 003 9	69. 77	1. 13
甘肃	2016	9 732. 49	0. 008 3	77. 81	4. 841 1	0. 909 3	0. 413 6	4. 3	204. 11	0. 004 9	68. 26	1. 77

附表1（续3）

省份	年份	政策环境			金融市场环境						信用环境	
		政府引导基金/百万元	科学技术支出占比	政府透明度指数	金融深度/%	金融效率	证券化率	保险深度/%	北大数字普惠金融指数	金融监管水平	信用环境指数	不良贷款率/%
		C_1	C_2	C_3	C_4	C_5	C_6	C_7	C_8	C_9	C_{10}	C_{11}
甘肃	2017	2 061. 12	0. 007 8	60. 71	4. 836 5	0. 996 1	0. 473 4	4. 78	243. 78	0. 000 5	66. 76	3. 40
甘肃	2018	78 231. 89	0. 006 8	64. 93	4. 695 1	1. 037 1	0. 230 9	4. 74	266. 82	0. 027 5	66. 74	4. 40
甘肃	2019	0. 00	0. 007 4	62. 97	4. 639 3	1. 046 0	0. 263 0	5. 1	289. 14	0. 024 1	66. 73	7. 00
甘肃	2020	10 088. 43	0. 007 7	60. 69	4. 805 5	1. 055 6	0. 347 5	5. 38	305. 50	0. 014 2	66. 73	6. 89
甘肃	2021	1 796. 56	0. 008 7	68. 16	4. 541 5	1. 057 1	0. 347 5	4. 81	341. 16	0. 007 5	66. 73	6. 06
甘肃	2022	0. 00	0. 011 2	68. 16	4. 489 2	1. 019 8	0. 347 5	4. 4	345. 22	0. 006 3	66. 73	4. 05
广东	2013	822. 81	0. 041 0	69. 79	3. 125 4	0. 632 2	0. 559 8	3. 06	184. 78	0. 003 7	71. 47	0. 86
广东	2014	5 044. 89	0. 030 0	80. 34	3. 121 5	0. 664 1	0. 818 6	3. 45	201. 53	0. 009 3	70. 40	1. 15
广东	2015	263 154. 93	0. 044 4	78. 7	3. 426 2	0. 596 4	1. 225 9	3. 86	240. 95	0. 023 1	69. 34	1. 43
广东	2016	459 884. 51	0. 055 3	87. 94	3. 538 8	0. 616 9	1. 150 4	4. 8	248. 00	0. 024 3	69. 85	1. 38
广东	2017	203 880. 45	0. 054 8	73. 82	3. 497 8	0. 647 9	1. 148 9	4. 8	296. 17	0. 002 8	70. 36	1. 30
广东	2018	259 543. 51	0. 065 8	75. 08	3. 534 1	0. 697 8	0. 838 9	4. 79	331. 92	0. 008 9	71. 26	1. 30
广东	2019	99 280. 88	0. 067 6	77. 26	3. 708 3	0. 722 7	1. 123 4	5. 11	360. 61	0. 006 3	72. 17	1. 20
广东	2020	95 156. 24	0. 054 8	83. 28	4. 168 4	0. 731 1	0. 984 5	5. 1	379. 53	0. 002 9	72. 17	1. 40

附表1（续4）

省份	年份	政策环境			金融市场环境						信用环境	
		政府引导基金/百万元	科学技术支出占比	政府透明度指数	金融深度/%	金融效率	证券化率	保险深度/%	北大数字普惠金融指数	金融监管水平	信用环境指数	不良贷款率/%
		C_1	C_2	C_3	C_4	C_5	C_6	C_7	C_8	C_9	C_{10}	C_{11}
广东	2021	139 170. 31	0. 053 9	81. 81	4. 144 1	0. 758 0	0. 984 5	4. 49	406. 53	0. 002 1	72. 17	0. 94
广东	2022	44 477. 00	0. 053 1	87. 02	4. 399 7	0. 762 3	0. 984 5	4. 56	416. 36	0. 007 5	72. 17	1. 07
广西	2013	0. 00	0. 016 9	47. 83	2. 609 3	0. 765 3	0. 104 3	1. 92	141. 46	0. 009 6	70. 40	0. 69
广西	2014	0. 00	0. 017 2	60. 47	2. 676 6	0. 791 7	0. 154 7	2	166. 12	0. 003 2	69. 44	1. 13
广西	2015	5 602. 54	0. 012 2	61. 56	2. 764 8	0. 794 9	0. 262 1	2. 3	207. 23	0. 033 9	68. 48	2. 18
广西	2016	103 339. 94	0. 010 2	79. 92	2. 861 6	0. 810 1	0. 220 4	2. 57	223. 32	0. 004 8	67. 20	1. 91
广西	2017	18 000. 96	0. 012 2	62. 1	2. 873 7	0. 832 5	0. 176 9	2. 77	261. 94	0. 002 8	65. 92	1. 60
广西	2018	1 063. 76	0. 012 1	56. 32	2. 877 5	0. 895 9	0. 125 0	3. 1	289. 25	0. 003 0	66. 90	1. 50
广西	2019	205 127. 06	0. 012 4	64. 55	2. 926 2	0. 963 7	0. 144 3	3. 1	309. 91	0. 003 9	67. 88	1. 20
广西	2020	37 945. 87	0. 010 7	71. 2	3. 158 2	1. 015 3	0. 167 2	3. 31	325. 17	0. 010 0	67. 88	1. 70
广西	2021	0. 00	0. 012 2	75. 47	3. 101 4	1. 080 6	0. 167 2	3. 2	355. 11	0. 042 0	67. 88	1. 30
广西	2022	43 626. 97	0. 017 7	75. 47	3. 228 1	1. 111 3	0. 167 2	3. 09	362. 02	0. 033 9	67. 88	1. 50
贵州	2013	479. 55	0. 011 1	59. 96	2. 931 0	0. 761 7	0. 332 1	2. 27	121. 22	0. 000 9	72. 94	0. 69
贵州	2014	5 670. 46	0. 012 5	73. 35	3. 012 2	0. 810 3	0. 478 6	2. 3	154. 62	0. 000 9	72. 45	0. 97

附表1（续5）

省份	年份	政策环境			金融市场环境						信用环境	
		政府引导基金/百万元	科学技术支出占比	政府透明度指数	金融深度/%	金融效率	证券化率	保险深度/%	北大数字普惠金融指数	金融监管水平	信用环境指数	不良贷款率/%
		C_1	C_2	C_3	C_4	C_5	C_6	C_7	C_8	C_9	C_{10}	C_{11}
贵州	2015	17 647. 63	0. 014 9	77. 07	3. 272 0	0. 774 3	0. 552 9	2. 45	193. 29	0. 001 2	71. 96	1. 60
贵州	2016	611 123. 24	0. 016 3	78. 19	3. 530 1	0. 751 2	0. 641 7	2. 74	209. 45	0. 005 9	69. 85	2. 02
贵州	2017	15 722. 23	0. 019 0	77. 38	3. 450 8	0. 799 6	0. 920 2	2. 86	251. 46	0. 000 8	67. 46	3. 00
贵州	2018	94 326. 52	0. 020 5	79. 05	3. 334 1	0. 933 6	0. 692 0	3. 01	276. 91	0. 000 7	68. 23	2. 10
贵州	2019	8 238. 43	0. 019 2	73. 41	3. 316 7	1. 047 0	1. 093 5	2. 92	293. 51	0. 001 1	69. 00	1. 40
贵州	2020	1 974. 42	0. 019 7	79. 86	3. 388 1	1. 140 0	0. 723 1	2. 87	307. 94	0. 002 3	69. 00	2. 51
贵州	2021	183 145. 29	0. 015 8	79. 35	3. 363 4	1. 192 4	0. 723 1	2. 53	340. 80	0. 003 2	69. 00	1. 29
贵州	2022	79 677. 67	0. 015 2	80. 56	3. 619 4	1. 227 8	0. 723 1	2. 5	344. 68	0. 002 7	69. 00	1. 43
海南	2013	0. 00	0. 013 7	68. 45	3. 396 6	0. 778 0	0. 621 1	2. 31	158. 26	0. 007 2	76. 10	0. 49
海南	2014	0. 00	0. 012 3	77. 08	3. 426 9	0. 838 8	0. 855 0	2. 43	179. 62	0. 006 9	75. 02	0. 55
海南	2015	0. 00	0. 010 0	50. 25	3. 821 3	0. 871 2	1. 033 9	3. 09	230. 33	0. 002 1	73. 95	0. 69
海南	2016	680. 72	0. 011 4	67. 54	4. 095 9	0. 845 0	1. 028 6	3. 29	231. 56	0. 004 2	73. 74	0. 73
海南	2017	0. 00	0. 008 6	60. 73	4. 125 7	0. 837 9	0. 857 0	3. 69	275. 64	0. 002 7	73. 54	0. 80
海南	2018	5 453. 11	0. 008 9	75. 24	3. 753 2	0. 917 8	0. 444 3	3. 8	309. 72	0. 003 0	74. 59	1. 60

附表1（续6）

省份	年份	政策环境			金融市场环境						信用环境	
		政府引导基金/百万元	科学技术支出占比	政府透明度指数	金融深度/%	金融效率	证券化率	保险深度/%	北大数字普惠金融指数	金融监管水平	信用环境指数	不良贷款率/%
		C_1	C_2	C_3	C_4	C_5	C_6	C_7	C_8	C_9	C_{10}	C_{11}
海南	2019	1 981. 31	0. 016 2	70	3. 612 8	0. 977 7	0. 457 0	3. 8	328. 75	0. 003 0	75. 65	8. 70
海南	2020	2 579. 50	0. 018 1	70. 56	3. 645 9	0. 967 9	0. 645 9	3. 72	344. 05	0. 006 1	75. 65	5. 77
海南	2021	993. 15	0. 020 5	75. 46	3. 389 2	0. 935 5	0. 645 9	3. 06	375. 35	0. 014 1	75. 65	8. 75
海南	2022	21 019. 91	0. 033 0	76. 36	3. 433 7	0. 900 1	0. 645 9	2. 94	382. 28	0. 086 9	75. 65	5. 39
河北	2013	10 164. 74	0. 011 3	51. 5	2. 632 7	0. 619 2	0. 148 2	2. 95	144. 98	0. 007 0	72. 19	0. 64
河北	2014	4 007. 46	0. 011 0	51	2. 848 8	0. 641 0	0. 223 7	3. 17	160. 76	0. 001 5	71. 02	0. 74
河北	2015	3 685. 14	0. 008 1	75. 74	3. 088 7	0. 666 5	0. 296 4	3. 9	199. 53	0. 002 2	69. 84	1. 18
河北	2016	49 534. 33	0. 012 1	67. 33	3. 289 8	0. 674 9	0. 261 1	4. 7	214. 36	0. 004 4	69. 64	1. 87
河北	2017	19 836. 44	0. 010 4	59. 13	3. 386 5	0. 716 5	0. 260 4	4. 77	258. 17	0. 002 0	69. 43	2. 00
河北	2018	392. 17	0. 010 0	75. 23	3. 540 9	0. 736 9	0. 176 9	4. 97	282. 77	0. 004 4	69. 35	2. 20
河北	2019	81 390. 90	0. 010 9	68. 15	3. 630 9	0. 734 7	0. 207 0	4. 97	305. 06	0. 004 0	69. 28	2. 00
河北	2020	22 248. 48	0. 011 3	74. 37	3. 950 9	0. 750 3	0. 243 1	5. 77	322. 70	0. 002 1	69. 28	2. 64
河北	2021	105 510. 04	0. 012 7	76. 97	3. 886 5	0. 763 5	0. 243 1	4. 94	352. 44	0. 002 1	69. 28	2. 04
河北	2022	12 433. 85	0. 012 7	80. 39	4. 156 4	0. 764 3	0. 243 1	4. 82	360. 65	0. 002 4	69. 28	2. 20

附表1(续7)

省份	年份	政策环境			金融市场环境						信用环境	
		政府引导基金/百万元	科学技术支出占比	政府透明度指数	金融深度/%	金融效率	证券化率	保险深度/%	北大数字普惠金融指数	金融监管水平	信用环境指数	不良贷款率/%
		C_1	C_2	C_3	C_4	C_5	C_6	C_7	C_8	C_9	C_{10}	C_{11}
河南	2013	330. 62	0. 014 3	45. 28	1. 931 7	0. 625 4	0. 149 4	2. 85	142. 08	0. 024 6	68. 62	0. 82
河南	2014	471. 20	0. 013 5	76. 15	1. 984 2	0. 658 1	0. 172 4	3	166. 65	0. 020 2	68. 47	0. 97
河南	2015	28 671. 69	0. 012 2	84. 46	2. 132 0	0. 659 9	0. 191 7	3. 37	205. 34	0. 025 4	68. 31	1. 48
河南	2016	141 483. 41	0. 012 9	69. 5	2. 248 0	0. 676 2	0. 176 1	3. 87	223. 12	0. 018 9	68. 13	1. 84
河南	2017	41 579. 30	0. 016 8	71. 97	2. 249 0	0. 706 7	0. 232 9	4. 49	266. 92	0. 008 9	67. 96	1. 90
河南	2018	244 329. 64	0. 016 9	65. 31	2. 236 9	0. 749 0	0. 153 3	4. 71	295. 76	0. 007 8	68. 86	2. 90
河南	2019	57 647. 76	0. 020 8	69. 59	2. 330 1	0. 800 7	0. 192 3	4. 48	322. 12	0. 004 7	69. 77	2. 90
河南	2020	108 716. 58	0. 024 5	74. 77	2. 567 5	0. 822 4	0. 175 0	4. 56	340. 81	0. 011 1	69. 77	3. 33
河南	2021	58 325. 92	0. 033 7	65. 78	2. 579 1	0. 842 5	0. 175 0	4	374. 37	0. 028 4	69. 77	1. 32
河南	2022	95 739. 86	0. 038 4	65. 78	2. 739 9	0. 816 1	0. 175 0	3. 86	382. 39	0. 016 9	69. 77	1. 37
黑龙江	2013	378. 43	0. 011 5	44. 16	2. 488 9	0. 626 5	0. 145 2	2. 6	141. 40	0. 002 9	69. 85	0. 91
黑龙江	2014	1 884. 75	0. 011 5	52. 98	2. 682 4	0. 695 5	0. 179 4	3. 4	167. 80	0. 001 7	69. 34	1. 55
黑龙江	2015	0. 00	0. 010 7	75. 62	3. 202 2	0. 764 2	0. 344 1	3. 4	209. 93	0. 001 0	68. 82	1. 72
黑龙江	2016	30 523. 57	0. 010 6	72. 59	3. 354 7	0. 799 2	0. 309 0	3. 9	221. 89	0. 006 8	67. 55	2. 04

附表1（续8）

省份	年份	政策环境			金融市场环境						信用环境	
		政府引导基金/百万元	科学技术支出占比	政府透明度指数	金融深度/%	金融效率	证券化率	保险深度/%	北大数字普惠金融指数	金融监管水平	信用环境指数	不良贷款率/%
		C_1	C_2	C_3	C_4	C_5	C_6	C_7	C_8	C_9	C_{10}	C_{11}
黑龙江	2017	2 191.43	0.010 1	65.3	3.477 9	0.813 4	0.274 1	4.46	256.78	0.003 2	66.28	2.40
黑龙江	2018	10 995.85	0.008 5	72.81	3.540 1	0.796 0	0.143 2	5.5	274.73	0.002 5	66.43	2.30
黑龙江	2019	0.00	0.008 4	57.15	3.624 1	0.771 0	0.213 0	7	292.87	0.007 8	66.57	2.10
黑龙江	2020	0.00	0.007 9	57.61	3.956 1	0.714 8	0.291 3	7.2	306.08	0.008 0	66.57	2.68
黑龙江	2021	0.00	0.008 5	75.15	3.929 7	0.711 5	0.291 3	6.7	341.14	0.002 2	66.57	2.40
黑龙江	2022	0.00	0.008 5	75.15	4.016 9	0.654 3	0.291 3	6.2	347.59	0.002 6	66.57	2.40
湖北	2013	0.00	0.017 7	47.35	2.105 5	0.637 2	0.222 8	2.4	164.76	0.013 3	70.93	1.02
湖北	2014	2 824.94	0.027 3	72.72	2.138 4	0.670 5	0.299 3	2.96	190.14	0.008 2	70.29	1.28
湖北	2015	104 549.78	0.025 7	79.37	2.281 7	0.692 9	0.408 8	2.85	226.75	0.006 6	69.64	1.58
湖北	2016	35 343.94	0.029 6	79.64	2.453 0	0.730 3	0.376 0	3.26	239.86	0.002 1	69.39	1.68
湖北	2017	116 582.27	0.034 4	68.76	2.413 4	0.737 9	0.345 6	3.7	285.28	0.001 9	69.14	1.50
湖北	2018	12 546.94	0.037 0	63.48	2.372 8	0.800 8	0.229 3	3.74	319.48	0.001 2	70.32	1.50
湖北	2019	8 421.38	0.040 1	68	2.430 4	0.848 0	0.292 6	3.77	344.40	0.002 1	71.51	1.40
湖北	2020	2 867.39	0.034 1	75.78	2.953 9	0.891 5	0.272 2	4.26	358.64	0.005 6	71.51	1.64

附表1(续9)

省份	年份	政策环境			金融市场环境						信用环境	
		政府引导基金/百万元	科学技术支出占比	政府透明度指数	金融深度/%	金融效率	证券化率	保险深度/%	北大数字普惠金融指数	金融监管水平	信用环境指数	不良贷款率/%
		C_1	C_2	C_3	C_4	C_5	C_6	C_7	C_8	C_9	C_{10}	C_{11}
湖北	2021	326 687. 87	0. 039 7	80. 25	2. 789 6	0. 925 0	0. 272 2	3. 8	391. 90	0. 013 7	71. 51	1. 64
湖北	2022	9 621. 22	0. 043 7	81. 66	2. 859 0	0. 930 9	0. 272 2	3. 63	398. 81	0. 005 3	71. 51	1. 35
湖南	2013	0. 00	0. 011 8	47. 75	1. 911 9	0. 675 0	0. 197 5	2. 08	147. 71	0. 003 1	70. 37	0. 99
湖南	2014	190. 36	0. 011 8	70. 72	1. 972 0	0. 686 9	0. 257 1	2. 18	167. 27	0. 006 0	69. 49	1. 16
湖南	2015	82 238. 98	0. 011 6	77. 03	2. 117 9	0. 668 7	0. 380 7	2. 45	206. 38	0. 007 3	68. 62	1. 67
湖南	2016	22 870. 93	0. 011 3	77. 22	2. 253 5	0. 655 6	0. 307 7	2. 84	217. 69	0. 003 3	67. 54	1. 75
湖南	2017	14 724. 98	0. 013 3	65. 5	2. 322 9	0. 681 6	0. 303 1	3. 21	261. 12	0. 007 3	66. 45	1. 90
湖南	2018	46 741. 84	0. 017 4	60. 83	2. 352 2	0. 744 2	0. 208 7	3. 4	286. 81	0. 005 7	67. 44	1. 70
湖南	2019	33 825. 93	0. 021 4	64. 93	2. 383 2	0. 805 5	0. 266 4	3. 51	310. 85	0. 011 8	68. 42	1. 50
湖南	2020	5 222. 54	0. 026 3	76. 62	2. 583 2	0. 853 1	0. 261 1	3. 62	332. 03	0. 011 0	68. 42	1. 93
湖南	2021	71 361. 90	0. 026 1	75. 7	2. 577 7	0. 888 0	0. 261 1	3. 3	362. 36	0. 022 0	68. 42	1. 23
湖南	2022	17 691. 00	0. 031 1	75. 7	2. 722 3	0. 888 9	0. 261 1	3. 32	371. 95	0. 005 3	68. 42	1. 18
吉林	2013	0. 00	0. 013 6	44. 71	2. 702 4	0. 723 6	0. 147 9	2	138. 36	0. 016 3	69. 46	0. 87
吉林	2014	0. 00	0. 012 5	65. 05	2. 908 5	0. 767 5	0. 269 2	2	165. 62	0. 027 4	68. 47	1. 14

附表1（续10）

省份	年份	政策环境			金融市场环境						信用环境	
		政府引导基金/百万元	科学技术支出占比	政府透明度指数	金融深度/%	金融效率	证券化率	保险深度/%	北大数字普惠金融指数	金融监管水平	信用环境指数	不良贷款率/%
		C_1	C_2	C_3	C_4	C_5	C_6	C_7	C_8	C_9	C_{10}	C_{11}
吉林	2015	26 239.64	0.012 9	66.02	3.364 2	0.821 8	0.374 1	3	208.20	0.008 1	67.48	1.47
吉林	2016	0.00	0.011 4	67.73	3.658 3	0.816 1	0.370 7	4	217.07	0.046 8	66.74	2.68
吉林	2017	1 026.30	0.012 6	44.26	3.618 6	0.832 9	0.292 9	4	254.76	0.009 0	66.00	3.00
吉林	2018	0.00	0.010 8	69.07	3.632 8	0.864 5	0.176 1	4.2	276.08	0.022 1	66.17	3.10
吉林	2019	616.78	0.010 0	62.04	3.840 6	0.864 6	0.292 5	5.8	292.77	0.053 7	66.34	2.80
吉林	2020	0.00	0.009 7	58.52	4.068 2	0.838 5	0.339 4	5.8	308.26	0.007 6	66.34	3.76
吉林	2021	1 896.44	0.010 4	74.33	4.084 2	0.834 8	0.339 4	5.8	339.41	0.010 4	66.34	2.81
吉林	2022	0.00	0.005 5	72.5	4.507 1	0.807 3	0.339 4	5.8	343.67	0.007 6	66.34	2.92
江苏	2013	4 719.26	0.038 8	71.23	2.581 5	0.735 1	0.234 5	2.44	180.98	0.004 3	73.64	1.23
江苏	2014	5 166.58	0.038 6	72.48	2.613 4	0.747 8	0.327 8	2.6	204.16	0.003 3	72.25	1.31
江苏	2015	64 655.33	0.038 4	81.66	2.701 5	0.729 1	0.568 2	2.8	244.01	0.003 7	70.86	1.55
江苏	2016	265 341.65	0.038 2	77.01	2.825 2	0.740 2	0.517 8	3.54	253.75	0.004 9	70.11	1.42
江苏	2017	214 800.76	0.040 3	65.03	2.780 8	0.771 7	0.507 8	4	297.69	0.002 2	69.37	1.30
江苏	2018	141 266.18	0.043 5	72.69	2.811 3	0.816 8	0.368 6	4	334.02	0.002 3	71.42	1.30

附表1（续11）

省份	年份	政策环境			金融市场环境						信用环境	
		政府引导基金/百万元	科学技术支出占比	政府透明度指数	金融深度/%	金融效率	证券化率	保险深度/%	北大数字普惠金融指数	金融监管水平	信用环境指数	不良贷款率/%
		C_1	C_2	C_3	C_4	C_5	C_6	C_7	C_8	C_9	C_{10}	C_{11}
江苏	2019	51 593. 83	0. 045 5	70. 4	2. 962 6	0. 860 0	0. 457 8	4	361. 93	0. 002 2	73. 48	1. 10
江苏	2020	42 983. 73	0. 042 7	76. 57	3. 254 2	0. 879 8	0. 453 4	3. 91	381. 61	0. 002 3	73. 48	1. 22
江苏	2021	180 611. 03	0. 046 0	78. 83	3. 236 0	0. 921 0	0. 453 4	3. 49	412. 92	0. 004 4	73. 48	0. 74
江苏	2022	144 800. 30	0. 045 5	80. 05	3. 463 2	0. 945 8	0. 453 4	3. 52	424. 06	0. 002 6	73. 48	1. 07
江西	2013	0. 00	0. 013 3	50. 18	2. 286 3	0. 669 6	0. 180 8	2. 2	146. 13	0. 012 4	69. 99	1. 28
江西	2014	5 891. 72	0. 015 0	69. 15	2. 390 4	0. 721 5	0. 183 7	2. 6	175. 69	0. 005 8	69. 20	1. 44
江西	2015	7 680. 27	0. 016 9	71. 93	2. 598 4	0. 741 2	0. 261 2	3	208. 35	0. 011 9	68. 41	2. 08
江西	2016	109 906. 98	0. 018 0	66. 55	2. 770 9	0. 750 6	0. 255 0	3. 31	223. 76	0. 004 0	67. 62	2. 22
江西	2017	247 154. 46	0. 023 5	56. 41	2. 891 3	0. 796 1	0. 224 7	3. 49	267. 17	0. 006 5	66. 84	2. 30
江西	2018	4 435. 77	0. 026 0	74. 9	2. 899 1	0. 866 2	0. 182 8	3. 43	296. 23	0. 001 7	67. 47	2. 80
江西	2019	1 230. 42	0. 028 6	68. 12	3. 018 0	0. 911 2	0. 175 7	3. 37	319. 13	0. 002 7	68. 10	1. 80
江西	2020	34 789. 70	0. 029 3	69. 87	3. 297 5	0. 949 6	0. 174 5	3. 61	340. 61	0. 005 5	68. 10	2. 63
江西	2021	16 345. 96	0. 031 1	76. 6	3. 194 8	0. 994 0	0. 174 5	3. 07	372. 17	0. 014 1	68. 10	1. 15
江西	2022	199 481. 26	0. 031 3	76. 6	3. 302 9	0. 992 7	0. 174 5	3. 03	378. 83	0. 014 3	68. 10	1. 32

附表1（续12）

省份	年份	政策环境			金融市场环境						信用环境	
		政府引导基金/百万元	科学技术支出占比	政府透明度指数	金融深度/%	金融效率	证券化率	保险深度/%	北大数字普惠金融指数	金融监管水平	信用环境指数	不良贷款率/%
		C_1	C_2	C_3	C_4	C_5	C_6	C_7	C_8	C_9	C_{10}	C_{11}
辽宁	2013	0.00	0.022 9	37.7	3.599 4	0.754 0	0.135 5	2.3	160.07	0.004 7	72.30	1.18
辽宁	2014	0.00	0.021 4	69.87	3.749 0	0.785 3	0.214 8	2.6	187.61	0.003 2	71.15	1.46
辽宁	2015	72 544.86	0.015 4	78.14	4.158 3	0.759 7	0.324 0	3.3	226.40	0.008 0	70.01	1.64
辽宁	2016	30 281.57	0.013 5	75.84	4.431 9	0.748 4	0.388 7	5.1	231.41	0.017 0	68.93	2.09
辽宁	2017	0.00	0.011 8	51.82	4.403 6	0.760 9	0.368 7	5.3	267.18	0.001 2	67.85	2.90
辽宁	2018	13 779.73	0.014 1	70.75	4.423 6	0.762 3	0.240 3	4.7	290.95	0.002 0	68.66	4.10
辽宁	2019	0.00	0.012 9	59.83	4.517 3	0.790 8	0.295 4	5.2	311.01	0.036 9	69.48	4.40
辽宁	2020	7 110.48	0.012 1	65.87	4.805 7	0.767 9	0.324 0	5.3	326.29	0.008 0	69.48	4.85
辽宁	2021	38 439.42	0.013 3	73.39	4.463 8	0.759 1	0.324 0	4.9	357.23	0.053 2	69.48	5.95
辽宁	2022	0.00	0.011 9	73.39	4.476 1	0.720 7	0.324 0	4.8	365.25	0.016 2	69.48	5.38
内蒙古	2013	0.00	0.008 6	54.4	2.470 9	0.851 3	0.200 8	1.6	146.59	0.005 0	71.92	0.88
内蒙古	2014	2 341.60	0.008 5	63.77	2.563 3	0.921 7	0.245 5	1.8	172.56	0.005 9	70.67	2.16
内蒙古	2015	9 821.16	0.008 4	76.78	2.719 8	0.948 2	0.323 6	2.19	214.55	0.021 0	69.42	3.97
内蒙古	2016	105 402.26	0.007 2	68.56	2.939 0	0.914 7	0.301 2	2.61	229.93	0.006 1	69.20	3.57

附表1（续13）

省份	年份	政策环境			金融市场环境						信用环境	
		政府引导基金/百万元	科学技术支出占比	政府透明度指数	金融深度/%	金融效率	证券化率	保险深度/%	北大数字普惠金融指数	金融监管水平	信用环境指数	不良贷款率/%
		C_1	C_2	C_3	C_4	C_5	C_6	C_7	C_8	C_9	C_{10}	C_{11}
内蒙古	2017	21 790. 31	0. 007 4	56. 3	2. 980 8	0. 934 8	0. 425 6	3. 54	258. 50	0. 024 0	68. 97	3. 80
内蒙古	2018	2 595. 29	0. 005 4	68. 15	2. 809 4	0. 949 4	0. 267 6	3. 81	271. 57	0. 034 7	69. 37	3. 50
内蒙古	2019	66 755. 59	0. 005 6	59. 47	2. 714 9	0. 976 3	0. 311 6	4. 24	293. 89	0. 066 7	69. 77	4. 70
内蒙古	2020	197. 46	0. 006 1	74. 71	2. 794 0	0. 931 1	0. 327 2	4. 26	309. 39	0. 024 0	69. 77	5. 22
内蒙古	2021	2 390. 66	0. 006 7	73. 71	2. 559 2	0. 906 7	0. 327 2	3. 15	344. 76	0. 009 2	69. 77	3. 18
内蒙古	2022	7 898. 75	0. 007 3	73. 71	2. 557 7	0. 833 1	0. 327 2	2. 88	353. 90	0. 021 1	69. 77	1. 20
宁夏	2013	0. 00	0. 011 6	43. 56	3. 341 8	1. 010 8	0. 152 1	2. 8	136. 74	0. 006 0	72. 97	0. 84
宁夏	2014	0. 00	0. 011 7	50. 13	3. 552 1	1. 087 8	0. 192 3	3. 1	165. 26	0. 081 0	71. 86	1. 20
宁夏	2015	5 875. 59	0. 015 2	49. 52	3. 847 0	1. 065 1	0. 303 2	3. 55	214. 70	0. 032 6	70. 74	1. 58
宁夏	2016	0. 00	0. 014 6	78. 08	3. 994 2	1. 041 6	0. 360 7	4. 25	212. 36	0. 075 7	70. 05	2. 05
宁夏	2017	4 167. 06	0. 018 6	59. 41	3. 806 2	1. 082 8	0. 287 0	4. 78	255. 59	0. 013 1	69. 36	2. 30
宁夏	2018	0. 00	0. 024 0	77. 47	3. 656 7	1. 129 2	0. 134 4	4. 93	272. 92	0. 017 4	69. 02	3. 70
宁夏	2019	0. 00	0. 021 7	70. 38	3. 705 0	1. 149 7	0. 361 5	5	292. 31	0. 001 3	68. 68	3. 00
宁夏	2020	0. 00	0. 018 9	74. 31	3. 821 3	1. 118 5	0. 271 6	5. 4	310. 02	0. 008 4	68. 68	3. 84

附表1(续14)

省份	年份	政策环境			金融市场环境						信用环境	
		政府引导基金/百万元	科学技术支出占比	政府透明度指数	金融深度/%	金融效率	证券化率	保险深度/%	北大数字普惠金融指数	金融监管水平	信用环境指数	不良贷款率/%
		C_1	C_2	C_3	C_4	C_5	C_6	C_7	C_8	C_9	C_{10}	C_{11}
宁夏	2021	0.00	0.020 3	71.09	3.525 9	1.130 5	0.271 6	4.7	344.86	0.018 0	68.68	3.08
宁夏	2022	0.00	0.016 1	79.82	3.443 0	1.057 1	0.271 6	4.7	356.63	0.000 8	68.68	2.73
青海	2013	0.00	0.006 8	51.59	4.377 9	0.828 3	0.599 1	1.86	118.01	0.017 2	76.63	1.08
青海	2014	0.00	0.007 7	70.02	4.709 4	0.920 9	0.599 8	2	145.93	0.101 7	75.64	1.00
青海	2015	26 816.31	0.007 4	65.72	5.072 5	0.956 9	0.628 7	2.01	195.15	0.028 9	74.65	1.90
青海	2016	26 049.96	0.007 1	51.32	4.937 6	1.001 7	0.695 7	2.13	200.38	0.029 8	73.04	2.10
青海	2017	8 087.20	0.007 8	51.49	4.887 9	1.067 9	0.648 0	3	240.20	0.011 1	67.24	2.40
青海	2018	1 360.89	0.007 8	64.26	4.489 5	1.143 8	0.371 6	3.06	263.12	0.002 5	69.65	2.30
青海	2019	0.00	0.005 6	62.27	4.245 5	1.135 7	0.345 5	3.32	282.65	0.009 7	72.06	8.20
青海	2020	0.00	0.005 5	61.26	4.279 7	1.043 7	0.454 2	3.45	298.23	0.003 3	72.06	6.21
青海	2021	2 597.56	0.006 6	65.58	4.061 8	1.017 7	0.454 2	3.19	329.89	0.008 4	72.06	2.40
青海	2022	0.00	0.004 8	65.58	4.060 3	0.925 3	0.454 2	2.95	329.75	0.001 7	72.06	2.00
山东	2013	39.38	0.022 3	51.95	2.256 6	0.721 1	0.194 4	2.34	159.30	0.005 8	71.51	1.17
山东	2014	2 710.96	0.020 5	77.83	2.315 3	0.741 6	0.225 3	2.4	181.88	0.004 7	70.84	1.72

附表1（续15）

省份	年份	政策环境			金融市场环境						信用环境	
		政府引导基金/百万元	科学技术支出占比	政府透明度指数	金融深度/%	金融效率	证券化率	保险深度/%	北大数字普惠金融指数	金融监管水平	信用环境指数	不良贷款率/%
		C_1	C_2	C_3	C_4	C_5	C_6	C_7	C_8	C_9	C_{10}	C_{11}
山东	2015	36 545. 95	0. 019 3	79. 29	2. 350 6	0. 743 9	0. 323 9	2. 8	220. 66	0. 016 9	70. 17	2. 32
山东	2016	3 163. 34	0. 019 1	82. 83	2. 470 0	0. 740 0	0. 310 4	3. 4	232. 57	0. 013 2	69. 90	2. 48
山东	2017	125 595. 32	0. 021 1	70. 76	2. 477 4	0. 763 3	0. 313 4	3. 77	272. 06	0. 006 4	69. 63	3. 00
山东	2018	430 515. 56	0. 023 0	77. 84	2. 538 3	0. 794 1	0. 203 5	3. 87	301. 13	0. 016 1	71. 36	4. 00
山东	2019	43 624. 89	0. 028 5	70. 66	2. 642 2	0. 815 2	0. 318 1	4. 56	327. 36	0. 038 6	73. 13	3. 50
山东	2020	20 288. 94	0. 026 6	76. 53	2. 906 2	0. 821 4	0. 309 7	4. 81	347. 81	0. 020 2	73. 13	3. 35
山东	2021	50 656. 40	0. 031 8	82. 55	2. 843 8	0. 848 0	0. 309 7	3. 95	380. 68	0. 023 7	73. 13	1. 72
山东	2022	25 732. 84	0. 025 8	84. 26	3. 032 2	0. 846 4	0. 309 7	3. 9	390. 38	0. 018 1	73. 13	1. 41
山西	2013	20 343. 74	0. 020 5	51. 93	3. 419 7	0. 570 3	0. 312 4	3. 27	144. 22	0. 016 1	70. 03	1. 04
山西	2014	4 915. 59	0. 017 6	60. 07	3. 572 8	0. 613 6	0. 462 3	3. 65	167. 66	0. 004 3	68. 74	1. 70
山西	2015	4 042. 69	0. 010 9	67. 81	3. 954 3	0. 651 2	0. 473 5	4. 58	206. 30	0. 006 6	67. 45	2. 34
山西	2016	7 212. 24	0. 010 1	67. 88	4. 235 6	0. 666 0	0. 450 8	5. 42	224. 81	0. 008 7	67. 25	2. 72
山西	2017	245 270. 32	0. 013 4	59. 29	3. 793 4	0. 691 6	0. 432 6	5. 5	259. 95	0. 007 5	67. 05	2. 40
山西	2018	29 442. 61	0. 013 8	66. 19	3. 762 6	0. 716 2	0. 273 0	4. 9	283. 65	0. 018 8	67. 39	2. 30

附表1(续16)

省份	年份	政策环境			金融市场环境						信用环境	
		政府引导基金/百万元	科学技术支出占比	政府透明度指数	金融深度/%	金融效率	证券化率	保险深度/%	北大数字普惠金融指数	金融监管水平	信用环境指数	不良贷款率/%
		C_1	C_2	C_3	C_4	C_5	C_6	C_7	C_8	C_9	C_{10}	C_{11}
山西	2019	18 840. 29	0. 012 3	56. 52	3. 868 5	0. 732 7	0. 321 7	5. 19	308. 73	0. 012 2	67. 74	2. 00
山西	2020	731. 99	0. 012 9	64. 77	4. 061 9	0. 721 9	0. 302 1	5. 28	325. 73	0. 032 8	67. 74	2. 66
山西	2021	6 044. 88	0. 016 5	68. 7	3. 553 3	0. 731 7	0. 302 1	4. 42	359. 70	0. 065 4	67. 74	1. 89
山西	2022	32 901. 21	0. 010 4	74. 1	3. 536 5	0. 702 1	0. 302 1	3. 95	366. 07	0. 036 0	67. 74	1. 58
陕西	2013	1 709. 05	0. 010 4	49. 55	2. 627 9	0. 634 2	0. 151 2	2. 61	148. 37	0. 006 9	68. 65	0. 68
陕西	2014	4 552. 40	0. 011 3	67. 28	2. 697 8	0. 670 1	0. 300 5	2. 7	178. 73	0. 005 2	68. 28	1. 08
陕西	2015	96 808. 71	0. 013 1	75. 28	3. 026 8	0. 671 3	0. 415 9	0. 032	216. 12	0. 010 9	67. 90	1. 99
陕西	2016	110 291. 05	0. 014 1	74. 09	3. 107 1	0. 678 5	0. 357 1	0. 037	229. 37	0. 003 6	67. 42	2. 23
陕西	2017	22 205. 68	0. 016 4	61. 82	3. 002 0	0. 706 1	0. 310 6	0. 04	266. 85	0. 012 3	66. 93	2. 00
陕西	2018	33 843. 57	0. 016 4	58. 03	2. 968 9	0. 752 2	0. 215 4	0. 038	295. 95	0. 025 5	67. 83	1. 50
陕西	2019	62 822. 86	0. 012 5	63. 74	3. 057 9	0. 771 0	0. 278 3	0. 04	322. 89	0. 017 4	68. 73	1. 20
陕西	2020	4 882. 92	0. 009 5	59. 46	3. 407 2	0. 792 5	0. 288 8	4. 21	342. 04	0. 024 6	68. 73	1. 87
陕西	2021	3 005. 01	0. 015 3	65. 53	3. 322 2	0. 812 4	0. 288 8	3. 53	374. 16	0. 019 1	68. 73	1. 85
陕西	2022	48 392. 76	0. 016 2	65. 53	3. 362 8	0. 789 8	0. 288 8	3. 36	381. 29	0. 028 1	68. 73	1. 71

附表1（续17）

省份	年份	政策环境			金融市场环境						信用环境	
		政府引导基金/百万元	科学技术支出占比	政府透明度指数	金融深度/%	金融效率	证券化率	保险深度/%	北大数字普惠金融指数	金融监管水平	信用环境指数	不良贷款率/%
		C_1	C_2	C_3	C_4	C_5	C_6	C_7	C_8	C_9	C_{10}	C_{11}
上海	2013	946. 03	0. 056 9	54. 76	4. 896 3	0. 640 5	1. 330 7	3. 84	222. 14	0. 005 4	83. 74	0. 91
上海	2014	1 960. 98	0. 053 3	80. 27	4. 819 9	0. 648 5	1. 958 7	4. 19	239. 53	0. 004 5	84. 02	1. 02
上海	2015	18 230. 88	0. 043 9	85. 91	5. 844 7	0. 514 5	2. 611 9	4. 51	278. 11	0. 004 4	84. 30	1. 01
上海	2016	5 929. 59	0. 049 4	83. 21	5. 704 6	0. 542 8	2. 107 6	5. 57	282. 22	0. 004 3	85. 65	0. 68
上海	2017	0. 00	0. 051 7	69. 19	5. 456 1	0. 597 4	2. 034 7	5. 27	336. 65	0. 004 9	87. 00	0. 60
上海	2018	30 994. 46	0. 051 1	79. 31	5. 397 8	0. 605 0	1. 436 6	4. 3	377. 73	0. 010 0	86. 24	0. 60
上海	2019	40 918. 36	0. 047 6	80. 03	5. 598 2	0. 601 1	1. 577 2	4. 51	410. 28	0. 004 6	85. 49	0. 80
上海	2020	77 456. 59	0. 050 1	89. 88	6. 172 7	0. 543 1	1. 556 9	4. 82	431. 93	0. 003 6	85. 49	0. 58
上海	2021	11 906. 29	0. 050 1	86. 81	6. 291 0	0. 546 2	1. 556 9	4. 6	458. 97	0. 002 3	85. 49	0. 81
上海	2022	19 370. 60	0. 041 1	87. 62	6. 616 2	0. 536 4	1. 556 9	4. 7	460. 69	0. 006 2	85. 49	0. 79
四川	2013	0. 00	0. 011 2	57. 68	2. 957 3	0. 629 6	0. 232 5	3. 5	153. 04	0. 004 3	70. 94	0. 79
四川	2014	686. 99	0. 012 0	74. 58	3. 012 7	0. 664 6	0. 321 3	3. 7	173. 82	0. 004 5	70. 24	1. 26
四川	2015	42 325. 78	0. 012 9	80. 03	3. 235 7	0. 650 8	0. 495 0	4. 21	215. 48	0. 009 3	69. 54	2. 00
四川	2016	114 356. 05	0. 012 6	87. 82	3. 332 5	0. 650 9	0. 441 8	5. 24	225. 41	0. 009 4	68. 37	2. 33

附表1(续18)

省份	年份	政策环境			金融市场环境						信用环境	
		政府引导基金/百万元	科学技术支出占比	政府透明度指数	金融深度/%	金融效率	证券化率	保险深度/%	北大数字普惠金融指数	金融监管水平	信用环境指数	不良贷款率/%
		C_1	C_2	C_3	C_4	C_5	C_6	C_7	C_8	C_9	C_{10}	C_{11}
四川	2017	278 471.35	0.012 3	76.75	3.224 5	0.672 5	0.449 9	5.24	267.80	0.005 2	67.21	2.50
四川	2018	65 069.63	0.015 2	78.42	3.064 9	0.699 0	0.285 7	4.81	294.30	0.008 1	67.56	2.20
四川	2019	101 889.88	0.017 9	70.83	3.081 6	0.747 0	0.410 3	4.61	317.11	0.003 6	67.90	2.00
四川	2020	56 277.48	0.016 2	79.88	3.295 9	0.769 3	0.343 4	4.68	334.82	0.025 4	67.90	2.73
四川	2021	34 833.06	0.024 4	80.62	3.350 3	0.802 8	0.343 4	4.09	363.61	0.016 7	67.90	2.72
四川	2022	42 410.07	0.019 2	81.46	3.593 0	0.826 1	0.343 4	4.05	371.61	0.007 4	67.90	2.72
天津	2013	0.00	0.036 4	71.75	4.441 7	0.894 5	0.279 7	1.9	175.26	0.002 5	77.81	0.79
天津	2014	374.76	0.037 8	77.12	4.511 1	0.937 3	0.372 2	2	200.16	0.002 2	77.30	1.11
天津	2015	0.00	0.037 4	76.66	4.976 7	0.923 5	0.411 2	2.4	237.53	0.002 5	76.79	1.60
天津	2016	20 430.94	0.033 8	70.55	5.125 0	0.956 3	0.322 4	3	245.84	0.002 0	77.43	1.79
天津	2017	79 090.38	0.035 3	66.79	5.023 3	1.021 4	0.292 9	3	284.03	0.003 2	78.07	2.30
天津	2018	3 451.53	0.034 4	77.18	4.869 3	1.100 1	0.211 8	3	316.88	0.002 0	78.18	3.10
天津	2019	3 962.62	0.030 9	70.33	4.619 6	1.137 0	0.535 6	4.4	344.11	0.002 5	78.29	3.30
天津	2020	60 037.05	0.037 5	73.87	5.211 6	1.138 1	0.388 2	4.8	361.46	0.004 5	78.29	3.74

附表1（续19）

省份	年份	政策环境			金融市场环境						信用环境	
		政府引导基金/百万元	科学技术支出占比	政府透明度指数	金融深度/%	金融效率	证券化率	保险深度/%	北大数字普惠金融指数	金融监管水平	信用环境指数	不良贷款率/%
		C_1	C_2	C_3	C_4	C_5	C_6	C_7	C_8	C_9	C_{10}	C_{11}
天津	2021	94 938.76	0.033 0	77.9	4.903 3	1.143 5	0.388 2	4.5	395.73	0.001 0	78.29	2.63
天津	2022	19 930.62	0.022 8	77.9	5.087 5	1.049 6	0.388 2	4.3	407.30	0.002 8	78.29	1.67
西藏	2013	0.00	0.004 1	—	4.317 5	0.430 8	—	1.42	115.10	0.027 1	—	0.41
西藏	2014	0.00	0.003 7	—	5.002 6	0.525 2	—	1.39	143.91	0.048 3	—	0.40
西藏	2015	0.00	0.003 9	—	5.545 7	0.578 7	—	1.69	186.38	0.043 0	—	0.37
西藏	2016	1 956.69	0.003 0	—	6.323 4	0.696 7	—	1.94	204.73	0.086 9	—	0.32
西藏	2017	0.00	0.005 0	—	6.667 1	0.816 0	—	2.14	245.57	0.143 3	69.70	0.35
西藏	2018	0.00	0.004 1	—	6.125 0	0.924 3	—	2.39	274.33	0.013 2	70.61	0.34
西藏	2019	0.00	0.003 3	—	5.695 0	0.944 0	—	2.29	293.79	0.016 0	71.53	0.46
西藏	2020	0.00	0.004 1	—	5.452 7	0.914 9	—	2.21	310.53	0.058 7	71.53	0.37
西藏	2021	0.00	0.004 1	—	5.159 1	0.917 6	—	1.92	342.10	0.094 7	71.53	0.40
西藏	2022	0.00	0.003 2	—	5.520 2	0.852 1	—	1.82	334.69	0.667 9	71.53	0.50
新疆	2013	0.00	0.013 0	41.83	2.851 2	0.698 5	0.347 5	3.14	143.40	0.001 5	71.09	0.80
新疆	2014	0.00	0.012 2	54.67	2.884 9	0.775 2	0.531 4	3.43	163.67	0.001 8	70.21	0.84

附表1（续20）

省份	年份	政策环境			金融市场环境						信用环境	
		政府引导基金/百万元	科学技术支出占比	政府透明度指数	金融深度/%	金融效率	证券化率	保险深度/%	北大数字普惠金融指数	金融监管水平	信用环境指数	不良贷款率/%
		C_1	C_2	C_3	C_4	C_5	C_6	C_7	C_8	C_9	C_{10}	C_{11}
新疆	2015	2 784.72	0.010 9	61.47	3.241 1	0.761 6	0.716 5	3.94	205.49	0.001 7	69.33	1.00
新疆	2016	10 257.18	0.010 9	68.61	3.457 7	0.776 2	0.703 7	4.57	208.72	0.028 5	69.18	1.40
新疆	2017	14 687.23	0.009 2	42.51	3.416 6	0.793 7	0.751 0	4.8	248.69	0.005 2	69.04	1.40
新疆	2018	3 012.94	0.008 4	59.08	3.139 5	0.827 0	0.479 5	4.73	271.84	0.000 1	70.54	1.40
新疆	2019	3 744.74	0.007 7	53.32	3.181 1	0.856 9	0.486 1	4.81	294.34	0.000 1	72.03	1.50
新疆	2020	0.00	0.007 5	64.3	3.420 3	0.901 4	0.532 0	4.94	308.35	0.001 9	72.03	1.71
新疆	2021	15 025.40	0.008 0	69	3.264 0	0.956 7	0.532 0	4.3	341.77	0.003 3	72.03	1.23
新疆	2022	21 829.47	0.007 8	74.25	3.309 5	0.903 3	0.532 0	3.85	342.66	0.004 1	72.03	1.15
云南	2013	0.00	0.010 4	41.01	2.849 8	0.759 9	0.195 7	2.74	137.90	0.004 0	71.08	0.56
云南	2014	0.00	0.009 7	69.1	2.879 6	0.800 6	0.261 3	2.93	164.05	0.005 4	70.44	0.94
云南	2015	37 941.78	0.010 3	74.26	3.066 7	0.832 5	0.309 4	3.17	203.76	0.002 3	69.80	2.18
云南	2016	51 525.58	0.009 3	59.54	3.102 4	0.831 6	0.288 8	3.56	217.34	0.001 1	68.27	3.07
云南	2017	137 695.10	0.009 4	75.95	2.994 8	0.847 7	0.342 7	3.71	256.27	0.003 5	66.74	3.00
云南	2018	4 808.52	0.009 0	75.59	2.804 6	0.918 8	0.216 5	3.74	285.79	0.003 5	67.22	2.50

附表1（续21）

省份	年份	政策环境			金融市场环境						信用环境	
		政府引导基金/百万元	科学技术支出占比	政府透明度指数	金融深度/%	金融效率	证券化率	保险深度/%	北大数字普惠金融指数	金融监管水平	信用环境指数	不良贷款率/%
		C_1	C_2	C_3	C_4	C_5	C_6	C_7	C_8	C_9	C_{10}	C_{11}
云南	2019	23 951. 29	0. 008 7	63. 79	2. 752 8	0. 949 6	0. 267 4	3. 2	303. 46	0. 003 0	67. 70	1. 80
云南	2020	2 065. 06	0. 009 3	71. 72	2. 855 8	0. 976 8	0. 206 7	3. 08	318. 48	0. 005 9	67. 70	3. 10
云南	2021	65 372. 78	0. 009 3	75. 31	2. 758 8	1. 061 5	0. 206 7	2. 54	346. 93	0. 006 7	67. 70	1. 50
云南	2022	17 673. 89	0. 008 8	73. 96	2. 820 3	1. 072 4	0. 206 7	2. 5	354. 71	0. 009 4	67. 70	1. 37
浙江	2013	15 012. 31	0. 040 6	63. 43	3. 725 0	0. 886 2	0. 424 7	3	205. 77	0. 004 4	75. 02	1. 98
浙江	2014	113. 32	0. 040 3	78. 09	3. 762 9	0. 900 5	0. 570 1	3. 1	224. 45	0. 003 6	73. 43	2. 04
浙江	2015	208 691. 79	0. 037 7	80. 03	3. 833 1	0. 846 8	1. 038 0	3. 35	264. 85	0. 010 3	71. 83	2. 50
浙江	2016	26 725. 51	0. 038 6	82. 06	3. 837 4	0. 821 9	0. 937 6	3. 83	268. 10	0. 003 2	71. 28	2. 26
浙江	2017	102 389. 58	0. 040 3	60. 1	3. 769 9	0. 840 8	0. 984 3	4. 15	318. 05	0. 002 8	70. 73	1. 70
浙江	2018	60 136. 67	0. 044 0	67. 83	3. 832 4	0. 907 8	0. 793 1	4. 01	357. 45	0. 014 3	72. 59	1. 20
浙江	2019	92 004. 82	0. 051 3	67. 38	4. 051 3	0. 927 3	0. 771 4	4. 2	387. 49	0. 008 3	74. 46	1. 00
浙江	2020	90 050. 50	0. 046 8	64. 74	4. 573 4	0. 943 4	0. 829 0	4. 1	406. 88	0. 009 5	74. 46	1. 04
浙江	2021	21 635. 36	0. 052 5	78. 55	4. 578 2	0. 970 4	0. 829 0	3. 9	434. 61	0. 004 4	74. 46	0. 74
浙江	2022	55 254. 93	0. 056 7	83. 6	4. 968 7	0. 966 7	0. 829 0	4	440. 04	0. 005 0	74. 46	0. 63

附表1（续22）

省份	年份	政策环境			金融市场环境						信用环境	
		政府引导基金/百万元	科学技术支出占比	政府透明度指数	金融深度/%	金融效率	证券化率	保险深度/%	北大数字普惠金融指数	金融监管水平	信用环境指数	不良贷款率/%
		C_1	C_2	C_3	C_4	C_5	C_6	C_7	C_8	C_9	C_{10}	C_{11}
重庆	2013	0.00	0.012 6	58.33	3.131 4	0.790 1	0.246 5	2.8	159.86	0.009 2	75.84	0.35
重庆	2014	294.42	0.011 5	70.7	3.131 3	0.820 0	0.346 5	2.9	184.71	0.008 1	76.67	0.46
重庆	2015	68 029.79	0.012 0	74.88	3.225 2	0.797 6	0.458 8	3	221.84	0.009 7	77.50	0.99
重庆	2016	2 566.19	0.012 9	67.32	3.200 6	0.793 7	0.417 5	3.43	233.89	0.002 8	76.58	1.28
重庆	2017	994.30	0.013 7	59.78	3.153 1	0.815 3	0.344 9	3.8	276.31	0.001 0	75.66	1.20
重庆	2018	1 934.84	0.015 1	71.81	3.202 4	0.874 2	0.244 7	3.96	301.53	0.002 7	77.15	1.10
重庆	2019	10 184.98	0.016 3	58.33	3.244 5	0.939 8	0.282 7	3.88	325.47	0.003 0	78.64	1.20
重庆	2020	997.25	0.016 9	65.19	3.384 9	0.977 9	0.297 1	3.95	344.76	0.004 7	78.64	1.52
重庆	2021	8 038.06	0.019 2	79.67	3.328 2	1.022 2	0.297 1	3.48	373.22	0.006 6	78.64	1.07
重庆	2022	1 033.72	0.020 2	76.64	3.419 9	1.009 8	0.297 1	3.4	382.23	0.002 4	78.64	1.42

注：“—”表示无相关数据。

附录 2　科创金融生态环境评价指标体系原始数据（准则层：法律环境、人才环境、中介服务环境）（见附表 2）

附表 2　科创金融生态环境评价指标体系原始数据（准则层：法律环境、人才环境、中介服务环境）

省份	年份	法律环境			人才环境						中介服务环境		
		法治水平	专利侵权案件结案数目/件	知识产权保护指数	人力资本水平存量	人力资本流动水平	创业导师人数/人	技术经纪人数/人	高技术产业从业人员数/人	研究与试验发展人员全时当量/人/年	市场中介组织的发育和法律制度环境	国家级科创企业孵化器数/个	国家技术转移示范机构法人机构数/个
		C_{12}	C_{13}	C_{14}	C_{15}	C_{16}	C_{17}	C_{18}	C_{19}	C_{20}	C_{21}	C_{22}	C_{23}
安徽	2013	0. 973	70	72. 42	0. 017 6	0. 229 4	164	48	205 182	119 342	7. 29	13	8
安徽	2014	1. 002	113	71. 68	0. 018 0	0. 230 5	224	67	252 133	129 319	9. 186	17	13
安徽	2015	1. 003	136	74. 74	0. 018 8	0. 233 5	230	86	266 994	133 558	7. 632	17	13
安徽	2016	1. 001	483	67. 53	0. 019 0	0. 235 5	304	98	288 690	135 829	7. 962	20	13
安徽	2017	1. 003	887	69. 38	0. 018 9	0. 237 9	426	96	307 079	140 452	8. 304	25	13
安徽	2018	0. 985	1 089	76. 63	0. 018 7	0. 239 6	458	105	325 467	147 149	8. 582	25	13
安徽	2019	1. 009	1 224	69. 95	0. 020 4	0. 243 6	589	87	326 070	175 318	11. 515	32	12

附表2（续1）

省份	年份	法律环境			人才环境						中介服务环境		
		法治水平	专利侵权案件结案数目/件	知识产权保护指数	人力资本水平存量	人力资本流动水平	创业导师人数/人	技术经纪人数/人	高技术产业从业人员数/人	研究与试验发展人员全时当量/人/年	市场中介组织的发育和法律制度环境	国家级科创企业孵化器数/个	国家技术转移示范机构法人机构数/个
		C_{12}	C_{13}	C_{14}	C_{15}	C_{16}	C_{17}	C_{18}	C_{19}	C_{20}	C_{21}	C_{22}	C_{23}
安徽	2020	1. 007	1 317	67. 6	0. 022 4	0. 248 8	605	71	382 436	194 688	13. 601	38	12
安徽	2021	1. 007	1 321	84. 56	0. 024 6	0. 246 5	750	141	419 607	235 292	16. 064	48	12
安徽	2022	1. 007	2 383	85. 38	0. 025 4	0. 256 0	802	88	446 635	252 476	18. 974	48	12
北京	2013	1. 003	43	82. 99	0. 028 2	0. 174 5	387	138	287 281	242 175	11. 18	30	44
北京	2014	0. 986	66	84. 27	0. 027 8	0. 176 4	612	219	282 024	245 384	12. 332	34	58
北京	2015	0. 995	107	78. 15	0. 027 6	0. 178 1	842	265	270 226	245 728	12. 147	42	58
北京	2016	0. 988	229	70. 56	0. 027 3	0. 179 6	1 282	297	262 933	253 337	11. 61	49	58
北京	2017	1. 001	217	73. 97	0. 027 0	0. 181 0	1 407	306	262 075	269 835	11. 379	54	58
北京	2018	0. 949	304	75. 93	0. 027 1	0. 182 3	1 757	344	261 216	267 338	11. 457	55	58
北京	2019	1. 042	334	75. 8	0. 027 5	0. 183 5	2 155	394	257 393	313 986	13. 149	61	59
北京	2020	1. 011	403	69. 6	0. 027 8	0. 184 3	2 370	401	256 474	336 280	13. 596	65	54
北京	2021	1. 011	782	87. 98	0. 028 2	0. 185 4	2 376	348	271 513	338 297	14. 059	65	50

附表2（续2）

省份	年份	法律环境			人才环境						中介服务环境		
		法治水平	专利侵权案件结案数目/件	知识产权保护指数	人力资本水平存量	人力资本流动水平	创业导师人数/人	技术经纪人数/人	高技术产业从业人员数/人	研究与试验发展人员全时当量/人/年	市场中介组织的发育和法律制度环境	国家级科创企业孵化器数/个	国家技术转移示范机构法人机构数/个
		C_{12}	C_{13}	C_{14}	C_{15}	C_{16}	C_{17}	C_{18}	C_{19}	C_{20}	C_{21}	C_{22}	C_{23}
北京	2022	1.011	723	89.07	0.028 7	0.186 9	2 330	511	296 714	373 235	14.538	65	50
福建	2013	1	74	85.19	0.018 8	0.119 8	82	91	377 439	122 544	8.447	7	8
福建	2014	0.978	65	80.05	0.019 0	0.121 3	94	91	372 151	135 866	9.74	9	11
福建	2015	0.986	171	83.77	0.019 0	0.122 5	115	109	376 757	126 572	10.296	10	11
福建	2016	0.998	174	69.73	0.018 8	0.123 4	157	94	388 338	132 155	10.07	11	11
福建	2017	1.01	502	71.11	0.018 5	0.124 6	181	94	409 883	140 325	10.226	12	11
福建	2018	0.989	1 047	77.07	0.018 8	0.126 3	189	109	431 427	160 922	10.564	11	11
福建	2019	0.973	2 333	69.38	0.020 8	0.128 8	248	91	452 599	171 452	12.344	15	11
福建	2020	1.007	2 440	71.1	0.022 8	0.131 1	322	83	474 976	185 622	13.489	18	11
福建	2021	1.007	2 581	84.56	0.024 4	0.128 6	374	73	534 664	235 412	14.74	21	9
福建	2022	1.007	2 584	86	0.025 7	0.134 1	372	102	527 104	260 296	16.107	21	10
甘肃	2013	0.984	25	53.96	0.017 5	0.107 3	13	33	28 398	25 047	2.627	2	6

附表2（续3）

省份	年份	法律环境			人才环境						中介服务环境		
		法治水平	专利侵权案件结案数目/件	知识产权保护指数	人力资本水平存量	人力资本流动水平	创业导师人数/人	技术经纪人数/人	高技术产业从业人员数/人	研究与试验发展人员全时当量/人/年	市场中介组织的发育和法律制度环境	国家级科创企业孵化器数/个	国家技术转移示范机构法人机构数/个
		C_{12}	C_{13}	C_{14}	C_{15}	C_{16}	C_{17}	C_{18}	C_{19}	C_{20}	C_{21}	C_{22}	C_{23}
甘肃	2014	0.983	18	54.84	0.017 9	0.107 8	18	47	26 694	27 122	3.208	3	9
甘肃	2015	1.02	55	52.52	0.017 9	0.108 9	62	59	27 626	25 859	4.492	5	9
甘肃	2016	0.991	29	52.69	0.018 1	0.110 3	60	28	27 897	25 759	5.49	7	9
甘肃	2017	0.977	148	52.18	0.018 5	0.112 0	88	38	28 316	23 738	7.207	8	9
甘肃	2018	1.014	327	55.69	0.019 2	0.112 9	127	41	28 734	22 214	8.42	8	9
甘肃	2019	1.005	513	57.78	0.020 9	0.114 4	183	90	29 133	25 956	9.64	10	8
甘肃	2020	1.013	558	46.1	0.023 2	0.118 3	209	49	29 886	26 814	10.957	12	8
甘肃	2021	1.013	358	76.6	0.024 6	0.120 1	228	52	32 851	33 255	12.453	13	7
甘肃	2022	1.013	664	77.94	0.026 0	0.122 1	228	65	36 243	34 325	14.155	13	7
广东	2013	1.026	1 399	93.58	0.015 2	0.237 1	371	81	3 803 831	501 718	8.758	35	19
广东	2014	1.005	1 796	93.74	0.015 6	0.240 3	572	108	3 872 690	506 862	11.546	43	34
广东	2015	0.987	2 625	93.26	0.015 9	0.243 8	986	342	3 890 108	501 696	11.574	61	34

附表2（续4）

省份	年份	法律环境			人才环境						中介服务环境		
		法治水平	专利侵权案件结案数目/件	知识产权保护指数	人力资本水平存量	人力资本流动水平	创业导师人数/人	技术经纪人数/人	高技术产业从业人员数/人	研究与试验发展人员全时当量/人/年	市场中介组织的发育和法律制度环境	国家级科创企业孵化器数/个	国家技术转移示范机构法人机构数/个
		C_{12}	C_{13}	C_{14}	C_{15}	C_{16}	C_{17}	C_{18}	C_{19}	C_{20}	C_{21}	C_{22}	C_{23}
广东	2016	0.994	2 608	80.05	0.015 9	0.246 7	1 388	590	3 894 169	515 649	11.209	83	34
广东	2017	1.006	3 505	82.6	0.015 9	0.249 0	1 752	550	3 892 617	565 287	11.195	109	34
广东	2018	0.98	3 868	83.85	0.015 9	0.252 2	2 453	434	3 891 065	762 733	11.527	108	34
广东	2019	0.985	6 319	83.69	0.016 4	0.255 7	2 983	388	3 811 099	803 208	13.669	150	32
广东	2020	1.032	4 981	83.1	0.019 0	0.264 0	3 885	374	4 015 335	872 238	14.61	171	31
广东	2021	1.032	7 186	90.86	0.020 0	0.253 9	5 341	265	4 173 510	885 248	15.615	198	28
广东	2022	1.032	7 257	93.54	0.021 1	0.266 5	6 139	360	4 171 300	972 492	16.69	197	28
广西	2013	1.002	4	62.24	0.013 9	0.089 3	63	19	125 132	40 664	5.197	6	4
广西	2014	1.006	11	61.84	0.014 7	0.088 5	86	24	134 289	41 208	5.06	7	8
广西	2015	0.997	21	59.4	0.015 6	0.095 0	85	12	143 477	38 269	4.971	8	8
广西	2016	0.993	32	50.59	0.016 7	0.095 0	102	16	145 423	39 903	5.605	8	8
广西	2017	1.009	41	52.13	0.017 7	0.096 1	125	23	136 177	36 857	5.539	10	8

附表2（续5）

省份	年份	法律环境			人才环境						中介服务环境		
		法治水平	专利侵权案件结案数目/件	知识产权保护指数	人力资本水平存量	人力资本流动水平	创业导师人数/人	技术经纪人数/人	高技术产业从业人员数/人	研究与试验发展人员全时当量/人/年	市场中介组织的发育和法律制度环境	国家级科创企业孵化器数/个	国家技术转移示范机构法人机构数/个
		C_{12}	C_{13}	C_{14}	C_{15}	C_{16}	C_{17}	C_{18}	C_{19}	C_{20}	C_{21}	C_{22}	C_{23}
广西	2018	0.975	66	55.11	0.019 0	0.097 7	143	33	126 930	39 961	6.126	10	8
广西	2019	1.001	75	51.75	0.021 6	0.099 7	248	23	119 976	47 420	9.033	15	6
广西	2020	1.01	84	47.9	0.023 6	0.101 4	313	47	132 383	45 821	10.153	19	6
广西	2021	1.01	80	76.47	0.026 2	0.105 0	380	36	141 891	55 821	11.412	22	6
广西	2022	1.01	106	79.17	0.027 9	0.102 4	410	56	168 564	70 398	12.827	22	6
贵州	2013	1.002	7	55.59	0.011 5	0.072 3	23	0	47 061	23 888	3.697	2	1
贵州	2014	0.981	31	55.79	0.012 5	0.073 4	27	0	72 532	23 969	3.308	2	2
贵州	2015	1.016	50	53.49	0.013 5	0.074 2	50	0	91 231	23 537	3.17	3	2
贵州	2016	0.998	33	53.2	0.015 3	0.076 4	66	3	110 207	24 124	3.183	4	2
贵州	2017	1.008	55	53.42	0.016 5	0.076 9	93	7	118 662	28 290	3.797	6	2
贵州	2018	0.984	21	62.24	0.018 0	0.078 5	103	7	127 116	33 357	4.831	6	2
贵州	2019	1.016	7	55.05	0.019 9	0.079 8	131	7	118 257	37 757	8.981	8	2

附表2（续6）

省份	年份	法律环境			人才环境						中介服务环境		
		法治水平	专利侵权案件结案数目/件	知识产权保护指数	人力资本水平存量	人力资本流动水平	创业导师人数/人	技术经纪人数/人	高技术产业从业人员数/人	研究与试验发展人员全时当量/人/年	市场中介组织的发育和法律制度环境	国家级科创企业孵化器数/个	国家技术转移示范机构法人机构数/个
		C_{12}	C_{13}	C_{14}	C_{15}	C_{16}	C_{17}	C_{18}	C_{19}	C_{20}	C_{21}	C_{22}	C_{23}
贵州	2020	0.998	44	50.7	0.021 8	0.080 2	155	11	111 858	41 496	11.477	9	2
贵州	2021	0.998	81	76.18	0.022 9	0.076 7	164	13	100 369	43 084	14.668	9	2
贵州	2022	0.998	127	80.76	0.023 2	0.081 3	146	8	105 481	47 156	18.745	9	2
海南	2013	1.018	1	51.09	0.018 7	0.038 8	21	6	18 732	6 962	4.481	1	1
海南	2014	0.975	0	47.8	0.019 3	0.039 7	21	1	16 200	7 514	4.352	1	1
海南	2015	1.034	2	46.15	0.019 4	0.039 7	21	0	16 828	7 713	2.827	1	1
海南	2016	1.006	3	49.61	0.019 3	0.039 8	26	1	16 329	7 840	3.219	1	1
海南	2017	0.974	6	51.91	0.019 1	0.040 1	27	0	18 006	7 715	2.746	1	1
海南	2018	0.935	2	56.9	0.019 3	0.040 9	35	0	19 683	8 160	3.316	1	1
海南	2019	0.971	0	51.28	0.020 8	0.041 2	53	0	19 265	8 903	6.475	2	0
海南	2020	1.019	21	45.9	0.022 7	0.041 9	56	0	20 935	8 961	7.437	3	0
海南	2021	1.019	91	70.1	0.024 0	0.039 9	66	0	21 557	13 457	8.542	3	0

附表2（续7）

省份	年份	法律环境			人才环境						中介服务环境		
		法治水平	专利侵权案件结案数目/件	知识产权保护指数	人力资本水平存量	人力资本流动水平	创业导师人数/人	技术经纪人数/人	高技术产业从业人员数/人	研究与试验发展人员全时当量/人/年	市场中介组织的发育和法律制度环境	国家级科创企业孵化器数/个	国家技术转移示范机构法人机构数/个
		C_{12}	C_{13}	C_{14}	C_{15}	C_{16}	C_{17}	C_{18}	C_{19}	C_{20}	C_{21}	C_{22}	C_{23}
海南	2022	1.019	96	74.82	0.025 1	0.043 1	73	0	21 220	17 063	9.811	3	0
河北	2013	0.978	84	65.87	0.016 1	0.139 8	106	39	197 432	89 546	3.296	13	9
河北	2014	1.077	212	66.12	0.015 9	0.141 4	110	36	198 644	100 946	5.658	13	13
河北	2015	1.007	246	64.56	0.016 1	0.143 5	123	39	213 006	106 975	7.338	15	13
河北	2016	1.031	636	58.22	0.016 5	0.143 5	338	47	208 689	111 384	7.098	19	13
河北	2017	1.001	785	60.26	0.017 1	0.145 8	472	60	202 935	113 191	6.996	23	13
河北	2018	1.001	695	67.63	0.018 1	0.147 4	413	71	197 180	103 275	8.119	23	13
河北	2019	0.992	990	68.79	0.019 8	0.149 7	588	88	184 860	111 799	10.855	33	13
河北	2020	0.913	1 191	57.6	0.021 5	0.151 2	702	103	200 786	125 058	12.552	40	13
河北	2021	0.913	1 521	81.77	0.022 9	0.149 2	731	120	219 163	125 609	14.514	41	12
河北	2022	0.913	2 301	81.61	0.023 9	0.153 6	780	127	219 495	158 713	16.783	41	11
河南	2013	0.972	165	80.8	0.016 9	0.222 8	124	31	633 971	152 252	5.836	15	4

附表2(续8)

省份	年份	法律环境			人才环境						中介服务环境		
		法治水平	专利侵权案件结案数目/件	知识产权保护指数	人力资本水平存量	人力资本流动水平	创业导师人数/人	技术经纪人数/人	高技术产业从业人员数/人	研究与试验发展人员全时当量/人/年	市场中介组织的发育和法律制度环境	国家级科创企业孵化器数/个	国家技术转移示范机构法人机构数/个
		C_{12}	C_{13}	C_{14}	C_{15}	C_{16}	C_{17}	C_{18}	C_{19}	C_{20}	C_{21}	C_{22}	C_{23}
河南	2014	0. 989	353	76. 98	0. 017 4	0. 224 8	180	60	697 405	161 444	5. 939	19	7
河南	2015	1. 035	157	74. 71	0. 018 2	0. 227 5	264	60	766 007	158 858	7. 292	24	7
河南	2016	1. 003	583	58. 55	0. 019 2	0. 229 8	377	58	790 723	166 279	7. 403	30	7
河南	2017	1. 001	991	63. 31	0. 020 4	0. 234 0	555	52	707 161	162 504	6. 792	36	7
河南	2018	1	1 736	68. 18	0. 021 7	0. 237 6	719	54	623 599	166 807	8. 03	36	7
河南	2019	1	868	64. 25	0. 023 4	0. 241 6	957	53	636 585	191 570	9. 708	44	6
河南	2020	0. 996	555	55. 8	0. 025 1	0. 244 9	1 139	45	666 244	203 080	10. 987	50	6
河南	2021	0. 996	814	82. 53	0. 027 2	0. 243 2	1 323	73	691 605	222 433	12. 435	59	6
河南	2022	0. 996	1 220	84. 17	0. 028 6	0. 249 6	1 350	80	579 495	236 800	14. 073	59	6
黑龙江	2013	1. 011	19	57. 55	0. 019 6	0. 049 5	92	101	83 853	62 660	8. 202	10	7
黑龙江	2014	0. 986	59	58. 05	0. 020 3	0. 049 6	103	66	79 524	62 648	7. 47	11	11
黑龙江	2015	1. 006	169	54. 61	0. 020 8	0. 051 2	197	130	79 198	56 598	7. 562	13	11

附表2（续9）

省份	年份	法律环境			人才环境						中介服务环境		
		法治水平	专利侵权案件结案数目/件	知识产权保护指数	人力资本水平存量	人力资本流动水平	创业导师人数/人	技术经纪人数/人	高技术产业从业人员数/人	研究与试验发展人员全时当量/人/年	市场中介组织的发育和法律制度环境	国家级科创企业孵化器数/个	国家技术转移示范机构法人机构数/个
		C_{12}	C_{13}	C_{14}	C_{15}	C_{16}	C_{17}	C_{18}	C_{19}	C_{20}	C_{21}	C_{22}	C_{23}
黑龙江	2016	1.002	239	49.4	0.021 2	0.051 9	169	71	63 262	54 942	7.28	15	11
黑龙江	2017	1.025	316	51.47	0.021 6	0.051 3	184	73	58 585	47 406	8.095	16	11
黑龙江	2018	0.995	368	51.62	0.022 0	0.053 1	196	79	53 908	37 155	8.172	16	11
黑龙江	2019	0.971	66	53.55	0.023 9	0.053 9	307	56	53 121	44 394	8.848	19	10
黑龙江	2020	1.035	78	47.5	0.026 0	0.054 0	388	72	43 023	44 204	9.675	21	11
黑龙江	2021	1.035	127	78.64	0.028 1	0.053 4	356	117	59 177	48 639	10.578	21	9
黑龙江	2022	1.035	148	78.99	0.029 4	0.055 1	368	168	58 151	56 938	11.567	21	10
湖北	2013	1.014	164	83.9	0.024 5	0.532 0	301	36	293 598	133 061	6.524	23	12
湖北	2014	0.995	128	82.14	0.024 4	0.537 7	443	105	320 261	140 741	6.724	29	20
湖北	2015	0.976	56	78.02	0.024 1	0.543 6	529	166	349 825	135 481	6.686	36	20
湖北	2016	1.008	475	67.61	0.023 8	0.549 8	709	75	352 588	136 608	6.794	41	20
湖北	2017	1.005	731	67.5	0.023 7	0.554 4	813	89	355 351	139 990	5.866	45	20

附表2（续10）

省份	年份	法律环境			人才环境						中介服务环境		
		法治水平	专利侵权案件结案数目/件	知识产权保护指数	人力资本水平存量	人力资本流动水平	创业导师人数/人	技术经纪人数/人	高技术产业从业人员数/人	研究与试验发展人员全时当量/人/年	市场中介组织的发育和法律制度环境	国家级科创企业孵化器数/个	国家技术转移示范机构法人机构数/个
		C_{12}	C_{13}	C_{14}	C_{15}	C_{16}	C_{17}	C_{18}	C_{19}	C_{20}	C_{21}	C_{22}	C_{23}
湖北	2018	1.001	708	71.13	0.024 3	0.556 6	908	103	358 114	155 547	6.794	45	20
湖北	2019	0.988	1 200	63.66	0.025 3	0.562 2	1 200	126	351 540	178 330	10.842	53	20
湖北	2020	0.97	1 319	61.3	0.028 1	0.581 3	1 316	126	402 025	192 168	11.939	62	20
湖北	2021	0.97	1 637	80.59	0.029 2	0.594 4	1 505	135	465 304	230 668	13.147	72	19
湖北	2022	0.97	2 031	84.28	0.030 3	0.579 2	1 542	85	432 232	261 382	14.477	72	10
湖南	2013	0.997	82	67.17	0.016 7	0.200 5	129	57	303 637	103 414	5.464	11	6
湖南	2014	0.985	138	66.99	0.017 2	0.203 2	155	56	304 722	107 432	7.366	13	9
湖南	2015	1.001	172	67.09	0.017 8	0.205 2	182	60	313 984	114 869	8.508	13	9
湖南	2016	1.004	534	59.98	0.018 5	0.208 4	274	45	312 592	119 345	7.939	16	9
湖南	2017	1.017	463	62.74	0.019 2	0.210 4	327	37	341 972	130 829	6.985	19	9
湖南	2018	0.991	859	66.9	0.020 0	0.213 8	337	43	371 352	146 948	7.559	19	9
湖南	2019	1.007	534	62.02	0.021 2	0.215 8	416	48	367 225	157 277	9.748	24	9

附表2（续11）

省份	年份	法律环境			人才环境						中介服务环境		
		法治水平	专利侵权案件结案数目/件	知识产权保护指数	人力资本水平存量	人力资本流动水平	创业导师人数/人	技术经纪人数/人	高技术产业从业人员数/人	研究与试验发展人员全时当量/人/年	市场中介组织的发育和法律制度环境	国家级科创企业孵化器数/个	国家技术转移示范机构法人机构数/个
		C_{12}	C_{13}	C_{14}	C_{15}	C_{16}	C_{17}	C_{18}	C_{19}	C_{20}	C_{21}	C_{22}	C_{23}
湖南	2020	0.994	619	62.9	0.022 7	0.218 4	458	39	445 036	177 561	10.945	25	9
湖南	2021	0.994	622	82.81	0.024 1	0.218 8	582	53	493 654	209 329	12.29	31	7
湖南	2022	0.994	1 137	83.4	0.025 5	0.223 0	542	36	479 027	250 171	13.8	31	4
吉林	2013	1.065	2	48.39	0.022 5	0.072 0	91	7	151 519	48 008	5.112	9	5
吉林	2014	0.974	79	53.33	0.023 4	0.072 8	184	10	151 717	49 774	6.204	14	10
吉林	2015	1.001	43	53.11	0.024 2	0.073 9	268	103	152 216	49 276	7.325	19	10
吉林	2016	0.972	54	47.12	0.025 0	0.074 6	346	74	154 449	48 252	6.983	21	10
吉林	2017	1.025	65	50.44	0.025 5	0.074 9	507	58	115 516	45 530	7.364	22	10
吉林	2018	0.995	132	53.92	0.026 5	0.075 5	503	50	76 582	36 376	7.877	21	10
吉林	2019	1.017	3	51.19	0.028 6	0.077 6	602	52	69 145	42 323	9.286	22	10
吉林	2020	0.975	82	53	0.030 3	0.079 0	619	74	70 807	44 472	10.068	23	10
吉林	2021	0.975	143	77.73	0.031 8	0.075 4	728	64	76 438	50 818	10.915	25	10

附表2（续12）

省份	年份	法律环境			人才环境						中介服务环境		
		法治水平	专利侵权案件结案数目/件	知识产权保护指数	人力资本水平存量	人力资本流动水平	创业导师人数/人	技术经纪人数/人	高技术产业从业人员数/人	研究与试验发展人员全时当量/人/年	市场中介组织的发育和法律制度环境	国家级科创企业孵化器数/个	国家技术转移示范机构法人机构数/个
		C_{12}	C_{13}	C_{14}	C_{15}	C_{16}	C_{17}	C_{18}	C_{19}	C_{20}	C_{21}	C_{22}	C_{23}
吉林	2022	0.975	303	78.79	0.033 6	0.080 7	685	69	76 687	48 947	11.834	24	10
江苏	2013	1.002	268	88.25	0.020 6	0.282 2	1 033	129	2 461 783	466 159	10.113	94	21
江苏	2014	1.003	484	89.61	0.020 5	0.284 7	1 151	359	2 446 480	498 801	10.418	114	45
江苏	2015	0.998	689	85.4	0.020 6	0.287 3	1 461	509	2 473 976	520 303	8.902	136	45
江苏	2016	1.008	1 131	76.08	0.020 8	0.290 5	1 823	467	2 341 650	543 438	8.872	158	45
江苏	2017	1.005	1 725	77.55	0.021 0	0.290 4	2 300	587	2 280 639	560 002	8.329	175	45
江苏	2018	1.001	1 997	81.12	0.021 4	0.294 0	2 467	687	2 219 628	560 263	8.515	175	45
江苏	2019	0.993	3 510	76.28	0.022 1	0.298 9	2 932	734	2 034 327	635 279	13.424	201	45
江苏	2020	0.995	3 688	82.8	0.023 8	0.302 9	2 887	780	2 163 717	669 084	14.886	219	45
江苏	2021	0.995	5 155	89.92	0.024 8	0.301 5	3 118	764	2 321 324	755 899	16.507	243	44
江苏	2022	0.995	5 159	91.74	0.026 1	0.311 9	3 209	775	2 391 489	824 682	18.305	243	42
江西	2013	0.987	51	57.29	0.019 3	0.140 7	56	23	277 522	43 512	2.8	7	5

附表2（续13）

省份	年份	法律环境			人才环境						中介服务环境		
		法治水平	专利侵权案件结案数目/件	知识产权保护指数	人力资本水平存量	人力资本流动水平	创业导师人数/人	技术经纪人数/人	高技术产业从业人员数/人	研究与试验发展人员全时当量/人/年	市场中介组织的发育和法律制度环境	国家级科创企业孵化器数/个	国家技术转移示范机构法人机构数/个
		C_{12}	C_{13}	C_{14}	C_{15}	C_{16}	C_{17}	C_{18}	C_{19}	C_{20}	C_{21}	C_{22}	C_{23}
江西	2014	0.958	80	57.97	0.020 5	0.143 2	68	23	311 199	43 469	5.552	8	5
江西	2015	1.036	112	58.57	0.022 0	0.145 7	183	23	366 782	46 548	7.115	13	5
江西	2016	1.015	171	53.68	0.023 1	0.147 9	238	18	400 743	50 620	8.046	16	5
江西	2017	0.998	103	56.47	0.023 2	0.150 6	417	7	428 603	61 897	8.218	18	5
江西	2018	0.987	51	64.36	0.023 4	0.151 9	427	8	456 463	85 255	8.972	18	5
江西	2019	0.997	332	61.02	0.025 1	0.154 3	587	7	490 360	105 593	10.927	21	5
江西	2020	0.992	615	55.7	0.027 5	0.157 4	610	14	551 466	124 326	12.483	22	5
江西	2021	0.992	737	79.97	0.029 9	0.162 0	581	25	568 723	124 785	14.261	20	5
江西	2022	0.992	1 007	80.94	0.032 3	0.161 4	577	34	598 171	131 673	16.291	19	4
辽宁	2013	1.004	13	67.4	0.022 2	0.171 7	221	29	218 388	94 885	6.996	29	12
辽宁	2014	0.988	15	63.26	0.022 9	0.173 4	262	120	212 474	99 586	7.615	27	17
辽宁	2015	1.004	42	59.38	0.023 2	0.175 5	243	118	194 983	85 366	7.369	27	17

附表2（续14）

省份	年份	法律环境			人才环境						中介服务环境		
		法治水平	专利侵权案件结案数目/件	知识产权保护指数	人力资本水平存量	人力资本流动水平	创业导师人数/人	技术经纪人数/人	高技术产业从业人员数/人	研究与试验发展人员全时当量/人/年	市场中介组织的发育和法律制度环境	国家级科创企业孵化器数/个	国家技术转移示范机构法人机构数/个
		C_{12}	C_{13}	C_{14}	C_{15}	C_{16}	C_{17}	C_{18}	C_{19}	C_{20}	C_{21}	C_{22}	C_{23}
辽宁	2016	1. 02	234	52. 74	0. 023 1	0. 176 1	257	94	170 384	87 839	7. 581	28	17
辽宁	2017	0. 994	437	59. 01	0. 022 8	0. 177 0	300	42	163 788	88 858	6. 876	30	17
辽宁	2018	1. 002	610	65. 39	0. 022 4	0. 178 2	288	93	157 191	95 317	7. 69	27	17
辽宁	2019	0. 996	642	60. 92	0. 024 3	0. 182 1	487	120	157 287	99 880	10. 178	30	16
辽宁	2020	0. 99	798	52. 8	0. 026 8	0. 185 9	600	119	165 110	111 931	10. 846	31	16
辽宁	2021	0. 99	856	80. 26	0. 027 9	0. 183 2	517	239	166 827	116 505	11. 557	31	16
辽宁	2022	0. 99	908	82. 62	0. 028 1	0. 187 7	513	140	171 868	124 163	12. 315	31	15
内蒙古	2013	0. 977	4	55. 79	0. 016 3	0. 052 3	74	13	32 651	37 280	3. 387	5	1
内蒙古	2014	0. 989	8	54. 63	0. 016 6	0. 053 1	97	64	30 947	36 435	2. 128	6	4
内蒙古	2015	1. 004	9	52. 45	0. 017 2	0. 053 8	149	64	39 127	38 248	2. 259	7	4
内蒙古	2016	0. 981	10	46. 88	0. 017 9	0. 054 7	346	19	41 563	39 480	3. 004	9	4
内蒙古	2017	1. 026	9	48. 65	0. 018 4	0. 055 2	564	22	39 090	33 030	2. 711	10	4

附表2(续15)

省份	年份	法律环境			人才环境						中介服务环境		
		法治水平	专利侵权案件结案数目/件	知识产权保护指数	人力资本水平存量	人力资本流动水平	创业导师人数/人	技术经纪人数/人	高技术产业从业人员数/人	研究与试验发展人员全时当量/人/年	市场中介组织的发育和法律制度环境	国家级科创企业孵化器数/个	国家技术转移示范机构法人机构数/个
		C_{12}	C_{13}	C_{14}	C_{15}	C_{16}	C_{17}	C_{18}	C_{19}	C_{20}	C_{21}	C_{22}	C_{23}
内蒙古	2018	1.006	30	55.2	0.018 8	0.055 9	531	18	36 616	24 906	3.222	10	4
内蒙古	2019	0.994	50	54.84	0.019 5	0.056 6	582	17	33 166	24 897	5.289	12	3
内蒙古	2020	0.997	72	46	0.020 3	0.057 2	516	16	34 738	27 914	5.602	13	3
内蒙古	2021	0.997	109	74.49	0.021 1	0.057 1	512	16	37 487	26 427	5.934	13	2
内蒙古	2022	0.997	279	75.62	0.022 3	0.058 4	535	6	44 215	37 724	6.285	13	2
宁夏	2013	1.015	0	42.77	0.015 7	0.078 2	25	20	6 726	8 234	2.172	2	1
宁夏	2014	0.987	6	44.94	0.016 4	0.079 9	17	0	7 417	9 500	4.366	2	1
宁夏	2015	0.969	25	46	0.016 8	0.080 6	17	20	11 270	9 247	4.149	2	1
宁夏	2016	1.036	56	50.13	0.016 9	0.081 3	25	0	13 382	9 004	4.95	3	1
宁夏	2017	0.996	68	50.6	0.017 2	0.082 5	27	0	14 895	9 859	6.231	4	1
宁夏	2018	0.98	31	56.03	0.017 6	0.084 1	30	0	16 407	11 077	7.131	4	1
宁夏	2019	0.956	66	58.01	0.018 9	0.085 4	37	0	15 902	12 016	9.32	4	0

附表2（续16）

省份	年份	法律环境			人才环境						中介服务环境		
		法治水平	专利侵权案件结案数目/件	知识产权保护指数	人力资本水平存量	人力资本流动水平	创业导师人数/人	技术经纪人数/人	高技术产业从业人员数/人	研究与试验发展人员全时当量/人/年	市场中介组织的发育和法律制度环境	国家级科创企业孵化器数/个	国家技术转移示范机构法人机构数/个
		C_{12}	C_{13}	C_{14}	C_{15}	C_{16}	C_{17}	C_{18}	C_{19}	C_{20}	C_{21}	C_{22}	C_{23}
宁夏	2020	0.996	17	47.8	0.020 3	0.087 7	53	0	19 658	12 169	5.154	5	0
宁夏	2021	0.996	43	69.62	0.022 2	0.088 3	66	0	21 976	15 930	2.85	6	0
宁夏	2022	0.996	93	72.24	0.023 7	0.090 2	57	0	24 876	16 282	1.576	6	0
青海	2013	0.971	0	41.66	0.008 9	0.042 9	76	15	5 945	4 767	1.91	3	2
青海	2014	0.996	6	42.78	0.009 2	0.043 4	162	27	7 084	4 731	2.047	3	3
青海	2015	0.999	0	41.04	0.010 0	0.044 1	177	27	8 333	4 008	2.194	4	3
青海	2016	0.997	4	44.08	0.010 6	0.044 4	311	12	9 388	4 166	2.373	5	3
青海	2017	1.005	8	44.99	0.011 4	0.045 0	335	30	10 623	5 656	2.676	5	3
青海	2018	1.012	0	52.94	0.012 0	0.044 9	348	57	11 857	4 301	3.635	5	3
青海	2019	1.007	14	53.74	0.012 4	0.045 3	387	58	12 506	5 476	7.412	6	3
青海	2020	1.001	12	48.2	0.012 5	0.046 5	350	57	10 879	4 423	8.949	7	3
青海	2021	1.001	29	71.76	0.013 0	0.046 9	378	46	17 625	5 204	10.806	7	3

附表2(续17)

省份	年份	法律环境			人才环境						中介服务环境		
		法治水平	专利侵权案件结案数目/件	知识产权保护指数	人力资本水平存量	人力资本流动水平	创业导师人数/人	技术经纪人数/人	高技术产业从业人员数/人	研究与试验发展人员全时当量/人/年	市场中介组织的发育和法律制度环境	国家级科创企业孵化器数/个	国家技术转移示范机构法人机构数/个
		C_{12}	C_{13}	C_{14}	C_{15}	C_{16}	C_{17}	C_{18}	C_{19}	C_{20}	C_{21}	C_{22}	C_{23}
青海	2022	1.001	0	73.55	0.013 6	0.047 6	381	58	30 222	5 329	13.047	7	3
山东	2013	1.022	275	84.72	0.017 4	0.158 4	373	125	691 324	279 331	6.844	44	13
山东	2014	1.005	296	81.41	0.018 3	0.160 5	699	277	726 301	286 352	8.486	54	32
山东	2015	0.987	317	85.57	0.019 3	0.163 5	934	321	731 784	297 845	9.223	65	32
山东	2016	1.006	469	71.54	0.020 0	0.165 6	1 377	281	750 189	301 480	9.086	74	32
山东	2017	1.005	933	70.85	0.020 1	0.166 7	1 649	246	682 361	304 820	8.895	84	32
山东	2018	0.992	1 452	75.58	0.020 3	0.168 5	1 804	245	614 533	308 339	9.562	83	32
山东	2019	0.997	832	71.16	0.021 6	0.170 7	2 330	228	541 950	278 787	11.349	96	28
山东	2020	1.006	1 007	76.2	0.022 5	0.173 3	2 467	217	568 429	341 159	12.395	97	27
山东	2021	1.006	1 381	87.63	0.023 9	0.173 1	2 680	243	597 715	447 642	13.537	100	25
山东	2022	1.006	2 297	90.33	0.024 9	0.175 9	2 704	363	623 980	514 497	14.784	100	23
山西	2013	0.958	19	54.61	0.019 1	0.169 7	51	19	142 061	49 035	3.558	7	4

附表2（续18）

省份	年份	法律环境			人才环境						中介服务环境		
		法治水平	专利侵权案件结案数目/件	知识产权保护指数	人力资本水平存量	人力资本流动水平	创业导师人数/人	技术经纪人数/人	高技术产业从业人员数/人	研究与试验发展人员全时当量/人/年	市场中介组织的发育和法律制度环境	国家级科创企业孵化器数/个	国家技术转移示范机构法人机构数/个
		C_{12}	C_{13}	C_{14}	C_{15}	C_{16}	C_{17}	C_{18}	C_{19}	C_{20}	C_{21}	C_{22}	C_{23}
山西	2014	0.993	0	50.36	0.020 2	0.173 6	51	25	138 667	48 955	4.422	7	6
山西	2015	1.043	1	51.77	0.021 0	0.175 9	87	21	134 288	42 873	4.93	10	6
山西	2016	1.013	5	49.93	0.021 5	0.177 7	143	21	140 679	44 147	5.166	11	6
山西	2017	1.001	7	53.02	0.021 7	0.179 3	197	23	147 027	47 694	5.973	12	6
山西	2018	1.003	35	59.96	0.021 9	0.180 7	258	21	153 374	44 593	6.536	13	6
山西	2019	0.995	4	47.79	0.022 9	0.182 2	266	22	142 540	46 853	8.44	14	6
山西	2020	1	14	46.4	0.024 1	0.184 1	293	28	172 943	52 394	9.079	16	6
山西	2021	1	37	75.66	0.025 6	0.188 2	340	62	164 467	57 228	9.767	16	6
山西	2022	1	67	76.81	0.027 2	0.191 0	380	42	166 010	62 219	10.507	15	5
陕西	2013	1.007	85	58.11	0.028 3	0.177 3	221	97	230 560	93 494	6.691	18	15
陕西	2014	0.995	31	58.04	0.028 7	0.177 4	295	145	241 918	97 138	8.636	21	21
陕西	2015	0.999	89	55.72	0.028 6	0.180 3	340	207	241 497	92 618	8.906	24	21

附表2(续19)

省份	年份	法律环境			人才环境						中介服务环境		
		法治水平	专利侵权案件结案数目/件	知识产权保护指数	人力资本水平存量	人力资本流动水平	创业导师人数/人	技术经纪人数/人	高技术产业从业人员数/人	研究与试验发展人员全时当量/人/年	市场中介组织的发育和法律制度环境	国家级科创企业孵化器数/个	国家技术转移示范机构法人机构数/个
		C_{12}	C_{13}	C_{14}	C_{15}	C_{16}	C_{17}	C_{18}	C_{19}	C_{20}	C_{21}	C_{22}	C_{23}
陕西	2016	1.005	157	59.16	0.027 8	0.182 1	462	220	259 292	94 755	9.237	27	21
陕西	2017	1	194	58.39	0.027 4	0.183 0	716	238	258 398	98 188	9.216	31	21
陕西	2018	0.981	150	65.61	0.026 8	0.185 4	822	249	257 504	96 710	9.603	30	21
陕西	2019	1.015	218	60.4	0.028 4	0.187 4	961	211	270 050	115 319	10.398	33	21
陕西	2020	1.013	268	52.6	0.030 6	0.189 9	1 128	219	273 154	118 807	11.227	36	21
陕西	2021	1.013	315	78.78	0.032 5	0.170 6	1 320	227	274 605	125 281	12.123	39	18
陕西	2022	1.013	324	81.71	0.033 0	0.192 4	1 301	271	283 493	142 503	13.09	39	21
上海	2013	1.002	96	86.17	0.020 6	0.174 3	180	178	609 434	165 755	11.012	26	19
上海	2014	0.977	104	88.7	0.020 5	0.175 7	200	264	580 596	168 173	12.577	28	26
上海	2015	0.997	129	85.43	0.020 8	0.177 3	268	306	571 217	171 798	14.132	35	26
上海	2016	0.99	198	71.64	0.020 9	0.178 8	393	348	502 966	183 932	13.322	43	26
上海	2017	1.018	235	74.8	0.020 9	0.180 2	588	327	495 184	183 462	13.596	49	26

附表2(续20)

省份	年份	法律环境			人才环境						中介服务环境		
		法治水平	专利侵权案件结案数目/件	知识产权保护指数	人力资本水平存量	人力资本流动水平	创业导师人数/人	技术经纪人数/人	高技术产业从业人员数/人	研究与试验发展人员全时当量/人/年	市场中介组织的发育和法律制度环境	国家级科创企业孵化器数/个	国家技术转移示范机构法人机构数/个
		C_{12}	C_{13}	C_{14}	C_{15}	C_{16}	C_{17}	C_{18}	C_{19}	C_{20}	C_{21}	C_{22}	C_{23}
上海	2018	1.028	244	79.3	0.020 9	0.181 6	694	285	487 401	188 138	13.796	47	26
上海	2019	0.991	288	76.23	0.021 2	0.183 4	922	267	460 478	198 646	14.297	55	24
上海	2020	1	1 170	76.6	0.021 7	0.184 9	1 212	255	448 100	228 621	15.189	61	24
上海	2021	1	855	87.93	0.022 0	0.187 0	1 300	210	448 806	235 518	16.136	62	23
上海	2022	1	2 050	90.09	0.022 4	0.187 2	1 329	315	461 150	264 054	17.142	62	23
四川	2013	0.994	76	71.94	0.015 7	0.131 1	97	64	501 539	109 708	7.371	11	8
四川	2014	0.998	156	75.25	0.016 3	0.134 6	213	326	501 205	119 676	7.928	19	22
四川	2015	0.99	221	71.52	0.016 9	0.137 4	293	223	514 758	116 842	8.622	22	22
四川	2016	0.999	492	63.02	0.017 5	0.139 3	368	227	479 109	124 614	8.562	26	22
四川	2017	1.002	1 787	66.15	0.018 1	0.141 1	464	191	497 706	144 821	8.89	29	22
四川	2018	0.997	3 028	73.24	0.018 8	0.143 5	580	164	516 303	158 847	9.21	28	22
四川	2019	0.988	3 141	65.57	0.019 9	0.145 6	751	213	540 162	170 777	11.041	34	22

附表2（续21）

省份	年份	法律环境			人才环境						中介服务环境		
		法治水平	专利侵权案件结案数目/件	知识产权保护指数	人力资本水平存量	人力资本流动水平	创业导师人数/人	技术经纪人数/人	高技术产业从业人员数/人	研究与试验发展人员全时当量/人/年	市场中介组织的发育和法律制度环境	国家级科创企业孵化器数/个	国家技术转移示范机构法人机构数/个
		C_{12}	C_{13}	C_{14}	C_{15}	C_{16}	C_{17}	C_{18}	C_{19}	C_{20}	C_{21}	C_{22}	C_{23}
四川	2020	0.986	3 669	64.2	0.021 5	0.148 1	979	236	624 590	189 829	12.233	40	22
四川	2021	0.986	3 883	84.93	0.022 9	0.148 4	1 168	238	643 727	197 143	13.554	45	22
四川	2022	0.986	4 245	87.01	0.024 5	0.143 6	1 143	289	671 304	227 141	15.018	44	22
天津	2013	1.086	6	57.02	0.034 7	0.167 9	402	86	271 138	100 219	13.197	23	6
天津	2014	0.987	41	58.57	0.035 4	0.169 8	473	135	298 182	113 335	11.003	30	11
天津	2015	1.009	98	58.84	0.035 6	0.171 6	584	133	275 810	124 321	11.487	36	11
天津	2016	0.978	90	59.94	0.035 6	0.172 9	781	114	222 311	119 384	11.557	37	11
天津	2017	1.028	184	62.13	0.036 5	0.174 5	634	134	204 628	103 087	11.867	32	11
天津	2018	0.986	116	67.17	0.037 8	0.176 2	652	137	186 944	99 490	12.108	33	11
天津	2019	0.957	100	64.19	0.038 9	0.177 6	647	108	178 777	92 502	13.019	33	10
天津	2020	1	42	61.9	0.041 3	0.179 4	730	73	185 898	90 640	13.879	35	10
天津	2021	1	103	80.54	0.042 5	0.180 9	791	87	186 013	102 986	14.796	36	10

附表2(续22)

省份	年份	法律环境			人才环境						中介服务环境		
		法治水平	专利侵权案件结案数目/件	知识产权保护指数	人力资本水平存量	人力资本流动水平	创业导师人数/人	技术经纪人数/人	高技术产业从业人员数/人	研究与试验发展人员全时当量/人/年	市场中介组织的发育和法律制度环境	国家级科创企业孵化器数/个	国家技术转移示范机构法人机构数/个
		C_{12}	C_{13}	C_{14}	C_{15}	C_{16}	C_{17}	C_{18}	C_{19}	C_{20}	C_{21}	C_{22}	C_{23}
天津	2022	1	206	83. 24	0. 043 6	0. 181 5	769	97	181 952	103 499	15. 774	34	10
西藏	2013	0. 958	—	41. 15	0. 010 6	—	0	—	1 452	1 203	0. 46	1	0
西藏	2014	1. 023	—	40. 95	0. 010 3	—	0	—	1 676	1 262	1. 302	1	0
西藏	2015	0. 993	—	40. 55	0. 010 4	—	0	—	1 200	1 130	1. 271	1	0
西藏	2016	1. 03	—	46. 68	0. 010 3	—	0	—	1 243	1 126	1. 758	1	0
西藏	2017	0. 976	—	47. 61	0. 010 2	—	24	—	1 308	1 249	1. 957	1	0
西藏	2018	1. 026	—	48. 94	0. 010 1	—	24	—	1 372	1 569	2. 496	1	0
西藏	2019	0. 994	—	50. 54	0. 010 0	—	24	—	1 838	1 751	5. 454	1	0
西藏	2020	1. 032	—	46. 2	0. 010 5	—	56	—	1 874	1 579	6. 422	2	0
西藏	2021	1. 032	—	66. 42	0. 011 3	—	63	—	2 236	1 568	7. 562	2	0
西藏	2022	1. 032	—	67. 77	0. 011 7	—	61	—	2 331	1 871	8. 903	3	0
新疆	2013	0. 999	142	57. 25	0. 012 2	0. 005 9	78	33	4 377	15 822	2. 846	2	5

附表2(续23)

省份	年份	法律环境			人才环境						中介服务环境		
		法治水平	专利侵权案件结案数目/件	知识产权保护指数	人力资本水平存量	人力资本流动水平	创业导师人数/人	技术经纪人数/人	高技术产业从业人员数/人	研究与试验发展人员全时当量/人/年	市场中介组织的发育和法律制度环境	国家级科创企业孵化器数/个	国家技术转移示范机构法人机构数/个
		C_{12}	C_{13}	C_{14}	C_{15}	C_{16}	C_{17}	C_{18}	C_{19}	C_{20}	C_{21}	C_{22}	C_{23}
新疆	2014	0. 998	102	57. 13	0. 012 5	0. 006 0	138	39	6 933	15 662	3. 661	4	7
新疆	2015	0. 995	117	56. 63	0. 012 8	0. 006 1	137	94	11 091	16 949	4. 161	9	7
新疆	2016	0. 997	127	49. 73	0. 013 2	0. 006 2	198	22	14 783	16 945	3. 349	12	7
新疆	2017	0. 985	300	48. 12	0. 014 0	0. 006 4	238	16	15 723	15 212	3. 667	14	7
新疆	2018	0. 989	741	50. 97	0. 014 9	0. 006 5	327	16	16 663	15 022	3. 915	14	7
新疆	2019	0. 961	750	50. 9	0. 016 7	0. 006 6	305	20	13 187	13 820	7. 83	13	7
新疆	2020	1. 05	243	44. 6	0. 018 8	0. 006 7	370	26	15 755	14 109	8. 576	14	7
新疆	2021	1. 05	582	76. 03	0. 021 5	0. 005 6	393	41	14 465	19 244	9. 394	16	10
新疆	2022	1. 05	1 169	77. 48	0. 023 6	0. 006 8	430	60	16 487	21 838	10. 29	16	10
云南	2013	1. 025	2	59. 37	0. 011 8	0. 042 1	144	41	35 272	28 483	2. 964	7	6
云南	2014	1. 005	58	62. 46	0. 012 4	0. 042 6	169	41	39 335	30 523	2. 651	9	9
云南	2015	1. 004	59	59. 02	0. 013 2	0. 043 1	289	42	43 596	39 535	2. 277	11	9

附表2（续24）

省份	年份	法律环境			人才环境						中介服务环境		
		法治水平	专利侵权案件结案数目/件	知识产权保护指数	人力资本水平存量	人力资本流动水平	创业导师人数/人	技术经纪人数/人	高技术产业从业人员数/人	研究与试验发展人员全时当量/人/年	市场中介组织的发育和法律制度环境	国家级科创企业孵化器数/个	国家技术转移示范机构法人机构数/个
		C_{12}	C_{13}	C_{14}	C_{15}	C_{16}	C_{17}	C_{18}	C_{19}	C_{20}	C_{21}	C_{22}	C_{23}
云南	2016	0.997	35	54.3	0.014 0	0.044 1	271	31	47 918	41 116	2.515	11	9
云南	2017	0.996	43	57.87	0.015 0	0.044 9	301	31	54 414	46 576	2.746	12	9
云南	2018	1.002	34	61.8	0.016 3	0.045 6	295	29	60 909	49 667	3.379	11	9
云南	2019	0.993	18	54.84	0.018 3	0.046 5	409	41	61 137	57 157	8.685	13	7
云南	2020	0.997	45	46.7	0.020 4	0.047 0	419	35	66 065	60 368	9.744	15	6
云南	2021	0.997	84	76.67	0.022 3	0.044 7	461	61	77 920	58 880	10.932	16	6
云南	2022	0.997	171	78.41	0.023 4	0.047 2	469	73	89 380	64 555	12.264	16	6
浙江	2013	0.994	315	92.91	0.016 6	0.161 7	444	150	670 358	311 042	10.662	39	17
浙江	2014	0.984	3 008	91.01	0.016 6	0.163 3	544	307	672 586	338 398	12.05	44	27
浙江	2015	1.014	7 976	90.97	0.016 6	0.163 6	782	615	691 881	364 710	13.58	52	27
浙江	2016	0.996	10 107	78.08	0.016 4	0.164 9	1 034	675	708 319	376 553	12.968	59	27
浙江	2017	1.013	11 833	77.01	0.016 2	0.167 1	1 333	800	741 236	398 091	12.573	68	27

附表2（续25）

省份	年份	法律环境			人才环境						中介服务环境		
		法治水平	专利侵权案件结案数目/件	知识产权保护指数	人力资本水平存量	人力资本流动水平	创业导师人数/人	技术经纪人数/人	高技术产业从业人员数/人	研究与试验发展人员全时当量/人/年	市场中介组织的发育和法律制度环境	国家级科创企业孵化器数/个	国家技术转移示范机构法人机构数/个
		C_{12}	C_{13}	C_{14}	C_{15}	C_{16}	C_{17}	C_{18}	C_{19}	C_{20}	C_{21}	C_{22}	C_{23}
浙江	2018	1.009	13 043	79.65	0.016 3	0.168 5	1 588	850	774 152	458 038	12.833	68	27
浙江	2019	1.031	13 761	79.05	0.016 9	0.170 7	2 072	908	804 887	534 724	13.134	82	26
浙江	2020	1.023	16 516	77.8	0.017 8	0.173 2	2 238	892	890 946	582 981	14.438	94	26
浙江	2021	1.023	17 295	88.84	0.018 5	0.171 9	2 395	634	1 021 845	575 284	15.871	106	24
浙江	2022	1.023	17 383	91.29	0.019 1	0.176 9	2 486	695	1 105 865	642 274	17.446	106	25
重庆	2013	0.996	45	63.45	0.021 9	0.125 4	124	112	219 274	52 612	8.914	9	4
重庆	2014	0.996	176	62.9	0.022 7	0.126 6	124	82	246 281	58 354	9.433	9	8
重庆	2015	0.989	146	63.96	0.023 3	0.128 1	165	57	274 149	61 520	9.111	12	8
重庆	2016	0.995	284	62.61	0.023 6	0.129 1	248	77	297 977	68 055	9	14	8
重庆	2017	1.008	409	63.38	0.023 8	0.130 5	333	76	307 466	79 149	8.927	16	8
重庆	2018	0.952	472	68.83	0.024 1	0.132 0	357	64	316 955	91 973	9.266	16	8
重庆	2019	1.003	426	67.27	0.026 2	0.133 1	493	67	325 533	97 602	12.586	19	8

附表2（续26）

省份	年份	法律环境			人才环境						中介服务环境		
		法治水平	专利侵权案件结案数目/件	知识产权保护指数	人力资本水平存量	人力资本流动水平	创业导师人数/人	技术经纪人数/人	高技术产业从业人员数/人	研究与试验发展人员全时当量/人/年	市场中介组织的发育和法律制度环境	国家级科创企业孵化器数/个	国家技术转移示范机构法人机构数/个
		C_{12}	C_{13}	C_{14}	C_{15}	C_{16}	C_{17}	C_{18}	C_{19}	C_{20}	C_{21}	C_{22}	C_{23}
重庆	2020	1.004	553	61	0.028 5	0.134 1	483	35	421 030	105 712	14.149	22	8
重庆	2021	1.004	672	79.68	0.031 2	0.136 1	540	58	401 345	123 446	15.907	26	8
重庆	2022	1.004	739	81.54	0.033 2	0.134 0	563	65	391 034	128 878	17.883	26	8

注：“—”表示无相关数据。